KB231329

일생에 한번은
수입차를 타자

일생에 한번은
수입차를 타자

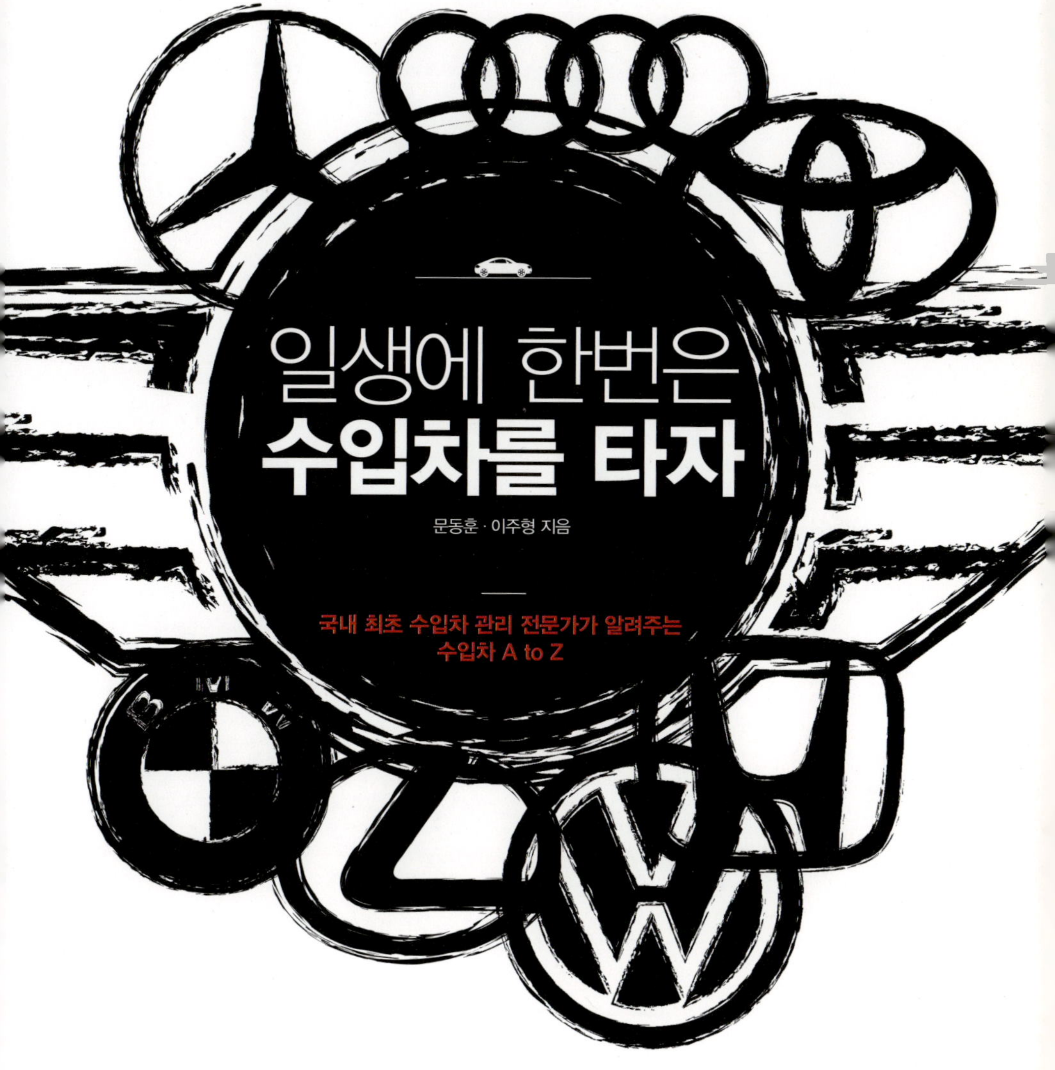

일생에 한번은 수입차를 타자

문동훈 · 이주형 지음

국내 최초 수입차 관리 전문가가 알려주는
수입차 A to Z

일생에 한번은 수입차를 타자

초판 2쇄 발행 2014년 7월 14일

지은이 | 문동훈, 이주형
발행인 | 홍경숙
발행처 | 위너스북

경영총괄 | 안경찬
기획편집 | 박현진, 노영지

출판등록 | 2008년 5월 2일 제310-2008-20호
주소 | 서울 마포구 합정동 370-9 벤처빌딩 207호
주문전화 | 02-325-8901
팩스 | 02-325-8902

디자인 | 썸앤준
제지사 | 한솔PNS(주)
인쇄 | 영신문화사

ISBN 978-89-94747-26-2 (13690)

* 책값은 뒤표지에 있습니다.
* 잘못된 책이나 파손된 책은 구입하신 서점에서 교환해 드립니다.
* 위너스북에서는 출판을 원하시는 분, 좋은 출판 아이디어를 갖고 계신 분들의 문의를 기다리고 있습니다.
  winnersbook@naver.com | tel 02) 325-8901

이 도서의 국립중앙도서관 출판예정도서목록(CIP)은 서지정보유통지원시스템 홈페이지(http://seoji.nl.go.kr)와 국가자료공동목록시스템(http://www.nl.go.kr/kolisnet)에서 이용하실 수 있습니다.
(CIP제어번호: CIP2014017072)

이 책을 함께 쓴 엠플러스 문동훈 대표와 필자는 '갑을관계'다. 필자는 엠플러스의 연간 멤버십 고객이고, 문동훈 대표는 국내 최초의 수입차 종합관리 대행사 엠플러스의 대표다.

이 책의 아이디어를 가까운 지인들에게 처음 소개했을 때, 다들 문동훈 대표가 필자에게 함께 책을 쓰자고 제안했으리라 짐작했다. 실제로는 그 반대다. 2013년 5월 초, 필자가 뜬금없이 문 대표에게 전화해서 수입차에 관한 종합 가이드를 함께 써보자고 제안했고, 문 대표가 그 자리에서 좋은 아이디어라고 맞장구를 치면서 이 책이 탄생하게 되었다. 수입차를 몬 지 이제 막 2년이 넘은 필자가 왜 그에게 수입차 가이드북을 함께 쓰자고 제안했을까?

그것은 문동훈 대표야말로 시장 점유율(신차 등록대수 기준) 20%를 향해 돌진하며 수입차 대중화의 시대로 접어든 대한민국에서 이 주제에 관해 가장 신뢰할 만한 정보를 제공해줄 수 있는 최고의 전문가라고 생각했기 때문이다.

필자가 기존의 국산 세단을 처분하고 SUV를 구매하기로 결심한 때가 2011년 3월이었다. 그 뒤 수없이 많은 국산차 대리점과 수입차 전시장을 들락거리다 마침내 랜드로버 디스커버리4로 결정하고 설레는 마음으로 신차를 인도받은 게 2011년 4월이었다. 만약 이 2011년 4월 전에 문 대표를 알았다면 필자의 수입차 라이프는 어땠을까? 새 차를 받은 기쁨도 잠시, 작지만 그렇다고 무시할 수도 없는 신차 문제를 해결하지 못해 필자는 누구에게 얘기도 하지 못하고 끙끙 앓았다. 그전에 문 대표를 알았다면 얼마나 좋았을까.

단언컨대 문동훈 대표의 지식과 경험을 어떤 형태로든 접할 수 있었다면 필자의 수입차 라이프는 훨씬 더 행복하게 시작했을 것이고, 이른바 '뽑기 운'이 나빠 문제가 좀 있는 차량을 받았더라도 그렇게 스트레스를 받지는 않았을 것이다.

대단한 부자이거나 자동차 마니아만 수입차를 타던 시대는 오래 전에 끝났다. 지금은 테헤란로 횡단보도에서 신호를 기다리는 20~30대 직장인 남녀에게 수입차 홍보 전단을 나눠주는 세상이다. 인터넷 동호회를 중심으로 한 '카더라' 통신과 일부 개인들의 한정된 경험에만 의존해서는 합리적이고 행복한 자동차 생활을 즐기기 어렵다. 10년 넘게 종사한 마케팅 업무의 특성상 누구보다 홍보성 메시지로부터 진실을 가려내는 데 능하다고 자부하는 '깐깐한' 필자가, 자동차에 관한 한 가족보다 더 신뢰하는 '꼼꼼한' 문동훈 대표와 함께 집필한 이 책이 수입차 오너나 예비 구매자들에게 정확하면서도 유익한 정보를 제공해 주리라 확신한다.

이제까지 본업인 마케팅과 관련된 여러 권의 책을 번역하고 감수했지만, 자동차에 관한 책을 기획하고 추진하고 집필하는 일은 차원이 다른 색다른 경험이었다. 수입차 하고는 별로 어울릴 것 같지 않는 사내로부터 날아온 기획안의 가치를 알아보고 선뜻 이 책을 출간하기로 결정한 위너스북 분들에게 깊은 감사의 마음을 전하고 싶다. 책 기획 단계에서부터 소중한 의견을 주고 적극적으로 응원해준 가족과 지인들의 도움이 없었다면, 이 책은 세상에 나오기 어려웠을 것이다. 수입차를 지금 타고 있거나 앞으로 몰 대한민국의 운전자들과, 관련 업계에 종사하는 많은 사람들이 이 책 덕분에 좀 더 행복하고 즐거운 자동차 생활을 즐기기를 기원한다.

2014년 5월
이주형

차 례

머리말 5

1부 수입차냐 국산차냐, 그것이 문제로다

강남 쏘나타를 아시나요? 15

수입차 대중화의 현주소 | 현대차가 강남으로 간 까닭은?

국산차와 수입차 사이에서 고민하는 당신에게 32

수입차에 관한 오해와 진실 39

수입차는 너무 비싼 사치품이다? | 수입차는 세금 부담이 높다? | 수입차는 연비가 나쁘다?
수입차는 부품 교환이 잘 안 되고 비싸다? | 수입차는 A/S센터가 적어서 불편하다?

수입차 오너 스토리 69

몸집은 안 '미니'하지만, 나는 '미니' 탄다
15년 무사고 운전자의 빵점짜리 교통사고 처리기

2부 수입차, **무엇을 어떻게 사야 하나**

브랜드의 특성과 선택 *81*

각 국가별 브랜드의 특성을 말하기 전에 | 수입차? 뭘 타도 국산차보단 나을 거 아냐?
국가별 차량의 특성 | 자기에게 맞는 국가별 차 추천 | 주요 브랜드별 특성

차종의 특성과 선택 *152*

세단? SUV? | 인생은 길고 차는 다양하다 | 패밀리카는 어떤 차가 좋을까?

구입 방법에 따른 장단점과 선택 *164*

할인에는 명목이 있다 | 할부, 리스, 렌트 | 할부와 리스의 이자율은 수수료에 달렸다?
도대체 리스가 뭐지? | 최신 트렌드, 장기렌터카

수입차 오너 스토리 *182*

모터사이클로 시작한 수입차 라이프
자동차 파워블로거 '닥터돈까스'의 카 라이프

3부 수입차의 **구입과 양도**

바람직한 신차 구입 방법 *203*

전시장마다 제각각인 가격, 어떻게 사야 잘 사는 걸까? | 영업사원을 이해하면 좋은 계약이 보인다 | 각종 계약 사고 사례들 | 만족도 100%, 내가 원하는 사양대로 개별 주문 | 신차 구입 과정의 끝, 검수

바람직한 중고차 구입 방법 *234*

스릴이 넘치는 중고차 시장 | 수입 중고차 시장의 특징 | 확인해야 하는 차량 관련 서류 | 확인해야 하는 판매자 관련 서류 | 기타 서류 | 무사고차, 단순교환차, 사고차 | 개인매물 구입 전략과 과정 | 상사 상품 매물 구입, 이렇게 하자 | 리스 승계 차량과 현금차량의 장단점

내 차 제값 받고 파는 법 *273*

매매상사에 매입 | 개인매매

수입차 오너 스토리 *279*

평범한 일상에 특별함을 준다
3대의 차, 하지만 나는 여전히 배고프다

4부 수입차 **유지관리**

보증기간에 A/S 제대로 받는 법 *299*

센터에서 무상 점검을 해주는데 관리가 왜 필요해? | 어떻게 관리하면 보증기간에 보증을
제대로 받을까? | 컴플레인은 이렇게

보증기간 만료 후 관리하기 *335*

보증기간이 끝났는데 센터를 뭐하러 가?

소모품 관리하기 *341*

쿠폰이 있는데 돈이 왜 들어?

사고처리 *345*

사고 대처는 우선 처리 순서부터 명확히 | 센터로 갈까, 정비업체로 갈까

틴팅, 블랙박스, 유리막 코팅. 왜 하고 뭘 해야 하지? *353*

각 작업의 장단점 | 내게 맞는 작업

수입차 오너 스토리 *365*

나의 수입차 입문기

맺음말 *379*
부록 인생에서 꼭 한 번은 **타야 할 수입차** *383*

1부
수입차냐 국산차냐,
그것이 문제로다

강남 쏘나타를 아시나요?

사실 쏘나타는 꽤 좋은 차다. 지금은 쏘나타가 현대자동차 내에서도 그랜저에 밀리고 아반떼에도 치이는 샌드위치 신세가 되고 말았지만, 처음 등장한 1985년부터 90년대 후반까지만 해도 쏘나타는 성공한 중산층의 상징과도 같은 자동차였다. 필자가 대학교에 다니던 90년대 초반에 (아빠 차 말고) 엄마가 모는 쏘나타를 끌고 나오는 강남의 친구들은 부러움과 질시의 대상이었고, 쏘나타는 이들 오렌지족의 필수 장비와도 같았다.

쏘나타는 이후 대한민국 '국민차'라는 별명을 가지게 될 정도로 많이 팔렸다. 1999년부터 2010년까지 12년 동안 두 해를 제외하고는 모두 베스트셀링카에 올랐고, 2011년부터 아반떼에게 그 자리를 물려주기는 했지만 여전히 우리나라에서 가장 많이 굴러다니는 자동차는 쏘나타다. 2013년 12월 말 기준 국내 등록 차량 1,940만 대 중 164만 대

원조 강남 쏘나타, 렉서스 ES. 렉서스는 독일산
디젤차 홍수 속에서 '강남 쏘나타의 명예'를 되
찾을 수 있을까?

가 쏘나타로, 여전히 점유율 1위를 유지하고 있다.

그렇다면 이른바 '강남 쏘나타'는 무엇일까? 강남에 얼마나 많이 굴러다니기에 쏘나타처럼 흔한 차라는 별명을 얻었을까? 사실 강남 쏘나타라는 말은 그 말을 만들어준 쏘나타에게도, 그렇게 불리는 다른 자동차에게도 썩 유쾌한 별명은 아니다. 보통 강남 쏘나타라고 할 때는 성공한 중산층의 상징으로서가 아니라 '너무 흔한 차'라는 부정적인 느낌이 담겨 있기 때문이다. 특히 강남 쏘나타라는 말이 처음 만들어졌을 때 그 차를 타던 강남의 아줌마들에 대한 다소의 비아냥거림도 이 말 속에는 녹아 있다.

최초의 강남 쏘나타는, 좀 더 정확히 말해서 2000년대 초반과 중반에는 렉서스 ES가 강남 쏘나타였다. 압구정동, 청담동, 대치동, 도곡동 등 강남 일대에는 쏘나타나 그랜저가 아니라 렉서스 ES300이나 ES330, ES350을 운전하는 사모님들을 정말 자주 볼 수 있었다. 강남 쏘나타라는 말이 처음 생겨난 것이 이때였으니, 렉서스가 새로운 ES 모델을 출시하면서 "강남 쏘나타의 명예를 되찾겠다"고 운운하는 것도 틀린 말은 아니다.

현재의 강남 쏘나타는 BMW 5시리즈다. BMW 5시리즈는 렉서스 ES가 강남 쏘나타라고 불리던 2000년대 초중반에도 판매량 상위권을 유지했지만, 528 모델이 베스트셀링카 타이틀을 차지한 2009년부터 수입차 광풍을 주도했다. 2011년부터 본격적인 인기몰이를 시작한 BMW 520d는 마침내 2012년과 2013년 2년 연속 최다 판매 수입차로 등극하였고, 독일 차 및 디젤 차량에 대한 선호 추세와 맞물려 BMW 520d의 인기는 식을 줄 모르고 있다. 이 글을 쓰고 있는 2014년에도 520d는 메르세데스-벤츠 E 220 CDI와 월간 베스트셀링카의 자리를 다투고 있으며, 이 추세라면 2014년에도 최다 판매 수입차 1, 2위 중 한 자리는 BMW 520d의 차지일 것이 분명하다.

솔직히 필자는 왜 그렇게 사람들이 BMW 5시리즈를 좋아하는지 한동안 이해하지 못했다. 사람들이 수입차를 사는 여러 이유 가운데 누구도 부정할 수 없는 요소가 바로 프리미엄 이미지이고 희소성인데, BMW 5시리즈는 강남 쏘나타라고 불릴 정도로 강남에서 흔하게 볼 수 있다. BMW 5시리즈를 살 정도의 경제적 여유라면 다른 브랜드의 수입차를 충분히 살 수 있을 텐데 무엇이 그토록 BMW 5시리즈를 매력적으로 만들었을까? 단순히 BMW 코리아의 뛰어난 마케팅의 힘만으로 사람들이 이 6,000만 원짜리 프리미엄 세단을 그토록 사랑하게 된 것은 아닐 텐데 말이다.

이러한 의문은 BMW 5시리즈를 직접 시승하고 나서야 비로소 풀렸다. 고백하건대 필자는 운전을 대단히 즐기거나 스포츠 세단에 대한 로망으로 똘똘 뭉친 그런 사내가 아니다. 하지만 평범한 40대 아저씨가 잠깐 몰아본 것만으로도 사람들이 왜 그렇게 5시리즈를 많이 선택하는지 이해가 가기 시작했다. 세련된 디자인, 젊은 스타일, 놀라운 연비, 다양한 편의장치는 기본이다. 액셀을 밟으면 밟는 대로 차가 나가고, 핸들을 돌리면 원하는 대로 차가 돌며, 브레이크를 밟으면 내 마

식을 줄 모르는 인기, BMW 5시리즈. 사람들이 그토록
이 차에 푹 빠진 데에는 다 그럴 만한 이유가 있다.

음을 읽은 것처럼 차가 정지하는 이 느낌을 뭐라고 표현해야 할까. 이
런 게 바로 드라이빙의 즐거움, 달리는 기쁨이라는 것일까? 제품을 사
용하면서 그 제조사의 슬로건이 떠오르는 건 정말 색다른 경험이었다.
'Sheer Driving Pleasure' 말이다. 그래, 이 정도면 강남 쏘나타라고 놀
려도(?) BMW 5시리즈를 타야겠다.

강남 쏘렌토로 불리는 포르쉐 카이엔. 포르쉐가 SUV를
만든 것도 충격이었는데 그 SUV가 쏘렌토만큼 강남에
많이 보이다니 놀라움 그 자체다.

렉서스 ES와 BMW 5시리즈에 이어 앞으로 어떤 차가 강남 쏘나타의 왕관을 물려받을까? 전통의 수입차 브랜드 메르세데스-벤츠의 한 층 젊어진 E클래스가 늘 BMW 5시리즈를 위협하고 있고, 폭스바겐이 골프와 티구안을 무기로 호시탐탐 기회를 노리고 있지만, 2014년 4월 현재 5시리즈로부터 강남 쏘나타 타이틀을 빼앗을 수입차는 아직 보이지 않는다. 하긴 BMW 그룹 내에서 BMW 코리아의 국가별 판매순위는 10위지만, 5시리즈의 판매량은 세계 5위라고 하니 우리나라 사람들의 BMW 5시리즈 사랑을 누가 말리랴.

최근 들어 강남 지역에 BMW, 메르세데스-벤츠, 아우디, 폭스바겐 등 수입차가 너무 흔해지자 이 지역 소비자들의 구매 성향에도 최근 변화가 감지되고 있다. 구매자들이 좀 더 희소성 있는 브랜드나 프리미엄 이미지가 더 강한 브랜드로 이동하고 있는 것이다. 전통의 스포츠카 브랜드 포르쉐가 만든 SUV 카이엔이나 1억 원을 훌쩍 넘는 랜드로버 레인지로버가 강남에서 인기를 끌면서 이들 고가의 수입 SUV를 가리켜 '강남 쏘렌토'라는 말까지 생겨났다.

사막의 롤스로이스에서 강남 쏘렌토로 변신한 레인지로버. 이제 포르쉐 카이엔으로도 부족한 것일까? 강남의 유치원과 학원 앞에는 레인지로 버로 아이를 실어 나르는 아줌마들이 있다고 해서 또 한 번 놀랐다.

수입차 대중화의 현주소

필자의 사무실 근처에 위치한 삼성역 사거리에 서 있노라면 정말 수입차가 많이 보인다. 강남 쏘나타니, 강남 쏘렌토니 하는 말이 생긴 것을 보아도 수입차가 예전처럼 희귀하지 않은 것만은 분명한 사실인 듯싶다. 하지만 실제로 '수입차 대중화'라고 할 정도로 수입차가 많이 판매되고 운행되고 있을까?

불과 몇 년 전까지만 해도 수입차를 운전하리라고는 상상하지 못했던 필자 같은 사람도 수입 SUV를 구매한 지 4년이 되었다. 하지만 수입차 광풍이니 전성시대니 운운하는 언론 기사를 접할 때마다 수입차 브랜드의 희망이 섞인 다소의 과장이라고 느낀 게 사실이다.

그런데 최근 강남구청의 자동차등록 관련 실무 팀장의 인터뷰가 담긴 기사를 보고 깜짝 놀랐다. 2014년 2월 19일자 중앙일보의 "강남구 새 차 80%는 수입차"라는 제목의 기사에 따르면, "하루 평균 구청에 등록되는 신규 차량이 200여 대인데, 요즘은 이 중 170대 가량이 수입차"라는 것이다.

아무리 강남에 수입차가 많기로서니 새 차 10대 중 평균 8대가 수입차라는 믿기지 않는 사실을 접하고서 필자는 그 기사가 오보는 아닌지, 아니라면 필자가 기사를 잘못 이해했는지 확인하기로 했다. 그리고 수입차 대중화의 진실을 조금 더 정확하게 파악하기 위해 강남구 전체 등록차량 중 수입차가 차지하는 비중을 관할 구청에 알아보기로 했다.

# 강남구 새 차 80%는 수입차
_(등록차량)

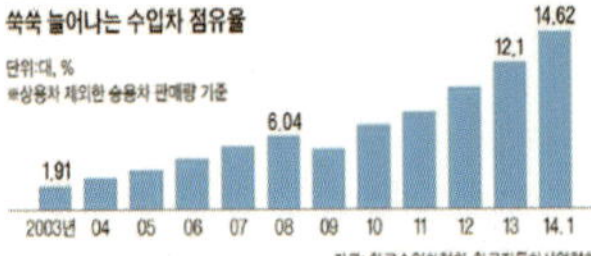

지난달 전체 점유율 14.62%

10% 기록 2년 만에 5%P 늘어

독일차 선호+마케팅 합작품
애국심 안 먹혀 국내업체 고심

수입차 점유율 상위 10개 브랜드 (단위:대, %)

브랜드	판매량	점유율	브랜드	판매량	점유율
BMW	3408	22.95	도요타	393	2.65
메르세데스-벤츠	2773	18.67	닛산	389	2.62
폴크스바겐	2700	18.18	렉서스(도요타)	356	2.40
아우디	2137	14.39	크라이슬러	345	2.32
포드	757	5.10	미니(BMW)	301	2.03

*2014년 1월 기준   자료:한국수입차협회

애국심으로 버텨왔던 둑이 속절없이 허물어지고 있다. 수입차의 시장 점유율이 어느새 15%대에 육박했다. 2012년 점유율 10%를 돌파한 지 불과 2년 만이다. 특히 점유율 확대에 가속도가 붙고 있다는 게 심상치 않다. 과거엔 점유율 5%에서 10%를 달성하는 데 꼬박 5년이 걸렸다. 이로 인해 그간 국내 소비자들의 '충성심'에 기대 온 국내 완성차 업체들 사이에 비상이 걸렸다.

한국수입차협회는 올 1월 승용차 부문의 수입차 점유율이 14.62%를 기록했다고 18일 밝혔다. 한국자동차산업협회가 발표한 국내 완성차 5개 업체의 내수시장 판매량(8만6707대)과 한국수입차협회의 판매량(1만4849대)을 비교한 결과다. 윤대성 한국수입차협회 전무는 "협회 회원사가 아닌 페라리와 마세라티, 그리고 외국에서 차를 직접 수입해 파는 병행수입업체의 판매량까지 합치면 사실상 15%가 넘을 것"이라고 말했다.

특히 서울 강남지역에선 국산차가 밀려드는 수입차에 큰길에서 밀려나는 현상까지 나타날 정도다. 서울 강남구청 자동차등록팀 김애영 팀장은 "하루 평균 구청에 등록되는 신규차량이 200여 대인데, 요즘은 이 중 170대가량이 수입차"라고 밝혔다. 강남 내 수입차량 등록대수가 국산차량을 능가하는 것 역시 시간 문제다. 강남구청에 따르면 현재까지 강남구에 등록된 10만여 대의 차량을 3만 대 이상이 수입차다. 국산차의 턱밑까지 쫓아와 역전을 눈앞에 둔 셈이다.

수입차 광풍은 독일 카메이커들이 이끌고 있다. 국내 소비자들의 유별난 독일차 선호 심리에다 그간 약점으로 잡혀왔던 차량 모델 부족 문제를 보완하고 애프터서비스(AS)도 대폭 강화하면서다. 올 1월 판매된 차량 1만4849대 중 상위 4개 업체인 BMW(미니·롤스로이스 포함)와 메르세데스-벤츠, 폴크스바겐(벤틀리 포함), 아우디가 판매한 차량은 총 1만1355대였다. 전체 판매량의 75%를 넘는 수치다. 반면 2007년까지 국내시장 점유율 30%에 이르던 도요타·혼다 등 일본업체의 점유율은 올 1월 처음으로 10% 밑으로 떨어졌다.

국내 완성차업체들은 별다른 대응책을 찾지 못한 채 우왕좌왕하고 있다.

현대기아차의 경우 2000년대 초반부터 '수입차 밀물' 사태에 대비하려고 전략을 짜왔지만 회살을 잘 못 겨냥한 것 아니냐는 지적이 나온다. 자동차업계 관계자는 "현대기아차가 도요타·혼다·닛산 등 일본차들이 몰려올 것으로 보고 일본차의 라인업을 치밀하게 분석하는 '맞불작전'에만 총력을 기울였다"고 말했다. 그러다 보니 독일차에 대해선 허를 찔린 채 속절없이 시장을 내주고 있다는 분석이다. 특히 독일 업체가 큰 재미를 본 디젤차에선 이렇다 할 대응 모델을 내놓지도 못했다. 한국 산차업계 관계자는 "이번 달에 둘째로 많이 팔린 폴크스바겐의 티구안 같은 경우 국내 업체들이 '맞수'로 내놓을 만한 제품 라인업이 없다. 이대로 가다간 속수무책"이라고 털어놓았다. 급기야 지난해 현대기아차의 내수시장 점유율은 처음으로 70% 밑으로 떨어졌다.

수입차들은 공세의 고삐를 더 바짝 당길 태세다. 특히 최후의 보루 격인 한국 소비자의 '국산 선호 심리'를 깨기 위한 전략에 큰 공을 들이고 있다. 아우디는 2008년부터 문화공연 프로젝트 '아우디 라이브'를 하고 있다. 올해는 유명 음악인인 브루노 마스의 내한공연을 추진하고 있는데 1시간 만에 표가 매진될 정도였다. 자미로콰이(2008년), 레니 크라비츠(2012년) 등의 첫 내한공연도 모두 아우디의 손에서 이뤄졌다. 국내 20~30대 사이의 새 유행에 민감하게 움직이는 것도 국산차가 아닌 수입차다. 폴크스바겐은 지난해 말 서울 강남의 '꼼데가르송길'에서 뉴 비틀 행사를 열었다.

이 같은 가로수길을 대체하면서 새롭게 뜨는 거리다. 메르세데스-벤츠는 독일의 자동차 문화를 한국에 이식하고 있다. 벤츠는 서울시에 벤츠가 128년 전 만든 세계 최초의 자동차 '페이턴트-모터바겐'을 기증했다. 국내 업체가 흉내내기 어려운 벤츠의 역사를 부각하기 위해서다. BMW는 총 700억원을 투자해 오는 7월 인천 운서동(영종도)에 아시아 첫 드라이빙 센터를 연다. 총 24만㎡의 부지에 6가지 주행코스와 문화전시 공간, 갤러리, 레스토랑 등이 들어서는 'BMW 월드'다. 한장현 대덕대(자동차학과) 교수는 "최근 수입차들은 국내 소비자들에게 친근하게 다가가기 위한 다각도의 마케팅 활동을 하는 반면, 국산차들이 품질 문제로 곤욕을 치르며 브랜드 이미지가 크게 떨어졌다"며 "단순 제품 판매뿐만 아니라 브랜드 문화 제고를 통해 '가치 있는 브랜드'를 만들어야 한다"고 말했다.

조혜경 기자 wisalie@joongang.co.kr

강남구 새 차 80%는 수입차(중앙일보, 2014년 2월 19일)

기사에서 자료 출처로 등장하는 강남구청 팀장에게 직접 문의한 결과, 강남구에 신규로 등록되는 차량이 아니라 강남구청을 통해 전국 시도에 등록되는 신규 차량 200여 대 중 170대가 수입차라는 것이었다. 워낙 강남구에 수입차 전시장이 많고 수입차 판매량이 급증하다 보니 강남구청이 처리하는 신규 등록차량 중 수입차가 그토록 많았던 것이다.

강남구에 등록된 차량 중 수입차의 비중에 관해서는 2014년 2월 말 기준으로 승용차 총 208,500대가 강남구에 등록돼 있고 이 중 수입차가 40,436대라는 회신을 받았다. 전체 승용차에서 영업용 차량을 제외하면, 강남구에 등록된 전체 차량 중 약 21%가 수입차임이 확인된 것이다. 이쯤 되면 최소한 서울 강남구만 놓고 보았을 때 수입차 대중화라고 해도 전혀 과장이 아니다.

그렇다면 전국 기준으로 보았을 때도 수입차가 대중화 시대에 접어들었다고 할 수 있을까? 국토교통부가 발표한 자동차등록 통계에 따르면, 2013년 12월 말 기준 우리나라 모든 자동차의 누적 등록대수는 약 1,940만 대이며 이 중 국산차는 전체 등록대수의 95.4%를, 수입차는 4.6%를 점유하고 있다. 그런데 여기에서 주목할 만한 사실은 수입차 점유율 4.6%가 아니라 수입차 등록대수의 증가율이다. 최근 5년간 수입차는 20%를 넘나드는 증가율을 기록하며, 등록대수는 2008년 36만 대에서 2013년 90만 대로 2.5배 이상 늘었고, 전체 등록차량에서 차지하는 비중도 2.1%에서 4.6%로 갑절 이상 증가했다. 수입차의 급격한 증가가 전국 통계로도 확인된 셈이다.

국토교통부의 전국 자동차등록 통계보다 더 극적으로 수입차의 폭발적 성장을 보여주는 자료가 있다. 사실 수입차 점유율 4.6%라는 수

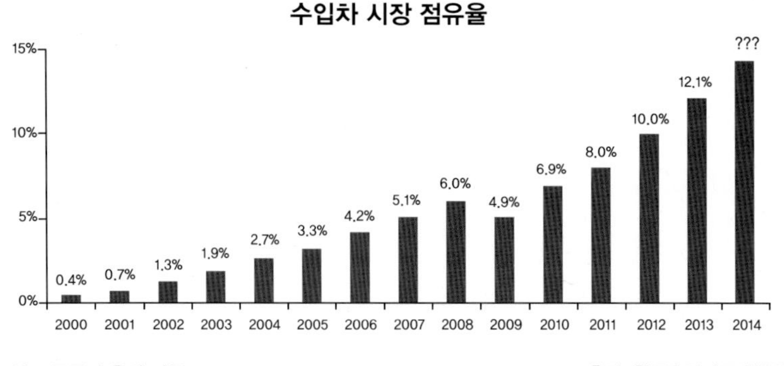

치는 주변에서 수입차를 사는 많은 사람들을 보면서 우리가 '개나 소나' 수입차를 타는 것처럼 느끼는 것과는 다소 거리가 있다. 왜냐하면 자동차등록 통계에는 승용차뿐만 아니라 승합차, 화물차, 특수차 등이 모두 포함되어 있고, 신규 등록대수가 아니라 누적 등록대수 기준으로 점유율이 계산되었기 때문이다. 거리에서 느끼는 수입차의 급성장을 숫자로 확인하려면, 승용차 신규 등록대수 기준의 증가 추이를 살펴볼 필요가 있다. 언론이나 인터넷에서 자주 접하는 수입차 시장 점유율도 실은 이 수치를 이야기하는 것이다.

2001년만 해도 수입차 신규 등록대수가 연간 1만 대도 넘지 못했고, 점유율도 1%가 채 되지 않았다. 2007년 신규 등록대수 5만 대, 점유율 5%를 돌파한 수입차는 2008년 글로벌 금융 위기를 거치면서 잠시 주춤하다 2010년을 지나면서 폭발적인 성장세를 보인다(필자가 국산

메르세데스-벤츠의 젊어진 E클래스. 메르세데스-벤츠가
나이 든 아저씨나 타는 차라고 생각하는 사람이 있다면 신형
E클래스의 아방가르드적인 디자인을 보고 놀라지 마시라.

세단을 처분하고 수입 SUV를 구입한 것도 바로 이 무렵이다). 2011년 신규 등록대수 10만 대, 2012년 점유율 10%를 돌파한 수입차 업계는 마침내 2013년 신규 등록대수 156,497대로 점유율 12.1%를 기록했다.

그렇다면 수입차 시장의 급성장은 언제까지, 그리고 어느 정도 수준까지 이어질까? 매년 12월 한국수입자동차협회는 다음 해 수입차 시장에 대한 전망을 내놓는다. 2010년부터 2013년까지 한국수입자동차협회가 전망한 신차 등록대수와 실제로 해당 연도에 등록된 수입차를 비교해보니, 한 해도 빠지지 않고 당초 예측보다 좋은 실적을 보여 왔다. 2010년 전망 7만 4,000대, 실적 9만 대. 2011년 전망 9만 9,000대, 실적 10만 5,000대. 2012년 전망 11만 9,000대, 실적 13만 대. 2013년 전망 14만 3,000대, 실적 15만 6,000대. 적게는 6,000대에서 많게는 1만 6,000대까지 전망보다 실제 등록대수가 많았다. 2013년 12월 한국수입자동차협회가 발표한 2014년 전망치는 17만 4,000대였다. 과거 전망치와 실적치 사이의 상관관계를 근거로 2014년 신규 등록대수가 18만 대를 넘어설 것으로 추정한다면 너무 비과학적일까?

10년 넘게 자동차 관련 시장조사를 수행해온 마케팅인사이트(www.autoinsight.co.kr)는 2013년 10월 "수입차, 2016년 20% 간다"라는 제목의 보고서를 발표했다. 마케팅인사이트는 과거 수입차의 시장 점유율 추이와 더불어 주요 소비자 변수들의 변화 추이를 종합적으로 고려하여 "2014년 14.3%, 2015년 16.7%를 거쳐 2016년도에는 19.6%(최소 18.4%, 최대 20.7%)에 이를 것으로" 예측했다. 신규 등록대수 기준 수입 승용차의 시장 점유율은 "불과 2~3년 전까지 '과연 10%를 넘을까'라는 기대 섞인 전망이 있었으나", 이미 작년도에 12%를 훌쩍 뛰어넘었다. 마케팅인사이트는 "이제 15% 또는 20% 선이 한계가 아닐까 하는" 것도 막연한 전망으로 보인다고 지적하면서 "수입차 열풍은 식기보다는 점점 더 뜨거워지고 있다. 2016년에 수입차가 20%에 달할 것이라는 전망은 결코 과하지 않다"라고 보고서를 끝맺었다.

현대차가 강남으로 간 까닭은?

길거리에서 수입차를 수시로 만나는 운전자들만 수입차 광풍을 느끼는 것은 아니다. 국내 자동차 시장을 사실상 독점하고 있던 현대·기아자동차야말로 이러한 수입차들의 공격에 누구보다 긴장하고 있다.

최근 현대자동차 국내영업본부가 기존에 있던 중구 계동 사옥에서 삼성역 부근 강남구 대치동으로 이전했다는 소식이 들려왔다. 현대자동차 국내영업본부가 새로 둥지를 튼 건물 바로 맞은편에는 BMW와 볼보 전시장이 자리를 잡고 있고, 옆에는 포르쉐와 폭스바겐 전시장이 있다. 또한 근처에는 메르세데스-벤츠, 재규어, 랜드로버, 람보르기니, 아우디, 렉서스, 크라이슬러, 포드, 혼다까지 주요 수입차 브랜드의 전시장들이 즐비해 있다.

한 언론이 "호랑이를 잡기 위해 호랑이굴로 들어가듯 내수 판매 사령부를 아예 수입차의 메카 지역으로 옮겨 수입차 브랜드와 정면 대결을 펼치겠다는 의지의 표현으로 풀이할 수 있다"고 한 것도 과장은 아니다. 70%를 넘던 현대·기아자동차의 승용차 내수 점유율이 2013년 68% 수준으로 떨어졌다는 기사가 사실이라면, 수입차와 정면 대결을 펼치지 않고서는 다른 대안이 없어 보인다.

현대자동차가 최근 수입차 전시장이 몰려 있어 수입차 성지로 불리는 서울 강남 도산대로 한복판에 오픈 시기를 두 번이나 연기하면서 플래그십 스토어 '현대 모터스튜디오 서울'을 연 것도 모두 같은 맥락

절치부심 끝에 돌아온 인피니티 Q50. 이름도 바꾸고
심장도 바꾼 인피니티 Q50은 과거의 영광을 재현할
수 있을까?

이다. 이곳은 원래 인피니티 전시장이 있던 장소였는데 2012년 말 현대자동차가 건물을 통째로 임차하여 약간의 손질을 한 뒤 이듬해 3월에 오픈할 예정이었다. 그러나 정의선 부회장을 비롯한 최고 경영진들이 더욱 고급스러운 전시장을 주문하면서 계획을 전면 수정해 전체적인 리모델링 작업에 들어갔다. 이 공사는 당초 2013년 안에 마무리되어 전시장 그랜드 오픈과 함께 신형 제네시스가 데뷔할 계획이었으나, 다시 한 번 오픈일이 2014년 5월로 연기됐다. BMW와 메르세데스-벤츠 전시장을 코앞에 마주보고 있는 현대자동차 입장에서 이 전시장에 얼마나 공을 들이고 있는지 짐작할 수 있는 대목이다.

국산차와 수입차 사이에서
고민하는 당신에게

"가족이나 친구가 국산차 그랜저와 수입차 캠리, 파사트 가운데 고민하고 있다면, 어떤 차를 추천하시겠습니까?"

자동차 잡지사와 신문사에서 20년 넘게 근무했고 방송에도 다수 출연하는 어떤 자동차 전문가의 출간 기념 강연회에서 필자가 던진 질문이다. 질문을 던지면서도 참 멍청한 질문이 아닌가 하고 쑥스러웠는데 우문현답이라고 했던가? 잠시 고민하던 그 전문가는 이렇게 대답했다.

"좋아하는 차 사라고 하겠습니다."

순간 망치로 한 대 얻어맞은 느낌이었다. 이러저러한 이유를 대면서 토요타 캠리나 폭스바겐 파사트를 추천하거나, 아니면 해당 운전자의 성향이나 상황을 고려해서 그래도 현대 그랜저를 사라고 조언하리

독일의 엔지니어링과 미국의 실용주의가 만난 패밀리 세단, 폭스바겐 파사트. 현대자동차와 한국지엠이 신형 쏘나타와 말리부 디젤의 경쟁 상대로 지목하면서 본의 아니게 인지도가 급상승했다.

라 예상했기 때문이다. 하지만 뻔한 예상을 깨고 그 베테랑 기자는 절묘한 답변을 내놓았다. 필자의 기억이 정확하다면 그날 강연회에서 그 저자는 이렇게 대답을 이어갔다.

"남들이 뭐라고 하든 자기가 좋아하는 차를 타야 합니다. 국산차가 좋으면 국산차를 사고, 수입차가 좋으면 수입차를 선택하면 됩니다."

"비와 눈, 그리고 산의 나라"를 질주하는 아우디 A6.
아우디 덕분에 한국은 조용한 아침의 나라에서 "콰트
로의 나라(Land of quattro®)"가 되었다.

생각해보면 이보다 더 명쾌한 답이 또 있을까? 주변에 차 좀 안다는 친구 붙잡고 괴롭혀봐야, 대리점이나 전시장을 뻔질나게 들락거리며 영업사원으로부터 상담을 받아봐야, 인터넷 동호회에서 몇 날 며칠을 기웃거리면서 해답을 구해봐야 결국에는 본인이 세운 기준과 중요하게 생각하는 가치에 따라 스스로 선택하고 결정해야 한다.

'안티 현기차' 성향의 네티즌들이 뭐라고 떠들든, 누가 뭐래도 우리나라에서는 현대·기아자동차가 최선이라고 생각하면 국산차를 선택하면 된다. 마누라에게 두고두고 바가지 긁힐 일 각오하더라도 운전하는 재미를 만끽할 수 있는 날렵한 디자인의 아우디를 타고 싶으면 수입차를 사면 된다. 저마다의 이유로 합리적인 선택을 하면 되는 것을 필자는 멍청한 질문을 한 셈이었다.

또 다른 전문가의 조언도 국산차와 수입차 사이에서 흔들리는 당신의 고민을 해결하는 데 도움이 될 듯하다. 자동차 전문기자로 명성이 높은 김태진 기자가 쓴 글에 기막힌 비유가 나온다. 좋은 차를 선택하는 것은 "중식, 일식, 프랑스식, 이탈리아식 가운데 가장 맛있는 음식을 고르는 것과 비슷하다"는 것이다. 그렇다. 2002년 월드컵 전만 해도 우리나라에서 자동차를 사는 것은 현대, 기아, 대우, 삼성, 쌍용 중에서 고르는 일이었다. 모두 한식 중에서 제일 맛있어 보이는 것을 골랐던 셈이다. 하지만 이제는 독일식, 프랑스식, 영국식, 이탈리아식, 미국식, 일식을 마음껏 골라 먹을 수 있게 되었다. 물론 그럴 만한 여유와 안목만 있다면.

"자동차마저 예술로 승화"시켰다는 시트로엥 DS5. 국내 소비자들의
독일 차 편애 속에서 고군분투하고 있다. 사람들이 막연하게 '프랑스적
인 삶'만 동경하지 말고 프랑스 차도 더 많이 사랑했으면 좋겠다.

　네다섯 개 제조사밖에 없던 국내 자동차 시장에서 20개가 넘는 수입차 브랜드가 활발히 영업 활동을 전개하는 것은 누가 뭐래도 반가운 일이다. 오랫동안 시장을 독점해온 국내 자동차 회사들도 수입차 브랜드와의 경쟁과 소비자로부터의 압력을 의식한 때문인지 예전보다 더 좋은 제품과 서비스로 국내 소비자에게 다가가고 있다는 느낌을 받는다. 자기만의 개성과 라이프스타일에 맞는 다양한 차량을 선택할 수 있다는 점에서 수입차의 대중화는 소비자로서 무척 기쁜 일이다.

　세상사에 좋은 일이 있다면 항상 어두운 면도 있다고 했던가. 수입차가 많아지면서 소비자들은 개성과 라이프스타일에 맞는 다양한 선택권을 누리게 된 반면, 방송과 신문에는 수입차에 대한 긍정적인 이야기보다 과소비 행태를 비판하거나 국내 완성차 업체를 걱정하는 듯한 기사가 많이 보인다. 특히 수입차에 관한 부정적인 기사들에서 동네북처럼 다뤄지는 이슈가 바로 '카푸어' 문제다.

　카푸어란 소득에 비해 무리하게 비싼 수입차를 샀다가 생활에 어려움을 겪는 사람들, 특히 20~30대 분별력 없는 젊은 층을 빗대어 부르는 말이다. 2010년 수입차 업계가 도입한 원금유예할부제도가 카푸어를 양산하는 주범으로 비난받고 있는데, 원금유예할부제도는 차량 가격의 일부만 먼저 선수금으로 낸 뒤 나머지 원금에 대한 이자만 내고 차를 타다가 3년 뒤 남은 잔금을 한꺼번에 갚는 방식을 말한다. 카푸어 문제는 일부 철없는 20~30대의 무절제한 소비를 비판하는 단계를 지나 "가계부채의 새로운 뇌관"이 될 수 있다는 경고로까지 이어지고 있다.

케이블 방송을 돌리다 보면 자동차 관련 프로그램이 참 많아졌다. 그만큼 자동차에 관심이 많고 자동차를 좋아하는 사람들이 많아졌다는 증거다. 방송에 출연하는 남녀노소 운전자와 그들의 가족, 친구들의 표정과 말을 보면 우리는 정말로 다양한 개성과 취향, 삶의 지향점을 가지고 살아간다는 것을 느끼게 된다. 수입차와 국산차 사이에서 저울질하는 당신도 차만 바라보아서는 해답을 찾기 어렵다. 자동차를 타는 나는 어떤 사람인지, 그 차로 무엇을 하고, 어디에 가고, 어떻게 사는지를 곰곰이 생각해야 행복한 자동차 생활을 즐길 수 있다. 국산차냐, 수입차냐 하는 것은 그 다음에 생각해도 늦지 않다.

수입차에 관한 오해와 진실

필자가 2011년 4월 수입 SUV를 구매한다고 했을 때 가장 놀란 사람은 필자의 가족과 친구들이었다.

"외제차는 엄청 비싸다는데 괜찮겠니?"

"수리비가 장난이 아니라는데 차도 잘 모르는 네가 타도 되겠니?"

"사업 하는 사람이 외제차 탔다가 세무조사라도 나오는 거 아니냐?"

"외제차 타면 사람들이 널 이상하게 볼지도 모르는데……."

이런 주변의 반응들은 당연했다. 기아자동차 모하비와 현대자동차 베라크루즈를 알아보다 랜드로버 디스커버리4를 사기로 결심하기 전까지 필자의 생각도 그들과 별로 다르지 않았기 때문이다. 아직도 상당수 사람들은 수입차 하면 대단한 부자들이 타거나 아니면 자동차에 대해 해박한 지식으로 무장한 소수 마니아층만 타는 자동차라고 생각한다. 수리하는 데 드는 비용은 물론이고 차량 가격이나 성능에 대한 편견도 여전히 넓게 퍼져 있다.

신차 등록대수 5만 대, 점유율 5%를 돌파하며 수입차에 대한 관심이 크게 늘어났던 2007년, 한국수입자동차협회는 "수입차에 대한 열 가지 오해"라는 자료를 홈페이지에 게시했다(그 전에도 비슷한 자료를 올렸는데 내용을 조금 업데이트했다). 수입차 업체들의 이익을 대변할 수밖에 없는 협회의 특성상 수입차를 과도하게 옹호하는 듯한 인상을 풍겼던 게 사실이다. 그때로부터 7년이 지난 2014년의 관점으로 보았을 때 열 가지 중 절반 정도는 곰곰이 살펴볼 필요가 있지만, 아래 다섯 가지는 이제 수입차 구매자들이 신경 쓰지 않아도 될 듯하다.

"수입차는 국익에 해가 된다"는 주장에 지금도 동의하는 사람이 있는지 모르겠다. 우리나라 자동차 산업(부품 포함)은 2013년 수출 747억 달러, 수입 112억 달러로 역대 최고치인 635억 달러의 무역흑자를 달성했다. 이에 대해 산업통상자원부는 "부가가치가 높은 대형 RV 승용차 수출비중 증가와 더불어 국산차의 품질경쟁력 향상, 높아진 위상 등"을 사상 최대 실적의 요인으로 분석했다. 수입차 시장의 성장과 소비자 선택권의 확대는 국내 독점 체제에 안주하기 쉬운 국내 완성차 업체가 글로벌 시장에서 더욱 경쟁력을 갖고 지속적으로 성장하는 데 중요한 역할을 하고 있다.

"수입차는 마케팅 활동이 부진하다"는 오해 역시 이제는 옛날이야기다. 외제차 타는 사람이 극소수이고 손가락질 받던 시절에나 수입

아우디가 주최한 브루노 마스 내한공연. 문화 마케팅은 현대카드만 하는 게 아니다.
수입차 브랜드들의 다채로운 마케팅 활동을 두 손 들고 환영한다.

《모터트렌드》가 뽑은 2014 올해의 차에 선정된 캐딜락 CTS.
국내 수입차 시장을 열어젖히는 데 미국 정부가 막대한 역할을
했는데 정작 재미는 독일 차들이 보고 있다.

차 브랜드가 조용히 마케팅을 했지, 지금은 20개가 넘는 브랜드 수만큼이나 다양한 마케팅 활동으로 국내 소비자를 유혹하고 있다. 케이블은 물론이고 지상파 방송에서도 수입차 광고를 심심치 않게 볼 수 있다. 드라마에 PPL로 등장하는 수입차가 화젯거리가 되는 경우도 다반사다. 특히 수입차는 프리미엄 브랜드가 많은 데다 저마다의 개성이 강하기 때문에 예전에 국내 소비자들이 경험하지 못한 다채로운 이벤트와 홍보 활동, 문화 마케팅 사업 등을 펼치고 있다.

"수입차를 사면 세무감사를 받는다"는 오해도 지금 들으면 웃음이 나오는 얘기다. 진짜 이런 인식이 과거에 퍼져 있었는지 확인하기 위해 네이버에서 '수입차 세무조사'라고 검색해보았다. 실제로 2000년대 초중반까지 이에 대한 소비자들의 질문과 답변이 심심치 않게 눈에 띄었다. 2007년 한 일간지의 기사에 따르면, 수입차 시장의 초기 개척기에는 "수입차 보유자는 세무조사를 받기도 했으며 공직자의 경우 내부 감사를 받거나 좌천되기까지 했었다"고 한다. 하지만 이미 2001년에 미국 정부의 요청에 따라 우리나라 국세청은 "수입자동차를 구입했거나 소유한 납세자에 대해 차별적인 세무조사를 한 적이 없으며 앞으로도 없을 것"이라고 공식 입장을 밝혔다.

"수입차는 중고로 팔기 힘들다"는 인식은 많이 사라졌으며 실상도 전혀 그렇지 않다. 고급 수입차를 사고는 싶지만 경제적 여건 때문에 부담을 느끼는 많은 실속파 소비자들이 수입 중고차 시장을 활발하게 이용하고 있으며, 신차 등록대수가 급격하게 늘어남에 따라 중고

일본보다 5배나 많이 팔린 BMW 7시리즈. 일본을 이겼다고
기뻐해야 하나? 아무튼 한국은 1억 원을 훌쩍 넘는 이 프리
미엄 세단의 세계 4위 시장이다.

차 시장에도 수입차 매물이 빠른 속도로 늘어나고 있다. 특히 원금유예할부나 무상수리 보증기간 종료 등의 이유로 인해 구매한 지 3~5년이 지난 수입차가 중고차 시장에 많이 나오면서 수입 중고차 시장은 신차 시장 못지않게 빠르게 성장하고 있다. 한편 수입차의 감가상각률이 국산차에 비해 높아서 잔존가치가 빠르게 하락하는 측면은 수입차 구매를 고려하고 있는 소비자라면 반드시 주의해야 할 대목이다.

"수입차는 한국 시장에 맞지 않다"는 주장도 이제는 유효하지 않다. 국내 수입차 시장이 급격하게 성장하면서 글로벌 자동차 회사의 본사 입장에서도 대한민국 시장은 결코 무시할 수 없는 중요한 시장이 되었다. 특히 BMW 7시리즈나 아우디 A8, 재규어 XJ 같은 일부 고가 모델의 경우에는 인구도 많고 경제 규모도 큰 일본보다 우리나라에서 더 많이 팔렸다고 해서 얼마 전 화제가 되기도 했다. 각 수입차 브랜드는 달라진 한국 시장의 위상에 맞게 다양한 모델과 한국형 사양을 가지고 국내 고객층의 높아진 눈높이를 맞추고 있으며, 수입차 시장이 커질수록 국내 소비자의 선택권은 더 넓어질 것으로 보인다.

지금까지 살펴본 다섯 가지 오해와 달리 앞으로 이야기하려는 다섯 가지는 일부 사실이기도 하고 여전히 사람들에게 뿌리 깊게 박혀 있는 선입견이기도 하다. 이 선입견 다섯 가지를 자세히 들여다봄으로써 수입차를 어떻게 바라보고 소비하고 즐겨야 하는지 찬찬히 따져보기로 하자.

수입차는 너무 비싼 사치품이다?

"여자들에게 명품백이 있다면, 남자들에게는 자동차가 있다"고 했던가? 1,000만 원이 넘는 에르메스 버킨백을 손에 넣기 위해 대기자 명단에 이름을 올리고 1년 넘게 기다리는 여자들을 남자들이 이해하기 어려운 것처럼, 빨리 달릴 수 있는 도로도 변변히 없는데 정지 상태에서 시속 100킬로미터까지 5초대에 끊니 6초대에 끊니 하며 게거품을 무는 남자들을 여자들 역시 이해하기 어려울 것이다.

과연 수입차는 비쌀까? 일부 부유층이나 전문직 종사자, 자동차 마니아들만 선뜻 지갑을 열 수 있을 정도로 가격이 높을까? 2,000~3,000만 원대 수입차도 많다는데 사실일까?

2014년 일사분기 현재 우리나라에서 가장 많이 판매되는 수입차는 3,000만 원대부터 7,000만 원대까지 골고루 분포돼 있다(다음 그래프 참조). 각 모델의 판매대수를 반영하여 가격에 대한 가중 평균을 내보았더니 약 5,492만 원이 나왔다. 수입차 톱10의 평균 가격이 약 5,500만 원 정도 되는 것이다(여기서 사용된 가격은 권장소비자가격이다. 실제 수입차 구매 시에는 적게는 2~3%에서, 많게는 15%까지 할인이 적용되는 경우가 많다. 가격이 높아야 오히려 잘 팔린다는 명품 마케팅의 전략을 차용한 것인지, 권장소비자가격을 높게 책정해놓고 많이 할인해주는 척하면서 판매를 올리려는 수작인지, 그것도 아니면 딜러들의 치열한 경쟁 때문에 고맙게도 실구매가가 내려간 것인지 소비자는 헷갈리기만 하다).

그렇다면 국산차의 평균 가격은 어떻게 될까? 동일한 방법으로 베

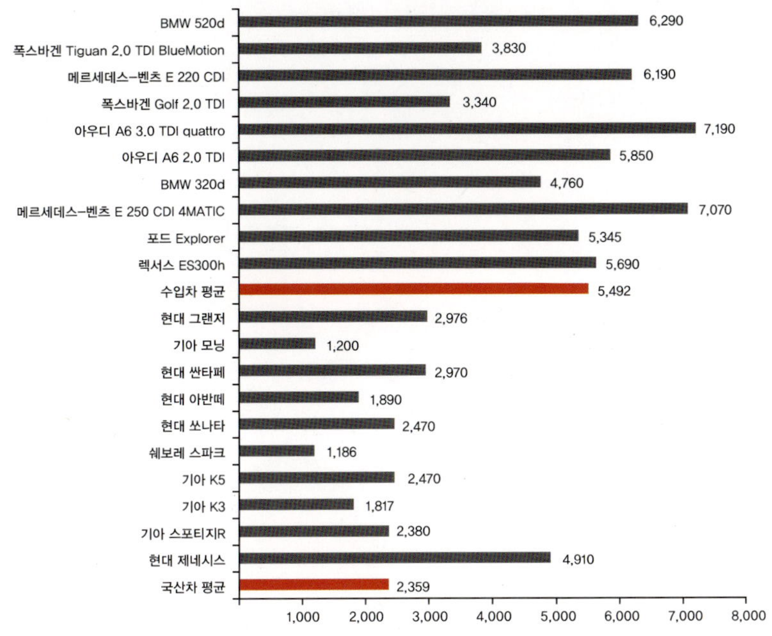

2014년(1~3월) 베스트셀링 수입차와 국산차의 가격
(가장 많이 팔리는 모델 기준, 차종에 따른 가격 변동 및 옵션에 따른 가격 차이가 있을 수 있음, 단위: 만 원)

스트셀링 국산차의 가중 평균을 내보았더니 약 2,359만 원이 나왔다. 5,492만 원 대 2,359만 원이니까 가장 많이 팔리는 상위 10개 모델 기준으로 수입차가 국산차보다 약 2.3배 비싸다는 사실이 확인된 셈이다.

우리나라에서는 아직까지도 수입차가 부의 상징으로 비춰지는 게 현실이고, 수입차는 곧 고급차라는 인식이 매우 강하다. 엄밀히 말해

2011년 박스카 돌풍을 일으켰던 2,000만 원대 수입차 닛산 큐브.
사장님, 사모님이 타는 수입차 말고, 각자의 라이프스타일과 여건
에 맞는 자동차가 더 많이 보였으면 좋겠다.

폭스바겐 같은 브랜드는 프리미엄 제품이라고 말하기 어렵지만 최소한 한국에서는 프리미엄 이미지를 가지고 있고 구매자들은 폭스바겐이 현대·기아자동차보다 고급 브랜드라고 생각한다. 그 결과 수입차 대중화 시대에 접어들었다고 하는데 정작 2,000만 원대 수입 대중차는 잘 팔리지 않는다(2013년 1.6 TDI 모델 기준 2,990만 원이던 폭스바겐 골프나 2011년 전체 6위에 오르며 돌풍을 일으킨 닛산 큐브 정도가 예외다). 차가 안 좋아서 안 팔리는 것인지, 가격이 싸서(?) 안 팔리는 것인지 헷갈릴 정도다.

1966년 출시된 이래 전 세계 140개국에서 4,000만 대가 넘게 팔리며 '세계에서 가장 많이 팔린 차'라는 명성을 지니고 있는 토요타 코롤라는 지난 2011년 2,590만 원이라는 수입차치고는 저렴한 가격으로 야심차게 한국 시장에 데뷔했으나 판매 실적은 참담했다. 출시 첫해에도 284대라는 기대 이하의 성적을 보여주더니 2012년에는 24대가 팔리는 데 그쳤고, 2013년에는 고작 13대가 판매됐다. 언론들은 "코롤라의 굴욕"이라고 비아냥거렸다. 혼다의 대표적인 준중형차 시빅 역시 미국에서는 대학생이나 사회 초년생들이 가장 선호하는 자동차라고 하는데 국내 시장에서는 이렇다 할 판매량을 기록하지 못했다.

국산차보다 2~3배 비싼 수입차를 구매하는 사람에게 왜 그렇게 비싼 수입차를 타느냐고 물으면 저마다 다양한 대답이 나올 것이다. 주행 성능이 탁월하다. 운전하는 재미가 있다. 안전성이 높다. 연비가 좋다. 디자인이 마음에 든다. 국산차는 너무 흔해 싫다. 수입차를 타야 대접 받는다 등등. 근거 있는 대답부터 다분히 심리적이고 자기만족적

인 요인까지 비싼 수입차를 타는 사람들에게는 다 이유가 있다. 하지
만 자동차를 '한 장소에서 다른 장소로 이동시켜주는 탈것' 그 이상도
그 이하로도 보지 않는 사람에게는 수입차 오너가 도무지 이해가 되
지 않는다.

남들에게는 명백히 사치품이자 비합리적인 소비로 보이는 것도 당
사자에게는 지불할 만한 가치가 있는 이유 있는 구매 행위일지 모른
다. 명품백이나 수입차나 마찬가지다. 누구에게는 '합리적인' 소비이
고, 누구에게는 '과'소비다.

수입차는 세금 부담이 높다?

결론부터 얘기하자면, 수입차라고 해서 세금 부담이 높은 것은 아니
다. 자동차 구매 및 취득, 보유 과정에서 부과되는 각종 세금은 국산
차와 수입차 사이에 전혀 차별 없이 같은 세율로 계산된다. 요즘 같은
글로벌 시대에 수입차라고 해서 차별을 둔다면 미국이나 유럽 각국이
가만히 있을 리 없다. 다만 국산차 대비 수입차의 가격이 기본적으로
높다 보니 구매 및 취득 과정에서 세금이 함께 높아지는 것은 사실이
다. 한편, 보유 단계에서 매년 내는 자동차세와 자동차세교육세는 수
입차나 비싼 차를 샀다고 해서 더 내지 않는다. 배기량과 연식에 따라
동일한 비율로 세금이 부과된다.

자동차 관련 세금

구분	세금	세율
구매 과정	개별소비세	2,000cc 이하: 공장도가의 5% 2,000cc 초과: 공장도가의 6%(2015년부터 5%)
	개별소비세교육세	개별소비세의 30%
	부가가치세	(공장도가+관세*+개별소비세+개별소비세교육세+수입자 마진*)의 10%
취득 과정	취득세	(판매가격−부가세)의 7%
	공채	[도시철도채권: 비영업용 승용차의 경우] 1,000cc 이상 1,600cc 미만: 취득세 과세표준의 9% 1,600cc 이상 2,000cc 미만: 취득세 과세표준의 12% 2,000cc 이상: 취득세 과세표준의 20% 다목적형: 취득세 과세표준의 5% [지역개발공채] 지역마다 다름
보유 과정	자동차세	비영업용 승용차의 경우 1,000cc 이하: cc당 80원 1,600cc 이하: cc당 140원 1,600cc 초과: cc당 200원
	자동차세교육세	자동차세액의 30%

(* 표시 항목은 수입차에만 해당)

　유일하게 차이가 발생하던 부분이 바로 관세다. 관세율은 수입차 개방 초기(1987년)에는 50%까지 부과되기도 했으나, 1990년 20%, 1994년 10%를 거쳐 1995년부터 8% 수준을 유지하고 있다. 하지만 한-EU FTA, 한미 FTA로 인해 2014년 4월 현재 유럽 원산지 차량은 관세율이 1.6%(1,500cc 이상 기준)이고, 미국 원산지 차량도 4.0%까지 떨어졌다. 국내 수입차 시장의 80% 이상을 유럽과 미국 업체들이 차지하고 있기 때문에 관세에 대한 부담은 많이 완화된 셈이다. 그리고 이렇게 낮아진 관세마저 유럽과 미국 생산 차량에 한해서는 조만간 없어질 예정이다. 2014년 7월 1일부터 1,500cc 이상인 유럽산은 관세가 없어지며(1,500cc 미만은 2.6%로 인하), 미국산도 2016년 3월 15일부터 관세가 철폐된다. 이렇게 되면 일본산만 계속 기본 관세 8%가 유지된다(관세는 제조사의 국적이 아니라 원산지, 즉 생산 공장의 위치에 따라 달라진다. 따라서 토요타 캠리, 혼다 어코드, 닛산 알티마 같은 차량은 일본산이 아니라 미국산으로 관세가 부과되고 있다).

결국 수입차가 세금 부담이 높다는 주장은 관세율이 매우 높았던 개방 초기나 한-EU 및 한미 자유무역협정이 발효되기 이전의 사실에 근거하거나, 아니면 수입차의 기본 가격이 높다 보니 가격에 일정 세율을 곱해서 산출되는 세금의 절대 규모가 높은 데서 야기된 오해다.

사실 수입차 가격이나 세금 문제를 파고 들어가다 보면, 근본적으로 두 가지 문제에 봉착하게 된다. 첫 번째는 우리나라 자동차 관련 세금 구조 및 세율에 관한 문제고, 두 번째는 수입사와 딜러 마진의 문제다. 1~2년 전부터 여러 언론에서 수입차 가격의 비밀을 파헤친다느니, 폭리가 해도 너무한다느니 하는 기사가 봇물처럼 쏟아졌다. 소비자들을 분노케 하는 매우 자극적인 내용의 기사들이 대부분이었다.

하지만 앞에서도 살펴본 바와 같이 국산차와 수입차 사이에 세금과 관련하여 차별은 존재하지 않으며, 유일한 차이였던 관세마저도 이미

크라이슬러의 대형 세단 300C. 한-캐나나 FTA 타결을 기념(?)하여 2014년 4월에 가격을 선제적으로 인하했다(크라이슬러 300C가 미국이 아니라 캐나다에서 생산되는지는 미처 몰랐다).

젊은 층에게 인기가 높은 폭스바겐 골프.
대한민국이 해치백의 무덤이라는 편견은
이제 버릴 때가 되었나?

상당히 줄어들었거나 유럽산과 미국산의 경우 조만간 아예 없어질 예정이다. 수입차들의 가격이 전반적으로 높아서 이에 따른 세금의 절대규모가 많은 것이지, 6,798만 원짜리 현대 에쿠스와 3,340만 원짜리 폭스바겐 골프를 비교하면 당연히 현대 에쿠스 구매자의 세금이 월등히 많다.

이제 남은 문제는 수입사와 딜러들이 취하는 마진이 적당하냐 과하냐의 문제인데, 소비자 입장에서는 이들의 마진이 과해보이는 게 당연하고 수입사와 딜러들은 여러 가지 이유를 대며 적당하다고 항변한다. 특히 전시장과 서비스센터 개설 및 운영에 수백억 원이 들어간다는 딜러들의 처지는 외부에서 보는 것만큼 좋지 않다는 얘기가 들려온다. 수입차 판매량이 급격하게 늘어나면서 수입차 딜러들도 떼돈을 벌고 있을 것 같은데 실은 부익부 빈익빈이 심하고, 심지어 비인기 브랜드 딜러의 경우 딜러권을 반납하고 철수하는 사례도 심심찮게 나오고 있다.

자본주의 사회에서 모든 기업과 개인은 자신의 이익을 극대화하기 위해 최대한의 노력을 기울이며, 자신들의 원가 구조나 마진이 외부에 드러나는 것을 극도로 꺼린다. 어찌됐건 수입차 가격과 세금에 대한 언론의 취재를 통해 수입차 시장의 가격 구조가 (정확하든 오해의 소지가 있든) 상당 부분 공개됐으며, 이에 대한 해석과 판단, 수입차 구매 여부에 대한 결정은 온전히 소비자의 몫이다.

수입차는 연비가 나쁘다?

올해 43세인 필자가 너무 어린 것일까? 과거에 수입차 연비와 관련해 '도로에 기름을 뿌리고 다닌다'는 인식이 있었다는데 도무지 공감이 가지 않기 때문이다. 오히려 수입차에 관심이 좀 있는 사람이라면, 수입차가 아니라 국산차가 연비 나쁜 것 아니냐고 되물을지도 모르겠다.

최근 수입차가 국내 시장에서 승승장구하고 구매층이 대중화된 데에는 다른 무엇보다 연비가 한몫을 톡톡히 했다. 특히 독일산 디젤 차량의 인기는 상당 부분 높은 연비와 관련이 있다(높은 연비에 따른 유지비 절감 효과가 실제로 고가의 차량 구매를 합리화할 정도인가는 별개의 문제다).

국내에서 판매되는 모든 국산차와 수입차의 연비를 확인할 수 있는 에너지관리공단 홈페이지에서 연비 순위 상위 30개 차량을 살펴보았다(2014년 3월 말 기준). 30개 모델 중 몇 개가 국산차일 것 같은가? 놀랍게도 불과 5개만이 현대, 기아, 르노삼성에서 만든 차량이고, 25개 모델은 푸조, 토요타, 시트로엥, BMW, 폭스바겐 등 수입산 차량이다.

그렇다면 실제로 많이 판매되는 수입차 모델 10개와 국산차 모델 10개의 연비를 비교해보면 어떤 결과가 나올까?

비교 결과, 베스트셀링 수입차 10개 모델의 평균 연비는 $15.0km/\ell$가 나왔고, 베스트셀링 국산차 10개 모델의 평균 연비는 $13.0km/\ell$가 나왔다. 국내에서 많이 판매되는 10개 모델만 놓고 볼 때, 수입차가 국산차보다 평균적으로 15% 정도 연비가 더 좋다는 말이다.

연비 17.0km/ℓ를 자랑하는 포드 포커스 디젤. 미국 차가 기름 먹는 하마라는 편견은 버려! (포드 포커스가 2012년과 2013년 2년 연속으로 세계에서 가장 많이 팔린 차라는 사실을 아는 사람은 많지 않다.)

사실 연비 문제는 수입차가 아니라 국산차 회사들을 괴롭히는 문제다. 특히 국내 시장을 독점하다시피 했던 현대·기아자동차는 이른바 '뻥 연비' 논란의 중심에 서 있다. 예전부터 공인연비와 체감연비의 차이가 크다는 주장은 광범위하게 퍼져 있었지만, 지난 2012년 미국에서

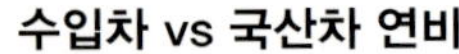

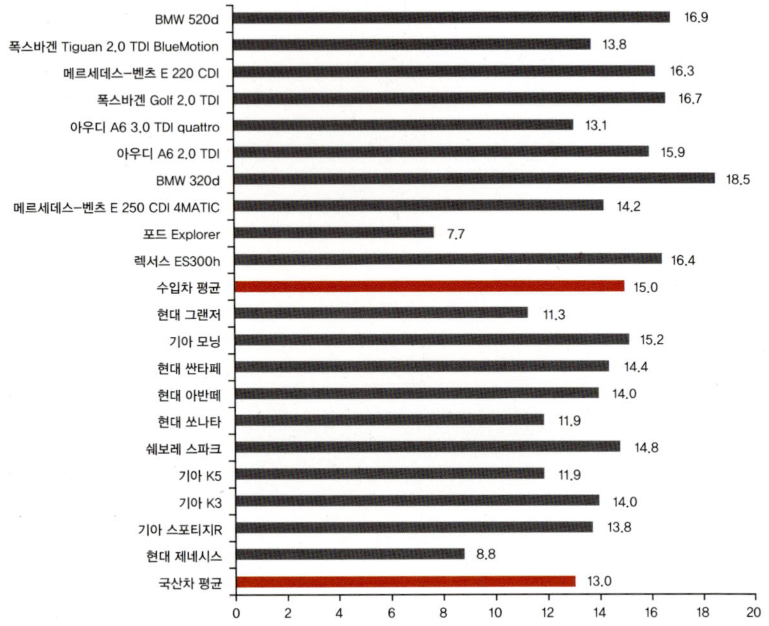

2014년(1~3월) 베스트셀링 수입차와 국산차의 연비
(가장 많이 팔리는 모델 기준, 단위: km/ℓ)

불거진 현대·기아자동차의 연비 과장 문제는 국내 소비자들의 누적된 불만에 기름을 부었다. 현대자동차 엘란트라(한국명 아반떼)의 연비 과장 문제에서 촉발된 집단소송과 논란이 결국 3억 9,500만 달러(약 4,191억 원)라는 엄청난 액수의 보상금 지급 결정으로 일단락되었기 때문이다.

국내 소비자에 대한 차별 논란으로 이어졌던 연비 문제는 지난 2014

년 2월 새로운 국면으로 접어들었다. 국토교통부가 싼타페DM R2.0 2WD와 코란도스포츠 4WD AT6 차종의 연비가 부적합하다고 발표하고 재조사 중이라고 밝혔기 때문이다. 현대자동차가 국토교통부에 신고한 싼타페의 연비는 14.4km/ℓ 였으나 국토부 산하 교통안전공단 자동차안전연구원의 측정에서는 신고 연비보다 8.3% 낮게 나왔다고 언론들은 보도했다. 자동차 연비 문제를 둘러싼 국토교통부와 산업통상자원부 간의 밥그릇 싸움이라는 관측까지 나오는 등 싼타페 '뻥 연비' 논란은 업계와 소비자, 정부 사이에 주요 이슈로 부상했다.

싼타페 과장 연비 논란이 잠잠해지기도 전에 현대자동차는 신형 쏘나타의 출시를 언론에 공개한 지 2주 만에 애초 홍보했던 연비를 수정하는 일까지 겪었다. 현대자동차는 2014년 3월 4일 신형 LF 쏘나타의 연비가 12.6km/ℓ 로 연비 11.9km/ℓ 의 YF 쏘나타보다 좋아졌다고 홍보했으나, 같은 달 17일 신형 쏘나타의 연비를 12.1km/ℓ 로 수정하면서 사과문을 발표했다. 현대차가 정부에 신고한 연비를 산업통상자원부 산하 에너지관리공단에서 사전 검증을 한 결과 업체의 신고 수치와 3% 넘게 차이가 나면서 현대차가 자진해서 바로잡은 것이다.

연비는 운전 습관이나 도로 조건, 교통 상황, 자동차 상태 등에 따라 달라지기 마련이다. 소비자들이 가지고 있는 "실제 연비가 공인 연비보다 낮다"는 불만도 2012년 신연비 제도가 도입되면서 어느 정도 완화된 게 사실이다. 끊이지 않는 연비 논란 덕분에 연료 효율이 높은 자동차가 많아지고 정확한 연비 측정이 이루어지길 기대해본다.

수입차는 부품 교환이 잘 안 되고 비싸다?

부품 교환이 잘 안 된다는 얘기는 오래 전 이야기지만, 높은 수리비는 수입차 운전자들의 골칫거리이자 수입차 회사들의 아킬레스건이다. 국산차에 비해 월등하게 높은 수리비야말로 많은 예비 오너들로 하여금 수입차 구매를 주저하게 만드는 요인이고 이미 수입차를 타고 있는 사람들에게도 즐거운 자동차 생활을 위협하는 주원인이다.

물론 토요타 캠리나 혼다 시빅 같은 일본 차들은 "기름만 넣어주면 달린다"는 말이 있을 정도로 내구성과 품질이 뛰어나기로 유명하다. 필자가 렉서스나 토요타 전시장을 방문해서 영업사원들과 이야기를 나눌 때마다 듣는 말은 BMW, 메르세데스-벤츠 같은 다른 수입차 브랜드는 물론이고 현대·기아자동차와는 비교가 안 되게 잔고장이 없다는 것이다. 이렇듯 강한 내구성을 자랑하는 일부 브랜드를 제외하고는 국산차보다 적게는 1.5~2배, 많게는 3~4배 많은 돈을 지불하고 구입한 수입차가 애물단지로 전락할 가능성이 충분히 있다.

수입차 수리비와 관련해서는 그것이 사실에 근거한 것이든, 국산차 업체들의 직·간적접인 로비가 영향을 미쳤든, 아니면 언론의 선정적인 보도 태도 때문이든 거의 악담이나 괴담에 가까운 수준의 이야기들이 쏟아져 나온다. 비싼 부품 값, 높은 공임, 긴 수리 기간 때문에 국산차에 비해 수입차의 수리비가 적게는 2~3배, 많게는 8배 이상 비싸다는 유의 기사는 얌전한 축에 속한다. 어떤 기사는 제목이 "도로 위의 시한

기름만 넣어주면 달린다는 토요타 캠리. 2010년부터 2013년까지 4년 연속 수입차 톱10에 이름을 올린 캠리는 기본기에 충실한 토요타의 저력을 보여준다.

폭탄"으로 시작하기에 필자는 음주운전 차량이나 위험물 운반 차량에 관한 이야기인 줄 알았다. 알고 보니 교통사고 사망자의 평균 지급보험금보다 외제차의 수리비가 더 많이 나온 사례가 2010~2012년 3년간 43건에 달했다는 내용을 담은 매우 자극적인 기사였다. 수입차 운전자뿐만 아니라 우리나라 보험회사와 국산차 보험 가입자가 수입차 수리비에 놀아난다면서 검찰의 수입차 업계 조사와 국회의 관련 입법 움직임을 자세히 소개하기도 했다.

이런 수입차 수리비 문제와 관련하여 완성차 업체가 '강요'하는 이른바 순정부품이 아니라 정부가 선정한 외부기관이 품질을 인증하고 보험회사도 이를 권장하는 '대체부품 인증제'가 2015년 1월부터 시행될 예정이다. 이를 통해 수입차 수리비를 낮춤으로써 수입차 운전자와 보험회사의 부담은 물론이고 국산차 보험 가입자들의 보험료까지 인하하겠다는 정부의 야심찬 계획이 어떤 성과를 낳을지 주목된다.

한편, 소비자들도 수리비 폭탄에 대해 다양한 방법으로 대응하고 있다. 수입차 운전자들 중에는 동호회를 통한 해외 공동구매는 물론이고 외국 쇼핑몰에서 자신이 직접 주문하고 배송 받는 해외 직구를 이용하는 사람들도 늘어나고 있다. 수입차 부품을 해외에서 직접 수입하여 국내 소비자들에게 판매하는 전문 업체들도 여러 군데 성업 중이다. 얼마 전에는 아마존이 국내에 진출한다는 기사와 함께 그렇게 되면 수입차 딜러들도 큰 타격을 받을 것이라는 기대 섞인 전망이 나오기도 했다.

많은 사람들은 비싼 수입차를 취급하는 판매사(딜러)들이 신차 판매를 통해 높은 수익을 올린다고 알고 있지만, 사실은 신차 판매가 아니라 정비 사업을 통해 수입차 딜러들이 돈을 번다는 것은 수입차 시장을 좀 안다는 사람들 사이에서는 공공연한 비밀이다. 그렇게 비싼 차를 팔고 마진도 많이 붙이는 것 같은데 신차 판매가 아니라 정비 서비스를 통해 돈을 번다니 일반인들은 이해하기 어려울 것이다. 어쨌든 애프터 세일즈 매출은 정식 서비스센터를 운영하는 수입차 딜러들 입장에서는 자신들의 생존과 직결되는 문제이기 때문에 수리비를 줄이려는 소비자들과 보험회사, 정부의 노력이 어떤 양상으로 전개될지 그 결과가 무척 흥미롭다.

수입차는 A/S센터가 적어서 불편하다?

높은 수리비가 수입차의 아킬레스건이라면, 부족한 서비스센터는 또 하나의 치명적인 약점이다. 프리미엄이라는 이미지에 걸맞지 않게 예약하기도 쉽지 않은 정식 서비스센터를 이용해본 수입차 오너라면, 비싼 수리비 문제는 그렇다손 치더라도 턱없이 부족한 서비스센터 문제에 무척 당황하고 분개할지도 모른다.

수입차 A/S센터는 정말로 부족한 것일까? 필자가 2014년 3월 말에 20개가 넘는 수입차 브랜드의 고객센터에 일일이 전화를 걸어 확인하고 공식 홈페이지나 관련 뉴스까지 참고하여 브랜드별 정식 서비스센터 현황을 정리해보았다.

수입차 브랜드별 서비스센터 현황

브랜드(알파벳순)	서비스센터	등록대수(누적)	서비스센터당 등록대수
Audi	21	86,980	4,142
BMW/MINI	45	199,510	4,434
Cadillac	17	5,620	331
Chrysler/Jeep/Fiat	20	39,849	1,992
Ford/Lincoln	26	40,183	1,546
Honda	12	49,008	4,084
Infiniti/Nissan	15	35,042	2,336
Jaguar/Land Rover	14	19,888	1,421
Lexus	22	62,159	2,825
Mercedes-Benz	34	144,014	4,236
Peugeot/Citroen	21	19,611	934
Porsche	6	8,540	1,423
Toyota	13	33,915	2,609
Volkswagen	25	97,869	3,915
Volvo	13	21,554	1,658
합계	304	863,742	2,841

＊2014년 3월 말 기준

출처: 각사 고객센터/홈페이지, 한국수입자동차협회

위 통계를 해석할 때 몇 가지 주의할 점이 있다. 먼저 각 서비스센터의 정비 능력이 저마다 다르다는 점이다. 예를 들면, 푸조 원주서비스센터는 차량을 정비할 수 있는 워크베이(작업대)가 2개에 불과하지만, BMW 분당서비스센터는 워크베이가 70개에 달한다. 또한 렉서스의 22개 서비스센터 중 4개 서비스센터에서는 판금과 도장 서비스를 포함하여 종합정비가 가능한 반면, 14개 서비스센터에서는 경정비 서비스만 가능하다. 이러한 서비스센터별 정비 능력의 차이를 감안하지 않고 센터 1개당 차량 대수만을 기계적으로 비교하는 것은 상당히 위험하다.

브랜드는 다르지만 모회사가 같아서 서비스 네트워크를 100% 공동으로 운영하는 브랜드들도 있다. 이러한 브랜드로는 크라이슬러와 지프, 포드와 링컨, 재규어와 랜드로버가 있다. 피아트는 크라이슬러/지프 서비스센터 20개 가운데 13개를 함께 이용한다. 한편 모회사는 같지만 서비스 네크워크를 100% 공동으로 운영하지 않고 일부는 공동으로, 일부는 단독으로 운영하는 브랜드들도 있다. 인피니티와 닛산의 경우는 서비스센터 15개 중 6개는 두 브랜드가 모두 이용할 수 있지만, 인피니티만 이용 가능한 서비스센터가 4개, 닛산만 이용 가능한 서비스센터가 5개 있기도 하다. 미니의 경우에는 미니 전용 서비스센터 5개와 미니와 BMW를 함께 정비할 수 있는 곳 8개를 합쳐서 총 13개의 서비스센터가 있다. 이를 BMW 관점에서 보면 앞서 언급한 BMW-미니 공동 이용 서비스센터 8개와 BMW 전용 서비스센터 32개

워크베이 70개를 갖춘 BMW 분당서비스센터. 수입차 1위 브랜드
답게 BMW가 서비스센터의 양적인 측면에서나 서비스의 질적인
측면에서나 선도적인 역할을 해주기를 기대한다.

를 합쳐 총 40개의 서비스센터가 있다(이상 2014년 3월 말 기준).

　이러한 통계를 굳이 들먹이지 않더라도 수입차 운전자라면 서비스센터의 부족 때문에 불편을 겪은 경험이 있을 것이다. 수입차 회사들이 새해 계획을 발표할 때마다 서비스 네트워크의 확충을 단골 메뉴로 언급하고 있는데 소비자 입장에서는 아직까지 체감할 정도의 개선이 이뤄지지 않은 듯하다. 서비스센터의 증가 속도가 수입차 판매대수의 증가 속도보다 느리다고 느끼는 것은 필자만의 생각일까? 하루 빨리 서비스센터가 충분히 확충되어 비싼 돈 주고 산 수입차 운전자들이 좀 더 쾌적한 자동차 생활을 즐길 수 있었으면 좋겠다.

　이렇듯 정식 서비스센터가 부족하고 수리비도 비싸기 때문에 특히나 무상수리 보증기간이 지난 차량의 경우는 사설 정비업소로 발길을 돌리는 경우도 많다. 정식 서비스센터 출신의 엔지니어들이 독립해서 차린 사설 정비업소도 인기다. 하지만 믿고 맡길 수 있으면서도 비용도 합리적이고 접근성도 괜찮은 정비업체를 찾기란 결코 쉬운 일이 아니다. 그래서 많은 수입차 오너들이 인터넷 동호회 같은 곳에서 정보를 주고받으며 나름의 해결책을 찾고 있다. 필자도 개인적으로 온라인 활동을 하지 않다가 수입차 구매를 결심하고 나서 해당 브랜드 오너들이 모여 있는 카페에 가입해 질문도 하고 댓글도 단 기억이 난다.

　서비스센터의 개수도 문제지만, 수입차 A/S에 대한 전반적인 만족도도 높지 않다. 자동차 전문 리서치 회사인 마케팅인사이트는 매년 자동차 회사들의 A/S 만족도를 조사하는데 2012년 사상 처음으로 수입차의 A/S 만족도가 국산차에 뒤졌다고 발표했다. 특히 2013년에는 그 격차가 더 벌어졌는데 이에 대해 마케팅인사이트는 "국산차가 잘해서가 아니라 수입차가 점점 더 못하기 때문"이라고 분석했다. 마케팅인사이트의 A/S 만족도 조사는 막연히 소비자들이 가지고 있는 인상이나 선입견을 묻는 것이 아니라 최근 "1년 이내에 자동차 회사가 제공하는 A/S 서비스를 받은 적이 있는 소비자" 4만여 명을 대상으로 여러 항목에 걸쳐 분석한 것이기 때문에 수입차 회사들에게는 매우 뼈아픈 결과다. "국산차 A/S는 비용, 시간, 절차 측면에서 수입차를 크게 앞섰다"는 분석을 접한 소비자라면 수입차 구입을 다시 한 번 생각하게 될지도 모르겠다.

물론 이렇게 예상 밖으로 수입차의 A/S 만족도가 국산차에 비해 낮은 데에는 소비자들의 높은 기대 심리도 한몫하는 것으로 보인다. 우리나라에서 수입차를 운전하는 소비자들은 수입차에 대해 주행 성능이나 디자인, 안전성, 내구성 등은 물론이고 사후 서비스에 대해서도 매우 높은 기대치를 갖고 있다. 그런데 이런 높은 기대치에 비해 현실이 이에 미치지 못하자 조금은 과도하게 반응하고 불만을 표출하는 측면도 있는 것 같다.

몸집은 안 '미니'하지만, 나는 '미니' 탄다

박영석(32세, PR 대행사 팀장), **미니 쿠퍼**

서른 살이 되던 2011년 겨울, 나는 스스로에게 주는 선물로 자동차를 사기로 결심했다. 뚜벅이 인생 30년, 운전면허는 고등학교 졸업하자마자 따놓고 방치했던 내게 나만의 자동차가 생긴다는 사실은 신나는 일 그 자체였다.

차를 사기로 결심하고 내가 처음으로 했던 일은 수많은 자동차 커뮤니티에 가입하는 일이었다. 차 구매에 사용할 수 있는 예산은 약 3,000만 원. 국산차 준중형 세단, SUV, 중형 세단부터 엔트리급 수입차까지, 이 가격대에서 선택할 수 있는 차종은 무궁무진했다. 주행 성능, 연비, 제동력 등 차의 기본적인 성능에서 디자인까지, 어떤 차를 살지 결정하는 데 영향을 주는 요소들이 참 많았다.

그러던 중 우연히 '미니 쿠퍼'를 본 순간, 마음속에는 어린 시절부터 막연하게 동경했던 미니를 가져야겠다는 생각으로 가득 찼다. 작은

키, 뚱뚱한 덩치의 내가 미니를 선택한 이유는 수많은 자동차 전문가들이 말하는 '탄탄한 기본기', '날렵한 주행 성능', '예민한 핸들링' 등의 운전 재미가 아니라, 미니가 가진 특유의 개성이 좋았기 때문이다. 해치백의 정석을 보여주는 외관, 둥글둥글한 헤드라이트, 특유의 컬러감 등 귀여운 외관을 갖춘 미니는 어딜 가도 사람들의 시선을 사로잡는 무언가가 있다.

이 차를 사면서 가장 걱정했던 수입차에 대한 막연한 편견도 실제로 타고 다니니 사실과 달랐다. 2년 6개월 정도 미니를 타면서 엔진오일 교환, 워셔액 보충 외에는 딱히 수리가 필요한 일도 없었으며, 그것도 차량 워런티 기간이라 무상으로 서비스되었다. 보증기간이 끝나면 무지막지한 수리비 폭탄이 떨어진다고 해서 얼마 전에는 5년, 90,000킬로미터까지 보증기간을 연장해주는 쿠폰도 구매했다.

"그 가격이면 국산 중형차를 사지 그랬어."

"네 덩치에 이 차가 어울린다고 생각해?"

"외제차는 유지비가 많이 드는데, 감당할 수 있겠어?"

"몇 살까지 그 차를 탈 수 있다고 생각해?"

미니를 가지게 된 지도 어느덧 3년. 아직까지 내 주변 사람들은 나의 선택에 질문을 던진다. 그럴 때마다 곰곰이 생각해본다. 남자 두 명이 타면 팔이 맞닿아 친밀감이 극대화되는 실내 크기, 차체가 너무 낮아 비포장 길에서 움직이지 못했던 일, 아직도 모닝과 헷갈려하시는 부모님 등 이 차와 엮인 에피소드는 많지만, 그래도 내가 미니를 사랑하는

남녀노소 누구나 좋아하는 미니 쿠퍼.
작다고 무시하면 큰코다친다!

이유는 차량 성능도, 독특한 외관 디자인도 아닌 내 가슴이 선택한 차이기 때문이다.

아직도 미니를 타는 일은 즐거우며, 길에서 다른 미니를 봐도 행복하다. 미니에게는 그렇게 사람의 감성을 움직이는 무언가가 있다. 그래서 말한다. 차는 머리로 사는 것이 아니라, 마음으로 사는 것이라고. 그리고 나는 그 선택에 대해 단 한 번도 후회한 적이 없다고.

15년 무사고 운전자의 빵점짜리 교통사고 처리기

이주형(43세, 마케팅 대행사 대표), **랜드로버 디스커버리4**

사람들은 몇 년에 한 번씩 세상을 떠들썩하게 하는 항공기 사고가 날 때마다 마치 자기에게도 그런 일이 일어날 것처럼 호들갑을 떨지만, 실은 자동차로 인한 교통사고가 훨씬 더 위험하고 흔한 일이다. 세계보건기구(WHO)에 따르면 매년 교통사고로 전 세계에서 127만 명이 죽고 5,000만 명 가까이 다친다고 한다. 실제로 주변을 둘러보면 사고를 경험하지 않은 운전자가 드물 만큼 교통사고는 우리 일상 속의 흔한 사건이 되었다. 하지만 막상 교통사고가 발생하면 당황해서 제대로 처리하지 못하는 사람들이 많다. 특히나 수입차를 모는 운전자라면 본인이 가해자이건 피해자이건 여러 가지로 피곤하고 복잡해질 소지가 많다.

나는 면허를 따고 15년 넘게 무사고 운전 경력을 자랑했지만, 첫 번째 수입차를 산 2011년에 생애 최초의 교통사고를 경험하였다. 그것도 무면허에다 무보험 차량의 운전자를 상대로 해서 말이다.

크리스마스 날 정오가 조금 지난 시간에 장모님을 모시고 아내와 세 살배기 딸과 함께 분당의 성남대로를 운전하고 있을 때였다. 도로는 한산했고 노면이 약간 미끄러운 감은 있었지만 날씨도 좋아서 전반적으로 운전에 어려움이 없는 날이었다. 교차로에서 정지신호를 보고 막 대기하고 있는데 뒤에서 트럭이 미끄러지는 소리가 나는 것 같더니 나의 SUV 왼쪽 후미를 쿵 하고 박았다. 당황할 새도 없이 먼저 차 안에 있던 가족들의 상태부터 신속하게 확인했다. 뒷자리에 있던 아내와 딸은 안전띠를 매고 있지 않아 어느 정도 충격을 받았으나 심각한 부상을 당한 것 같지는 않았고, 딸아이도 좀 놀란 것 빼고는 아파서 울거나 하지는 않았다(사고 와중에도 SUV가 튼튼함을 몸소 체험한 순간이었다).

차에서 내려 뒤쪽으로 걸어가니 가해 차량의 운전자가 어쩔 줄을 몰라 하며 죄송하다는 말부터 했다. 누가 보아도 '정지신호 대기 중 후미추돌 사고'이니 과실비율은 100:0일 터였다. 가해 차량은 1톤 트럭이었고, 내 차의 피해 상태보다 가해 차량의 파손 상태가 훨씬 더 심했다. 나의 머릿속은 '새 차 뽑은 지 1년도 안 됐는데 이거 어쩌지? 애지중지 다루어서 흠집 하나 없는 차인데 아휴 속상해' 하는 생각과 '사고 처리는 어떻게 하지? 보험회사에 전화해야 하나? 경찰에 신고해야 하나?' 하는 생각이 어지럽게 지나가고 있었다.

그때였다. 나에게 차를 판매한 딜러가 사고 현장 쪽으로 걸어오는 게 아닌가. 무슨 대단한 인연인지 차를 구매한 수입차 전시장의 바로

아웃도어 열풍 속에서 소리 없이 잘 팔리는 랜드로버 디스커버리4.
풀 플랫에 반한 아내 덕분에 선택한 나의 첫 수입차다.

건너편에서 사고가 났고, 마침 당직 근무를 서고 있던 딜러가 사고를 목격하고 온 것이었다. 15년 넘게 무사고였기 때문에 직접 사고 처리를 해본 적이 없는 필자로서는 천군만마를 얻은 기분이었다.

"정지 중 후미추돌 사고이니 100% 뒤차 과실이네요. 가해 차량 운전자가 보험회사에 전화해서 사고접수번호를 받도록 하세요. 그 접수번호만 있으면 됩니다." 사고 목격자이자 자동차 전문가가 이런 조언을 해주었기 때문에 나는 크게 안심이 되었고, 가해 차량 운전자에게 보험회사에 전화하라고 얘기했다.

그런데 가해 차량의 운전자는 사고로 인해 글러브 박스가 열리지 않아 보험 관계 서류를 볼 수 없다며 나중에 보험회사에 사고접수를 하고 접수번호를 알려주겠다고 하는 게 아닌가. 돌이켜보면 여기서 나의 결정적인 실수가 발생했는데 그때 내 생각은 이랬다. '든든한 목격자도 있겠다, 가해자도 100% 과실을 인정했으니 분쟁 소지도 없겠네. ○○○○ 소속 차량이고 명함도 받았으니 신원은 분명한 것 같다. 보아하니 크리스마스 날 냉장고 배달한다고 고생하는 것 같은데 가뜩이나 수입차라고 잔뜩 겁을 먹고 있는 것 같네. 까다로운 수입차 운전자 되지 말자. 사진만 찍어놓고 그냥 보내자. 나중에 사고접수번호 받아 처리하면 되겠지.'

평상시 같았으면 내 차를 종합적으로 관리해주는 엠플러스의 문동훈 대표에게 사고 현장에서 바로 전화해서 도움을 요청했겠지만, 크리스마스 날 점심이라 전화하기가 좀 미안했고 딜러가 현장에서 조언을 해주었기에 아파트 주차장에 도착해서야 문 대표에게 전화했다. 사고 내용을 들은 문 대표는 사고접수번호를 받아 알려주면 그 다음은 엠플러스에서 알아서 처리하겠다고 했다.

크리스마스 점심 외식을 망치고 집에서 오후를 보내고 있는데 가해 차량 운전자로부터 아무런 연락이 없었다. 필자가 전화했더니 가해 차량 운전자는 글러브 박스가 열리지 않아 아직 신고를 못 했다는 말만 되풀이했다. 보험회사가 삼성화재라는 말에 필자도 삼성화재이니 이 번호로 전화하면 될 것이라고 삼성화재 고객센터 전화번호까지 알려주었다. 저녁이 되어서도 연락이 없어 계속 전화하고 문자 메시지를 남겼으나 아무런 응답이 없었다.

사고 다음 날 계속 연락이 되지 않아 가해 차량이 소속된 ○○○○에 전화를 걸었다. 가해자가 휴무일이라 출근하지 않았다는 답변만 돌아왔다. 나는 사건 경과를 설명하고 ○○○○에서도 가해 운전자에게 연락을 취해줄 것을 요청했다. 나 역시 하루 종일 연락을 시도했으나 가해자는 휴대폰 전원이 꺼진 채 연락이 되지 않았다. 사고 이틀 후에도 휴대폰 전원은 꺼져 있었고, ○○○○에도 출근하지 않았음을 알게 되었다.

무언가 크게 잘못된 것을 깨달은 나는 그제야 경찰서를 방문해 정식으로 사고 신고를 했다. 조사관이 몇 가지 조회를 해보더니 하는 말이, 가해 차량은 무보험 상태이고 가해자는 면허 취소 상태라는 것이었다. '무보험에 무면허라니, 아니 뭐 이런 경우가 다 있나?' 부랴부랴

문동훈 대표에게 상황을 설명하고 뒤처리를 부탁했다. 보험회사에도 사고를 접수하고 자기차량손해(자차)로 처리해달라고 요청했다.

가해 차량이 무보험에 무면허인데다 가해자가 직장에도 출근하지 않고 행적을 감춘 상태라 내가 개인적으로 많은 손해를 볼 줄 알았다. 다행히도 내 과실이 전혀 없고 이렇게 무면허 무보험 차량에 사고를 당한 경우에는 피해자가 약간의 자기 부담금만 내면 이후 보험료 할증 같은 것 전혀 없이 보험회사가 알아서 처리해준다는 사실을 알게 되었다. 일주일이 지나 필자의 SUV는 깨끗한 모습으로 돌아왔고, 경찰서에서는 무면허 무보험 가해 운전자에 대한 수사를 계속한다고 했다.

운전만 할 줄 알았지 사고 처리에 무지했던 나처럼 고생하지 않으려면 침착하고 냉정하게 상황을 판단하고 적절한 절차를 따라 사고에 대처해야 한다. 국산차에 비해 수리비용이 많이 나오기 쉬운 수입차의 운전자라면 본인과 상대방 모두를 위해 사고 처리에 각별히 주의를 기울여야 한다. (본서 4부 '수입차 유지 관리' 부분에서 문동훈 대표가 사고 처리에 관한 명쾌한 요령을 알려줄 테니 나처럼 황당하게 고생하지 말기를 기원한다.)

2부
수입차,
무엇을 어떻게
사야 하나

브랜드의 특성과 선택

각 국가별 브랜드의 특성을 말하기 전에

이 얘기를 본격적으로 이어가기 전에 간단히 내용을 서술하는 배경, 서술하는 나에 대한 이야기를 하지 않을 수가 없다. 나는 2009년 말에 엠플러스(www.mplusmotors.com)라고 하는 회사를 설립해서 국내 최초로 수입차관리대행업, 수입차위탁관리업을 하고 있다. 좀 더 쉽게 설명하자면 법인이나 개인 고객들의 의뢰에 따라 연 단위로 멤버십에 가입된 고객들의 수입차를 직접 유지관리하고, 또 고객 대신 사고 파는 일을 한다.

맨땅에 헤딩하듯 시작한 사업이 이제 만 5년이 되어간다. 관련 업계에서 일하고 있지만 이 책을 통해 사업을 홍보할 생각은 없다. 물론 영향이야 있을 수 있겠지만 이 책을 쓰게 된 동기가 차량 구입 후 차량의 이상으로 고생한 내 고객의 제안을 통한 것인 만큼 수입차 오너들에게 현실에 입각한 정보들을 전달하고자 한다. 나 역시 업계 종사자이기 전에 수입차 오너이기에 갑갑함을 느끼는 부분을 잘 알고 있다. 그래서 더욱 수입차 오너들, 수입차 구입을 희망하는 분들을 상담하면서 느낀 것을 공유하고 싶다.

현재 엠플러스에서 핸들링 하는 차량들은 80~85% 정도가 수입차로, 페라리나 람보르기니 등의 초호화 슈퍼카 브랜드를 제외한 모든 브랜드이며, 엠플러스는 이런 수입차들을 멤버십으로 위탁 받아 관리하고, 또 그 매매를 대행하고 있다. 개인은 물론 소기업들의 법인 소유

차량의 관리도 하고 있으며, 제조사의 한국법인 또는 개별 딜러사의 클레임이 걸려 있는 차를 고객의 대리인으로서 해당 차량의 딜러사 또는 한국법인과 직접 협상을 하고 수리가 진행되게 돕거나, 그에 대한 적절한 보상을 받아주는 일도 한다.

이렇다보니 한두 대, 혹은 최대 대여섯 대에서 열 대 정도의 소유, 매매 경험을 바탕으로 얘기하는 개인들과 달리 더 폭넓은 경험과 수많은 사례, 표본들을 알고 있다. 다양한 차주들이 가진 생각, 비슷한 문제에 대처하는 각자의 방법, 그리고 서비스센터의 응대나 직원과 고객과의 문제들을 대신 겪는다. 그래서 때로 나의 의견은 상대적으로 좁은 경험을 바탕으로 한 사람의 의견과는 다를 수 있다.

또한 이 책에서 말하고자 하는 것은 인터넷 동호회 등에서 특정 차종의 오너들이 표출하는 단순한 불만의 집합과도 조금 다르다. 개인과 달리 한 차종이라도 적게는 대여섯 대에서 많게는 수십 대 이상의 표본을 두고 장기간 관리하고, 시장에서 사고팔며 오래 관찰한 경험에서의 이야기이기 때문이다. 또한 오너를 대신하며 오너가 모르고 있거나 무심코 지나치는 것들을 하나씩 잡아내며 관리해가는 업무 특성상 나의 눈높이는 일반보다 예민한 사람의 관점에 맞춰져 있고, 동시에 시장에서의 적절한 눈높이도 알고 있다고 할 수 있겠다.

수입차? 뭘 타도 국산차보단 나을 거 아냐?

간혹 상담을 할 때면 수입차에 대한 경험이 적어서 불편함을 겪은 이야기, 혹은 별일 없이 잘 타다 갑자기 고장이나 불량이 생겨 불쾌한 일을 겪은 이야기를 듣곤 한다. 그렇게 그들의 자초지종을 듣고 조언이나 상담을 하다보면 '아, 이 분은 전혀 맞지 않는 차를 구입했구나' 하는 생각이 종종 든다. 차를 구입하는 과정에서 제대로 누군가와 상담을 했다면 본인과 맞지 않는 그 차를 사지 않았거나, 그런 문제에 대해 미리 인지하고 감수하며 구입해서 스트레스가 덜했거나, 혹은 그 문제 때문에 차를 다시 바꾸지 않았을지도 모른다. 이럴 때마다 무척 안타깝다. 차량 자체도 고가이고 연간 감가상각 또한 수백만 원 이상이 되니 그 손해나 스트레스는 맛집이라고 해서 갔더니 맛이 없었을 때와는 차원이 다르다.

차량 가격은 브랜드의 가치에 의해서도 결정되고, 옵션과 퍼포먼스에도 비례하지만 품질이나 잔고장은 꼭 그렇지 않다. 이는 어느 나라의 어느 조사를 보아도 알 수 있는 간단하고 명료한 것이다. 하지만 많은 국내 소비자들은 돈의 가치와 차의 품질이 비례한다고 생각하거나, 최소한 럭셔리 브랜드의 차량이라면 그런 일이 적을 것이라 생각한다. 이는 국내 소비자들이 특별히 비합리적이라기보다 자동차 하면 국산차와 수입차로 먼저 구분할 만큼 국내 시장에서 그 숫자도 적고 역사도 짧은데다 자동차 초기 품질 또는 내구 품질 조사나 소비자 만족

J.D. Power
2014 U.S. Vehicle Dependability Study[SM](VDS)

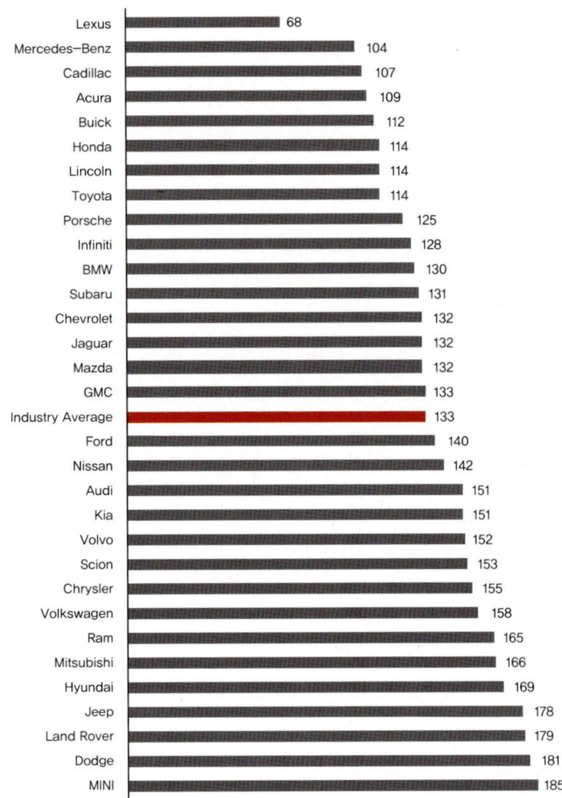

2014 J.D. Power 차량 내구 품질 조사(Vehicle Dependability Study) 순위표[+]

[+] 100대당 불만건수를 점수화한 평가로서 2011년식 모델을 3년간 보유한 원소유자 41,000명을 대상으로 202개 세부 항목에 대한 조사를 한 것이다. 점수가 낮을수록 높은 품질을 의미한다. 개인적으로는 이 브랜드 내구 품질 순위는 국내 시장에서도 유효하다고 본다.

도 조사 등의 통계와 리서치 또한 일반화되지 않았기 때문일 것이다. 어쨌든 이러한 국내 소비자들의 기대치에 비하면 다수의 수입차 브랜드의 차량 품질은 그 성능이나 이미지와는 달리 이미 높은 수준의 품질을 보여주고 있는 현대·기아자동차에 비해 특별히 뛰어나다고 보기 어렵다. 같은 성능과 품질의 차종이라 해도 가격은 브랜드에 따라 차등화된다. 브랜드 가치는 브랜드 가치다. 그것은 전통과 마케팅에서 비롯되며, 문화에 얼마나 깊숙이 파고 들어있느냐에 기반한다. 가격이 비싼 차라고 해서 품질이나 내구성, 서비스가 뛰어날 것이라고 생각한다면 오해라는 얘기다.

또한 자동차 산업은 단순히 제조만이 아닌 유통이며 서비스다. 자국에서 자동차를 생산하지 못하거나 자국의 자동차 브랜드가 없는 국가라면 모르겠지만 우리나라는 걸출한 자동차 기업이 있고 소비자들의 눈높이 또한 매우 높다.

상식적인 얘기지만 자동차의 오너는 차를 구입 후 보유하고 있는 동안 부품도 주문하고 교환해야 하며, 고장에 대한 기술적인 지원도 받아야 한다. 기업 입장에서 보자면 신경 써야 할 것이 한둘이 아니다. 그런데 판매량이 미미한 브랜드에서 자국도 아닌 해외 시장에서 유통과 서비스에 크게 투자할 여력이 얼마나 있을까. 현대·기아자동차는 독과점에 달하는 국내 시장 점유율을 바탕으로 규모의 경제를 이루고 있고, 그에 맞춰 유통과 물류는 물론 서비스까지 나름 양질의 시스템을 갖추고 있다. 그러나 상대적으로 규모가 작은 수입차 브랜드는 그렇지 못한 경우가 있다. 수만 가지 이상의 부품들로 만들어지는 자동차의 품질이 완벽할 수는 없기에 당연히 구입 후 애프터서비스를 받을 수밖에 없는 것이 현실인데 물류센터나 서비스센터 등의 기타 여건이 성숙되지 못한 브랜드의 차를 구입한 소비자는 이로 인한 어려움을 겪을 수 있다.

그렇지만 시장 현실을 개개인의 소비자가 바꿀 수는 없는 노릇이니 정보를 수집하고 기대치를 조절해서 합리적인 판단을 해야 후에 후회하지 않는다. 그래서 우선 스스로에게 맞는 수입차를 고르는 법을 국가별 특성과 국내에서의 브랜드별 현실을 감안해서 설명해볼까 한다.

하지만 차를 고르기에 앞서 먼저 할 것이 있다. 지피지기면 백전불태(知彼知己 白戰不殆)라고 차를 알기 전에 우선 그 차를 타고 소유할 '나'를 아는 일이다. 이렇게 알아보면 좋겠다. (아래 질문과 보기는 하나의 예시이니 문제 풀듯 하지 않아도 된다.)

질문 1. 나는 차에 있어 어떤 사람인가?

☐ 차를 그 자체로 사랑한다.
☐ 차는 도구, 즉 이동수단이라고 생각한다.
☐ 드라이브가 즐겁고 그것이 취미다.
☐ 소유의 만족도를 원한다.

질문 2. 나는 차를 오래 타는 사람인가?

☐ 과거에 차를 2~3년을 주기로 바꿨다.

☐ 한번 타면 어찌되었든 5년 이상 탄다.

☐ 맘에 드는 차를 발견하면 바꾼다.

질문 3. 나는 마니아인가, 평범한 사람인가?

☐ 나는 손세차를 맡기지 않고 셀프세차를 하며 약품도 직접 사서 디테일링
  을 하며 DIY도 하는 사람이다.

☐ 나는 세차도 기계 세차만 한다.

☐ 나는 내 차가 수리될 때 일일이 확인한다.

☐ 나는 수리할 때 그냥 맡기고 쉰다.

질문 4. 차를 볼 때 가장 눈여겨보는 것은 무엇이며 차의 어떤 점(디자인, 연비, 유지비, 퍼포먼스, 안전, 편의사양 등)에 가중치를 두고 우선순위를 책정하는가?

☐ 외관이 제일 중요하다.

☐ 브랜드 이미지를 본다.

☐ 연비가 좋은 차를 원하고 그 다음이 편의사양, 그리고 디자인이다.

☐ 와인딩, 서킷 주행을 취미로 하기에 퍼포먼스를 따진다.

☐ 안전이 제일 중요하다. 나머지는 논외.

이러한 질문들을 통해 자신에 대해 조금 객관적으로 알아보았으면
한다. 이런 질문들에 필자 스스로 답을 한다면 이렇다.

개인적으로는 모터사이클 라이딩과 드라이빙이 취미다. 주말이나 새벽에 차
나 바이크를 타고 홀로 운전하며 스트레스를 풀기도 하고, 때로는 트랙이나
서킷을 찾아 스포츠 드라이빙을 즐기기도 한다. 또 각종 DIY도 하고 셀프세차
도 하는데, 사실 내 성향은 이런 정비나 작업은 나보다 뛰어난 전문가를 찾아
그 사람 또는 업체에 맡기고 정당한 가격을 지불하는 쪽이다. 그러나 맡겨두
고 마는 편은 아니고, 시간이 허락하는 한은 작업을 지켜보거나 끝난 후에 꼭
체크하는 타입이다. 이쪽 사업을 하다 보니 차에 대해 그런대로 많이 알고 있
고 제대로 된 의견을 얻을 수 있는 전문가들도 잘 알고 있다. 여기에 주관이
뚜렷해 불필요한 튜닝이나 드레스업 또는 갖가지 액세서리나 소모품 얘기에
휘둘리지 않으며, 타인의 말에 쉬이 넘어가지 않는다. 내 차에 만족하며, 완벽
한 차는 없다는 걸, 차는 차일 뿐이라는 것을 잘 알고 있고, 주변에서 슈퍼카
를 타든 말든 부러워하지도 개의치도 않는다. 차를 사거나 바꿀 때 내가 원하
는 차량 구성이나 장기적으로 타봐야 하는 차에 대한 계획을 세우고 구입하
는 편이며, 유지보수의 비용보다는 유지보수의 편의성에 신경을 쓴다. 차를
무척 좋아하지만 차에 미쳐 있지 않다.

이렇게 자문한 답을 적어보며 스스로를 알고 나면 그 다음은 우리 나라에서 국가별 브랜드별 특성과 장단점을 이해하는 일이 필요하다.

국가별 차량의 특성

차의 아이덴티티는 결국 어디에서 어느 나라 사람이 디자인하고 설계하고 만들었는가에서 시작한다. 좀 더 정확히는 그 제조사나 브랜드가 어느 나라, 어떤 문화를 가졌냐는 것이다. 산악지대가 많은 사계절을 가진 나라에서 생산한 차와 1년 내내 따뜻하고 굽이치는 도로가 많은 나라에서 생산한 차, 1년의 절반이 겨울이고 강추위가 지배하는 나라의 차, 그리고 땅덩어리가 크고 고속도로가 발달했으며 다양한 기후가 있는 나라에서 생산한 차의 특성이 같을 리 없다. 또한 느긋한 휴양의 나라 국민들이 만든 차와 전 국민이 디자이너라고 해도 무방한 나라의 사람들이 만든 차, 그리고 원칙과 기술을 중시하고 미니멀한 디자인을 중시하는 국가의 노동자들이 생산한 차가 같을 리가 없다. 차들의 아이덴티티는 이처럼 그 차가 어느 나라의 것인지, 차의 시발점이 어느 곳인지에서부터 찾아야 한다.

그리고 어찌되었든 여기는 대한민국이다. 미국에서 어떤 차가 잘 팔리든, 영국에서 어느 차를 COTY[+]로 선정했든 대한민국과는

[+] Car of the Year. 많은 나라와 다양한 언론에서 각각의 기준으로 올해의 차, 즉 카 오브 더 이어를 선정한다.

다르다. 어느 나라에서 베스트셀링카 중 한 대인 차라고 할지라도 대한민국에 수입되지 않으면 의미가 없다. 미국의 픽업 트럭이 북미에서만 잘 팔리는 것처럼 각 국가마다 시장의 특성이 있고, 또 진출한 지 몇 년이 흘렀는지, 그 나라에서의 판매 규모가 얼마나 되는지에 따라 브랜드의 판매, A/S 전략 등도 다르기에 우리는 우리나라에서의 특성을 살펴볼 필요가 있다.

일본 차 | 토요타, 혼다, 닛산, 렉서스, 인피니티 등

일본 차는 90년대 이후 북미 시장을 중심으로 전성기를 달리다가 2000년대 들어서는 조금 주춤하고 있는 상태다. 국내에서는 토요타가 2000년 한국법인을 설립하고 2004년 혼다가 그 뒤를 이어 국내에 법인을 설립하여 정식으로 국내 시장에 진출했다. 한때 강남에서 렉서스 ES시리즈가 강남 쏘나타라는 별명을 얻고 혼다가 수입차 시장 1위를 할 때가 있었을 만큼 높은 판매량과 인지도를 얻었으나, 2010년 미국에서 터진 대규모의 토요타 리콜 사태 이후 한동안 신차 출시가 지지부진하며 시장 점유율이 하락했다.

G37시리즈의 히트로 좋은 분위기를 이어가던 인피니티 역시 점유율이 떨어지며 전체적으로 일본 차들의 암흑기가 시작되었다. 이는 현재까지 이어져 스바루는 한국 시장에서 철수했고, 마쯔다는 진입조차 하지 못하고 있으며 인피니티는 판매 전략 실패로 저조한 실적을 아직 회복하지 못하고 있다(Q50이 판매호조를 띄고 있지만 디젤 엔진 공급 수량이 제한

GT-R과 함께 일본 차 전성기의 상징적 존재였던 미쓰비시
랜서 에볼루션(란에보).
그러나 미쓰비시는 한국 시장 진출 실패 후 철수하였다.

된 만큼 다른 차종들이 얼마나 빨리 출시되어 라인업을 재편하느냐가 관건이다). 토요타와 렉서스만이 최근 2년 사이 볼륨 모델을 비롯해서 신차들을 대거 출시하며 시장에서 자리를 잡아가려는 중이다.

프리미엄은 렉서스, 대중차는 토요타로 대표되는 일본 차의 특징은 크게 세 가지다. 높은 품질, 가격 경쟁력, 그리고 낮은 유지보수비가 그것이다. 물론 다른 국가들의 브랜드와 비교했을 때로 어디까지나 상대적인 것이다. 비록 리콜 사태로 명성에 흠이 가긴 했지만 일본 차들의 높은 품질은 국내에서도 유효하다. 이는 렉서스 브랜드의 높은 재구매율과 차를 잘 모르는 여성 오너들이 렉서스를 선호하는 것에서도 알 수 있다. 나 역시 렉서스를 타면서, 또 고객들의 차량을 관리하면서 질 좋은 서비스와 빠른 부품 수급, 유럽산 브랜드에 비해 상대적으로 낮은 부품 값과 공임을 피부로 느낀 바 있다.

그러나 미국이 주요 수출국인 만큼 미국에서 인기가 없는 디젤 모델에 취약해서 국내에서 고연비 저배기량의 디젤 모델을 선호하는 트렌드에 뒤처지고 있다. 가솔린 하이브리드에 강점이 있지만 국내 소비자들의 트렌드는 유럽산 디젤이 휘어잡은 지 오래다. 또한 강점인 소형차들이 가솔린 모델이기 때문에 유럽산 중소형 디젤차들에 밀려 국내에서는 미국과 달리 일본의 소형차들이 전혀 인기를 끌지 못하고 있다. 이는 시빅이나 코롤라의 판매량을 봐도 알 수 있다. 특히 현대·기아자동차가 빠른 속도로 성장하고 디젤과 하이브리드 등 친환경 고효율 차들을 개발하고 양산하기 시작하면서 외려 국산차에 밀리는 분위기까지 감지된다.

＋ 차량의 품질이 뛰어나 고장이나 트러블이 적음. 가성비가 좋은 차가 많음. 편의사양이 좋음. 유지보수 비용이 적게 듦. 오래 타기 좋음.

－ 브랜드 이미지가 독일 차에 비해 떨어짐. 일본에 대한 국가 이미지와 민감한 관계에 피해를 볼 때가 있으며, 50대 이상의 어르신들이 싫어함(자녀들이 구입할 때 반발이 잦음). 차종에 따라 국산차에 비해 메리트가 없는 경우도 많음. 연비 좋은 디젤 모델이 전무함.

＝ 대체로 수입차를 처음 타는 분, 유지보수에 신경 쓰고 싶지 않은 사람들에게 권하고 싶음.

독일 차 | 벤츠, BMW, 아우디, 폭스바겐, 포르쉐 등

현재 대한민국에서 가장 잘 팔리는 대형 브랜드들이 바로 독일 차들이다. 최근 5년간 판매순위 1위 모델도 모두 이 독일 차들에서 나오며, 상위 5~10위 역시 독일 차들이 거의 독식하고 있다. 1995년 7월 가장 먼저 국내에 진출한 BMW는 진출 20년을 앞두고 있을 만큼 오랜 역사를 가졌고 그들만의 시스템이나 전략을 공고히 하고 있다.

메르세데스-벤츠는 이보다 몇 년 후인 2002년에 국내법인을 출범하였고, 현지법인 설립 전인 2000년부터 고진모터임포트 법인을 통해 판매를 시작했던 아우디는 2004년 10월에 국내법인이 세워졌다. 전체적으로 일본 브랜드에 비해 국내에 한발 앞서 진출한데다 보다 높은 성능과 프리미엄 이미지, 전통과 문화에 기반하여 한때 정상의 자리에

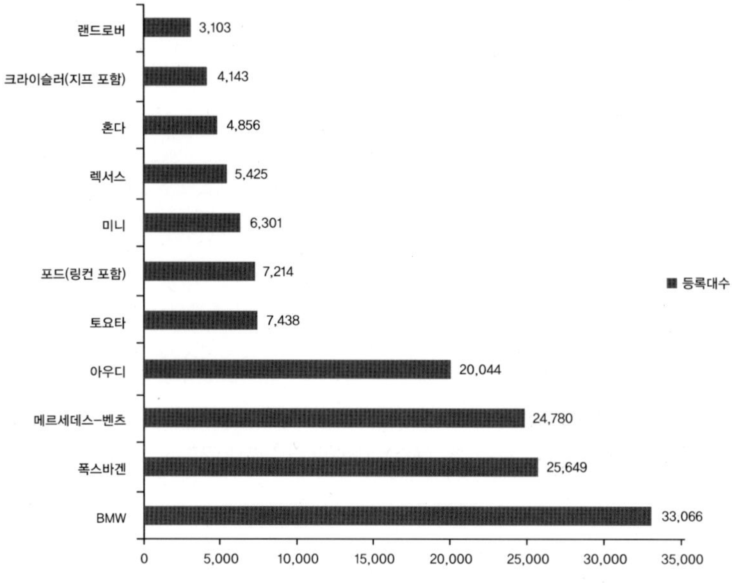

있던 렉서스를 제치고 BMW, 벤츠, 아우디 모두 베스트셀링 브랜드가 되었다. 더불어 폭스바겐의 경우 디젤 모델들의 큰 인기에 힘입어 엔트리 시장을 잠식해나가며 대한민국 디젤 열풍을 주도하고 있고, 현재 대한민국 젊은이들은 폭스바겐과 BMW에 매료되어 있다고 봐도 무방할 정도로 프리미엄 3사 못지않은 판매량과 효과를 거두고 있다.

독일 차 브랜드의 전체적인 특성은 수입차로서는 중저가의 폭스바겐부터 프리미엄 브랜드인 메르세데스-벤츠, BMW, 아우디, 그리고 스

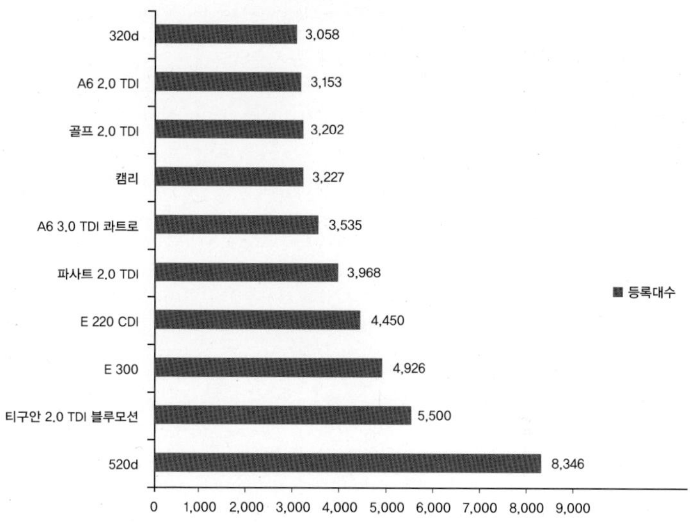

포츠카가 대표적인 포르쉐까지 다양한 가격대와 장르의 차들을 판매한다는 것이다. 차의 사이즈 역시 다양해서 작년에 판매를 시작한 폭스바겐 폴로 같은 소형차부터 대형차의 대명사 S클래스까지 폭넓게 판매되고 있다.

이렇게 다양한 라인업과 브랜드를 갖추고 있지만 독일 차의 특성은 한마디로 명확하다. 모든 차들이 기본기에 충실하다는 점이다. 기계로서의 완성도는 물론 첨단 주행안전장치를 가장 먼저 도입하는 브랜드

2014년에는 포르쉐도 국내법인이 설립되었다.

들이고 디자인적으로도 뛰어나다. 그러나 향후에는 폭발적으로 늘어난 판매대수에 비해 한발 늦는 서비스 기반시설의 확충, 프리미엄과 희소성을 중시하는 국내 수입차 오너들의 취향이 관건이다. 이미 5시리즈는 렉서스 ES에 이어 차세대 강남 쏘나타의 자리를 물려받은 느낌이고, 많은 구매 예정자들이 너무 흔하다는 말을 할 정도다.

따라서 어떻게 서비스에서 기존 고객을 실망시키지 않고 흐름을 유지하며, 변심하고 등 돌리기 쉬운 까다로운 고객을 관리하느냐가 독일 차 브랜드의 흥망성쇠를 좌우할 것이다.

+ 달리고 서고 도는 차의 기본기에 매우 충실. 프리미엄 이미지. 현재 유행 중. 고급차, 스포츠카의 경우 국산차가 아직 따라갈 수 없는 수준.

− 가격 대비 편의장치가 떨어짐. 국내 현실에 맞지 않는 불필요한 첨단 장치(자동 주차 등)나 특성(중립 주차가 불가능)이 많음. 가격과 기대치 대비 초기 품질 수준은 떨어짐. 유지보수비가 높음.

= 유행에 민감한 사람, 차의 기본인 주행성에 가중치를 두는 사람들에게 권하고 싶음. 가격 대비 지나친 기대치(가치)를 부여하는 사람들에겐 주의가 요구됨.

영국 차 | 재규어, 랜드로버, 미니 등

벤틀리 코리아가 재규어 랜드로버 코리아보다 먼저 설립되었다는

롤스로이스 상징(출처: 위키피디아)

재규어 엠블럼(출처: 위키피디아)

사실은 놀랍다. 롤스로이스로 대표되는 영국 차 브랜드별 차종의 평균 가격은 그 어느 나라의 차량들보다 고가이며 그만큼 동급 대비 고급스럽다. 독일 차와 확연히 다른 차량의 디자인이나 실내 소재, 그리고 서스펜션의 세팅은 영국 차만의 아이덴티티를 말해준다. 대체로 생산량이 독일 차나 유럽의 여느 브랜드에 비해 적은 편이고 풀 라인업을 갖춘 독일 브랜드들에 비하면 모델 숫자도 한정적이다. 기본 가격이 최소 3억을 넘는 롤스로이스나 벤틀리는 실용적인 수준의 차가 아니기 때문에 제외하고, 우리나라에서 수입차 점유율에 유의미한 수치를 보여주는 재규어-랜드로버, 그리고 미니를 이야기하려 한다.

많은 이들이 BMW 때문에 독일 차라고 생각하는 미니는 해외에서처럼 국내에도 충성도가 매우 높은 고객들을 보유하고 있다. 세대를 막론하고 모든 젊은이들과 패션 피플들의 사랑을 받는 미니는 그 자체로 유니크한 개성을 표현하는 수단이 될 수 있는 유일한 브랜드라고 할 수 있다.

레인지로버라는 영국과 세계를 대표하는 SUV 브랜드를 가진 랜드로버는 그러나 국내에서는 품질 불만과 A/S에 대한 악평이 높았다. 2010년 전후로 많이 개선되었긴 하나 지금도 품질 문제는 브랜드 이미지나 가격에 따르는 기대치에 미치지 못하는 것 같다. 실제로 현장에서 이런 경향을 여전히 확인할 수 있다. 그럼에도 레인지로버, 레인지로버 스포츠, 디스커버리4 등의 수요는 여전히 공급보다 많다. 이는 브랜드 이미지가 가진 힘일 것이다.

랜드로버의 베스트셀러, 디스커버리4. 최근 우리나
라에서는 캠핑 붐으로 더 인기가 높아지고 있다.

재규어의 경우 판매량이나 브랜드 점유율은 수입차 시장 전체에서 보자면 분명 미미하지만 브랜드의 특성을 살펴보면 꼭 그렇지만은 않다. 재규어는 아직 SUV가 없고, 차종이 매우 적으며 4,000~5,000만 원 전후의 엔트리 모델이 전혀 없기에 풀 라인업을 갖추고 판매를 하는 독일 브랜드와 비교하는 것이 무의미하다. 이는 재규어 랜드로버의 점유율이 아닌 영업이익률을 보면 알 수 있다. 재규어 랜드로버 코리아의 영업이익률은 독일 3사 국내법인의 영업이익률보다 3배 가까이 높은 11% 전후[+]로 이는 부가가치가 높은 고가의 차량들로만 이루어진 재규어-랜드로버의 특성을 보여준다.

이들 브랜드의 공통적인 특성은 품질의 일관성이 독일 차들에 비해 떨어지며, 조립 품질이 소재나 성능, 디자인에 비해 다소 낮은 편이라는 것이다. 특히 유지관리에 있어서 손이 좀 많이 가는 편이라 마니아적인 성향이 있거나 독특함에 큰 점수를 주는 사람이 아니라면 고민해 볼 필요가 있다.

하지만 디자인의 독창성과 고급스러움, 거기에 고급 소재를 사용한 실내외의 이미지는 국산차는 물론 프리미엄을 대표한다는 독일 차들조차 한 수 아래에 있다는 느낌을 준다. 특히 럭셔리나 프리미엄이라는 단어를 이야기할 때 희소성이라는 것이 반드시 필요한 가치라는 것을 감안하면 영국 차의 프리미엄 이미지는 이제 곧 독일 차에 식상함을 느낄 국내 소비자들에게 무척이나 강력하게 작용할 것이다. 그러나 오랜 기간 유지비

[+] 2011년, 2012년 한국수입자동차협회 통계

면에서 좋지 않은 이미지가 이어져온 탓에 초기 감가가 높다는 사실은
감안해야 할 것이다.

+ 동급 독일 차에 비해 우수한 디자인과 소재, 매우 강한 프리미엄 이미지,
희소성이 있어 차별화가 가능.

− 이태리 차를 제외하면 수입차들 중 잔고장이 제일 많고 손이 많이 감. 소
재의 우수성 대비 조립 품질은 독일 차만 못함. 중고차 감가율이 높음(재규어,
랜드로버).

= 독일 차를 타본 사람들 중 조금 더 특별한 것을 찾는 사람들에게 권함. 유
지보수의 편의성에 가중치를 두는 사람, 일본 차의 편리함을 느끼던 사람이
사면 골치 썩을 가능성이 높음.

프랑스 차 | 푸조, 시트로엥 등

콧대 높은 문화, 명품하면 떠오르는 프랑스이지만 프랑스의 자동
차 브랜드인 푸조와 시트로엥은 국내에서 두 브랜드를 합쳐도 재규
어-랜드로버만큼의 판매량에도 미치지 못하는 군소 브랜드다. 푸조가
2002년 한불모터스를 통해 공식 수입되기 시작했음에도 불구하고 브
랜드 점유율이 2%에 미치지 못한다는 것은 프랑스 차의 미래가 국내
에서는 미국 차 이상으로 밝지 않다는 사실을 말해준다. HDI 엔진으
로 대표되는 디젤 엔진의 강자임에도 불구하고 현재 국내 디젤 열풍의

푸조는 한때 르망의 지배자였다(출처: 위키피디아).

나도 패션카. 시트로엥 DS3

바람을 타지 못하고 있다는 것은 차의 특성이나 디자인, 그리고 브랜드의 마케팅 전략이 편리함을 추구하거나 아니면 프리미엄을 원하는 국내 소비자들의 취향과는 조금 맞지 않기 때문이 아닌가 싶다.

현재 프랑스의 차들을 보면 확실히 독특함을 느낄 수 있다. 디자인뿐 아니라 동력 계통에도 이런 독특함을 갖고 있어서, 미션은 통상의 오토미션도, 듀얼클러치도, CVT(무단변속기)도 아닌 MCP 또는 ESG라고 하는 변속기를 가지고 있다. 이 수동을 기반으로 한 변속기는 대단히 효율적이고 직결감이 높아 연비와 저탄소를 지향하는 소형차에 적합하지만 불행하게도 수입차 업체들이 통상 제공하는 30분 수준의 짧은 시승 한 번으로는 소비자에게 좋은 인상을 주지 못한다는 단점이 있다. 익숙해지면 아무렇지 않게 탈 수 있지만 워낙 이질감이 크기 때문에 낯선 상태에서는 어필하기가 어렵다.

거리에서 많이 볼 수 없는 희소성, 그리고 강점인 소형차 위주의 라인업은 분명 여타의 수입차 브랜드와 차별화되는 장점이긴 하지만 미니처럼 모든 이들의 감탄사를 자아낼 만큼 예쁘지 않고 워낙 경쟁이 심한 가격대이기 때문에 국내에서는 계속 고전하는 양상이다.

전륜임에도 불구하고 언제나 극찬을 받는 특유의 핸들링과 중저가의 소형차 위주의 라인업, 거기에 높은 연비의 디젤 엔진을 가졌기에 분명 판매와 이미지 개선의 여지도, 발전 잠재력도 높은 편이지만 이는 국내에선 양날의 검이다. 독일 차와 영국 차에 비해 떨어지는 프리미엄 이미지, 그리고 수입차로서는 저렴한(?) 가격대 때문에 국산차와 가격

경쟁을 해야 하는 점, 우리나라 소비자들의 큰 차 선호 경향과 수입차 하면 고급차를 떠올린다는 점 등이 걸림돌이다. 그러나 한 번 타보면 바로 느낄 수 있는 강한 독특함을 매력으로 느낄 잠재고객들도 있으니 무시할 수는 없겠다. 푸조는 물론 후발 주자인 시트로엥의 분전을 기대한다.

+ 유니크한 디자인. 희소함. 소형차가 강점. 전륜임에도 좋은 핸들링.

– 독특한 만큼 다가서기 힘든 디자인. 좋지 않은 브랜드 이미지. 형편이 여의치 않은 수입사와 딜러사. 프리미엄과는 동떨어진 기반 환경. 높은 감가율. 차 값에 비해 높은 수리비.

= 모든 게 딱 맞는다 싶은 사람이 아니라면 글쎄. 그러나 알고 샀다면 의외로 만족도는 매우 높을지도.

스웨덴 차 | 볼보

볼보와 사브의 쌍두마차가 있었던 스웨덴은 이제 사브의 몰락으로 볼보만이 남았다(아~ 사브!). 볼보는 우리나라에 진출한 지 가장 오래된 브랜드의 하나로 80년대에 진출해서 1998년에 국내법인을 설립했다. 국내에서는 손에 꼽는 역사를 가진 브랜드인 셈으로 90년대 초반만 하더라도 볼보하면 안전의 대명사이자 고급 차의 대표 격이기도 해

과거 볼보를 대표하던 사진

서 볼보를 탑처럼 쌓아올린 광고는 자동차에 관심 있던 7080세대라면 누구나 알 것이다.

안전의 대명사라는 수식어가 식상하게 들릴 만큼 볼보는 안전하면 떠오르는 대표적인 브랜드이고 세계 최고의 역량을 안전에 집중시키는 브랜드다. 'VOLVO for Life(삶을 위한 볼보)'라는 슬로건 역시 볼보의 이미지를 극대화시킨다(이를 베낀 'Hyundai for Life'라는 번호판 가드가 종종 보이는데 참으로 부끄러운 마케팅이라 하겠다). 미국과 유럽에서 충돌테스트가 일반화되기 전부터 안전에 최고의 가치를 부여해온 브랜드답게 구형 모델들조차 최신 테스트 방식에서 가장 안전한 차로 평가될 정도다. 특히 미국 고속도로안전보험협회(IIHS)의 가장 최신 테스트인 25% 전 측면 충돌 테스트(Small Overlap Front Crash Test)[+]에서도 볼보의 차량들은 그 명성을 확인했다. 안전을 중시하는 만큼 가족을 위한 차로 첫손에 꼽히는 볼보는 국내 환경에도 잘 맞는(?) 전륜구동으로 국산차를 타온 운전자들에게 가장 무난하게 접근할 수 있는 수입차라 할 수 있다.

그러나 볼보 브랜드 자체가 계속된 인수합병 등으로 불안정했던데다 신차 출시의 주기가 길고, 지나치게 안전만을 강조하는 마케팅이 고루한 느낌이 있다. 더구나 최신 디자인 트렌드에 뒤처지면서 2000년대 중후반 이후로 고전 중이다. 플래그십 모델인 S80이 2006년에 나왔지만 이후로 페이스리프트만

[+] IIHS가 2012년 도입한 전 측면 충돌테스트는 자동차 전면부의 25% 부분을 시속 64km/h로 장애물에 충돌시키는 테스트다. 전 측면 충돌테스트가 도입된 이유는 대부분의 차량이 기존 충돌 테스트를 우수한 성적으로 통과함에도 불구하고 이러한 사고에 의한 인명피해가 줄어들지 않아 충돌테스트를 현실화하기 위해서인데, 실제 운전 중 추돌사고는 완전 정면충돌보다는 약간 틀어진 전 측면 사고가 많다고 한다.

을 해오고 있다는 점은 우려스러운 부분이다. 그래도 S60, V60, V40 등 다른 라인업을 강화하며 디자인에서도 좋은 평가를 받고 있다는 점은 긍정적이다.

+ 우수한 디자인과 소재. 유럽 차 중 상대적으로 저렴한 가격. 희소성.

− 유지보수비가 독일 차 대비 높거나 같은 수준. 공식센터 외에 수리 편의성이 떨어짐. 약한 브랜드 이미지. 높은 감가율.

＝ 남의 시선이나 말은 신경 쓰지 않고 주관이 확실하며 실용적이고 보수적인 사람에게 권함. 차를 오래 타는 분들이 대체로 선호.

미국 차 | 포드, 크라이슬러 등

미국은 우리나라와 일본 자동차의 최대 수출국이지만 반대로 포드와 크라이슬러 등 미국 차들은 2000년대 이후 우리나라에서 부진을 면치 못하고 있다. 고유가 시대, 고효율과 친환경을 중시하는 트렌드에 지나치게 뒤떨어진 감이 있고, 특유의 세밀하지 못한 조립 품질과 마감이 국산차보다도 못하다는 느낌을 주며 판매에 부진을 겪었다. 최근에는 조금 나아졌지만 거의 대체로 가솔린 모델인데다, 소형차보다는 대형차들이 많고 고루한 브랜드 이미지를 갖고 있는 점은 개선이 시급하다. 여기에 정치적으로도 미국 편향적이었다고 할 수 있던 80,

90년대와 달리 2000년대 이후의 국민 일반 정서는 더 이상 예전 같은 친미 성향이 아니다. 미제하면 고급을 상징하던 시절이 지났다는 것은 한미 FTA에도 불구하고 미국 차들의 미래가 밝지만은 않다는 사실을 말해준다.

그러나 미국 차는 유럽과 일본 차와 다른 고객 수요를 갖고 있다. 과거와 달리 가격 거품이 빠지고 합리적인 차량들을 대거 선보였으며, 캐딜락과 포드의 경우 충분히 경쟁력이 있는 차들로 라인업을 구성하고 있다. 대형차에 2,000cc 친환경 고효율 가솔린 엔진을 넣는 등 가솔린 엔진이라 하더라도 낮은 배기량에 높은 효율을 보이며 연비가 크게 개선되고 있다. 여기에 디젤 엔진을 가진 차들도 출시하고 있다. 또한 캐딜락과 링컨 등의 고급 브랜드들은 대형 차량을 선호하는 국내 소비자들의 취향에 맞으면서도 가격은 국산차 수준에 근접해 있어 독일 차나 기타 유럽산 브랜드에 비하면 월등한 가격 경쟁력이 있다.

사실 대중교통 이용률이 매우 높은 서울과 수도권의 경우 차량 소유자들의 1년간 주행거리가 2만 킬로미터에 못 미치는 경우가 많다. 가솔린 차에 비해 비싼 디젤 엔진 차나 하이브리드 차량의 경우 연비의 효과를 보려면 주행거리가 많고 보유기간도 최소 3~5년 이상이어야 하는데 그렇지 않은 사람들에게는 그만큼의 효과가 없다. 평일에는 대중교통을 이용하고 주말에는 가족들과 함께 차를 타는 사람들에게는 효율이 높고 세금 등의 유지비가 낮은 가솔린 엔진을 가진 미국산 대형차들이 합리적인 선택이 될 수 있다. 예를 들어 미국 차 중 판매량이 높고 인기가 많은 SUV인 익스플로러 같은 차는 7인승에 5,000만 원 전후의 가격과 2,000cc 가솔린 엔진으로 비슷한 사이즈의 독일 SUV에 비하면 연비는 조금 나빠도 가격이 2,000만 원 이상 저렴하면서도 전자동 3열 시트를 갖고 있다는 장점이 있다.

그러나 2013년 북미 올해의 차(COTY)였던 ATS의 부끄러운 성적표를 보면 우리나라 소비자들이 미국 차에 지갑을 여는 데는 생각보다 오랜 시간이 필요할 듯하다.

+ 높은 가성비와 우수한 편의장치. 희소성. 생각보다 좋은 제반 환경.

− 나쁜 브랜드 이미지와 평판. 높은 공임과 부품값으로 인한 비싼 수리비.

= 미국 차에 대한 편견이 없는 분들 중 개별 차종의 타깃 고객층으로 그 차종이 특별히 필요한 경우에 권함.

개인적으로 현장에서 5년간 경험한 국가별 차들의 조립 품질(초기 불량률) 또는 유지보수 편의성을 평가하자면 아래와 같다.

일본 차 ≥ 국산차 ≥ 독일 차 ≒ 미국 차 ≥ 프랑스 차 ≒ 스웨덴 차 > 영국 차 ≫ 이태리 차

그렇지만 자동차건 모터사이클이건 탈것으로서의 매력은 통상 아래와 같이 생각한다(마니아들은 이 이율배반적이고 상충되는 부분들 때문에 고민하고 또 고민한다. 나 역시도).

이태리 차 > 영국 차 ≥ 독일 차 ≒ 미국 차(할리데이비슨 제외) ≒ 일본 차 ≥ 국산차

자기에게 맞는 국가별 차 추천

이런 점을 감안하면 기존에 국산차나 일본 차를 탔고 차는 이동수단이라고 생각하며 예민한 성격이지만 일상에서 시간을 내기 힘든 매우 바쁜 사람이, 높은 기대치를 갖고 값비싼 영국 차를 데일리 카로 구입했다면 차에 대해 불만이 쌓이고 오래 타지 못할 가능성이 높다.

반면 수입차를 오래 타왔고 여유로운 성격에 차별성, 희소성에 높은 가치를 두며 이미 집에 차가 두 대 이상 있는 사람이 영국 차를 탄다면 어느 정도의 불편도 감수하며 큰 불만을 갖지 않을 수 있다. 수입차에 대해 대충 알고 있을 것이고 차가 여러 대 있는 만큼 불편함도 더 쉽게 감수할 수 있기 때문이다.

그리고 편의성을 중시하며 실속파인 사람이 미국 차를 타며 불만을 가졌다면, 다음 차로 일본 차를 구입한다면 또 다른 면에서 만족하며 탈 것이라 추측해볼 수 있다.

이태리 차의 극과 극. 그러나 공통점은 뭔가
이기적(?)이라는 것이 아닐까.

나는 어떤 사람이 차를 살 때 그의 가정에 차가 한 대라면, 그리고 매일 그 차를 써야 한다면 영국이나 이태리산 자동차는 가급적 말리고 싶다. 그러나 국산차나 일본 차가 이미 한 대 있는 환경에서 다른 차를 한 대 더 구입할 때 독일 차가 너무 흔해 싫다면 영국 차를 권하고 싶다.

직장 상사 눈치에 독일 차나 프리미엄 브랜드의 차를 타기 어렵다면 프리미엄 이미지가 약한 일본 차, 미국 차 또는 스웨덴이나 프랑스 차를 권하고 싶다.

차를 한번 사면 5~7년 이상 타기 때문에 품질이 높은 차를 타고자 한다면 렉서스나 벤츠를 권한다.

보수적인 이미지와 실용적인 이미지를 함께 구축하고 싶고 남들과 다르고자 한다면 볼보를 권할 수도 있겠다. 그리고 남자가 볼보를 타면 왠지 가정적인 남편으로 보인다. 수입차를 타는 사람들을 때로 허세와 과시욕이 강한 사람으로 보기도 하는데 볼보를 타는 사람을 그렇게 보는 경우는 거의 없다.

수입차는 국산차와 달리 다 비슷비슷하고 그게 그거가 아니다. 쏘나타와 K5가 다른 것은 다른 것도 아닐 정도로 매우 차이가 난다. 디자인만이 아니다. 주행 시 승차감은 물론 코너링이나 직진성, 가속 느낌, 인터페이스 등 모두 차이가 크다. 보통 신차 구입 예정인 고객들에게 동급의 다양한 구입 대상 차종들을 놓고 비교 시승을 제공한다. 고객이 매우 익숙한 코스로 1시간 단위로 2~4대를 연달아 직접 운전하

뭐가 낫고 부족하다는 관점이 아니라 뭐가 다른지를 보자.

고 다른 좌석에서 동승도 한 후 소감을 물어봤을 때 잘 모르겠다고 하는 경우는 없다. 차에 대해 무지하고 경험이 없는 사람들, 그러니까 "다 비슷하겠죠, 전 잘 몰라요" 하며 시승조차 안 하려고 했던 사람들도 90% 이상이 바로 딱 한 차종을 선택할 정도로 많은 면에서 차이가 있다. 특히 이러한 차이는 다소 과격하게 내가 익숙한 길을 주행할수록 차이가 난다.

똑같은 차대에 서스펜션 세팅, 엔진 세팅만 약간 다른 수준인 현대-기아차와는 확연히 다른 것이라 하겠다.

작년 수입차 판매점유율이 10%를 넘은 이 시점에 이제 많은 사람들, 특히 20~40대들이 수입차를 선택할 텐데 이러한 국가별 차에 대한 일반적인 특성을 참고한 후 브랜드를 생각해보고 또 차종을 고려해보면 더 좋지 않을까 한다.

주요 브랜드별 특성

국내에 들어온 수입차 브랜드만 해도 20여 개가 넘는다. 이 책은 수입차를 구매하려는 이들을 위한 것이기 때문에 모든 브랜드를 소개하는 것은 지면 낭비로 생각된다. 그래서 현실에 맞게 알짜들만 모아 2013년 판매 점유율 3% 이상의 브랜드 위주로 살펴보겠다.

AUDI, Vorsprung durch Technik(기술을 통한 진보)

아우디는 국내에서는 독일의 프리미엄 브랜드 3사 중 가장 젊고 다이내믹한 이미지를 구축해가는 중이다. 실제 독일과 유럽에서도 가장 핫한 브랜드로 급격한 성장과 변화를 보이고 있는데 이는 모기업이자 세계 3대 자동차그룹인 폭스바겐 그룹의 영향일 것이다.

아우디하면 콰트로가 생각나지만, 수입차의 잠재 고객들과 상담을 할 때 아우디하면 가장 먼저 언급하게 되는 것이 서비스의 문제다. 사실 근래의 프리미엄 이미지에 걸맞지 않게 아우디는 수입차 고객들 사이에서는 좋지 않은 이미지가 많은 브랜드였다. 재규어-랜드로버 이상의 서비스 품질 문제와 갖가지 클레임들이 널리 알려져 있어서, 온라인으로 수입차를 접할 때 가장 많은 루머를 들을 수 있는 브랜드다. 아마도 이는 과거 고진모터스가 아우디를 독점 수입하던 시절, 그러니까 경쟁도 없이 판매하던 호시절, 국내법인이 생기고 수입차 시장이 확대되기 전의 이야기들이 지속적으로 퍼진 것으로 보인다.

솔직히 지금까지 수입차를 관리하면서 아우디의 서비스 수준이 특별히 나쁘다고 생각한 적은 없다. 다만 현장에서 서비스센터 어드바이저들의 이야기를 들어보면, 여타의 독일 프리미엄 브랜드에 비해 현장 담당자, 책임자, 그리고 국내법인의 기술직원부서나 CS팀의 독자적인 결정 권한이 상대적으로 작은 것이 아닌가 하고 추정할 수 있다. 예를 들어 같은 문제가 생겼을 때 BMW나 벤츠의 경우 현장에서 쉽게 처리될 만한 수준의 문제가 아우디에서는 불가능할 때가 많다. 국내법인

아우디의 이미지 리딩, 수퍼카 R8

Q5의 고성능 모델인 SQ5

에 보고하여 답변을 기다려야 한다거나, 독일 본사에 문의해서 답변을 받아야 한다는 식이다. 그런데 이게 또 무척 오래 걸린다.

또한 뭐 하나를 예약해도 독일 3사 중 가장 오래 기다려야 하는 브랜드다. 심한 경우 한 달 이상을 이야기하는데 수년 동안 이런 절차가 변하지 않는 것으로 보아 서비스센터의 수보다 어드바이저나 기술 인력의 운용이 문제가 아닌가 생각한다. 이런 환경에도 불구하고 꾸준히 때마다 캠페인을 해서 예약은 밀리고, 입고 예약 잡기는 더 오래 걸려 불만이 쌓인다.

차에 대한 이야기보다 서비스를 먼저 이야기하는 이유는 차를 구입하는 것은 순간이고 타는 것은 수년이기 때문이다.

차를 이야기하자면 아우디는 여성들의 선호도가 높다. 세련되고 심플한 디자인과 콰트로의 주행안정성 덕분인지 여성들이 매우 좋아하며, 의사나 금융권 종사자들의 선호도 또한 높다. 한편으로는 벤츠와 BMW라는 브랜드가 조금 부담스러운 젊은 사람들이나 직업적 특성을 가진 사람들이 선택하는 차이기도 하다. 가솔린과 디젤 엔진을 모두 적절히 갖춘 라인업을 갖고 있을 뿐 아니라 소형부터 대형, 세단부터 스포츠 쿠페와 SUV, 슈퍼카까지 다양하게 생산한다. 전 세계적인 레이스 등을 통해 디젤 엔진으로 대단한 명성을 누리고 있는데, 사실 아우디의 차량들은 대체로 경쟁모델 대비 무겁고 연비가 조금 떨어진다. 콰트로 모델의 경우 이런 경향이 더 두드러지는데 가격이 동급의 경우 벤츠나 BMW 대비 조금 저렴한 편이기에 연비의 문제는 차량 가격으로 상쇄되는 부분이 있다.

주행이나 승차감 면에서는 독일 3사 브랜드 중 국산차를 타던 느낌으로 봤을 때 가장 이질감이 적은 편이다. 지나치게 딱딱하지 않고 부드러우며, 스티어링 감각이 가볍고, 콰트로 모델이라 하더라도 기본적으로 전륜구동(FF) 기반이기 때문에 구형 모델일수록 앞이 무겁고 언더스티어 경향이 있어 여타 후륜구동 자동차와 비교하면 전륜구동이 많은 국산차의 느낌에 가깝다. 기본 베이스가 FR구조인 BMW나 벤츠와는 구조적으로 다른 것이다.

개인적으로 현재 판매 중인 아우디 라인업 중 동급 대비 경쟁력, 상품성이 있고 추천할 만한 차량은 A4 콰트로 모델과 Q5 3.0 TDI, 그리고 RS5, R8 정도를 꼽는다.

BMW, JOY is BMW(BMW는 즐거움이다)

몇 년째 국내 수입차 판매순위 1등을 놓치지 않고 있으며 판매순위 5위 이내에 복수의 차종이 있는 베스트셀링 브랜드다. 젊은 층의 선호도가 놀라울 정도로 높고, 다이내믹한 이미지가 강하다. 국내에서의 마케팅 전략은 타의 추종을 불허할 정도로 매우 강력하며 활발하다. 워낙 많이 팔려 프리미엄 브랜드 하면 벤츠와 함께 꼽을 만큼 대중적인 이미지다. 근래에는 전통적인 3, 5, 7시리즈와 X3, X5 등의 모델은 물론 2, 4, 6시리즈에 이어서 X6 등의 가지치기 모델이 더욱 확대되어 3GT, 5GT 등 다양한 모델들이 출시되고 있다. 고르기조차 어려울 정

BMW의 대표 격인 5시리즈의 가솔린 모델 중 하나인
BMW 528i는 현재 BMW의 판매량이 있게 한 모델이다.

도로 활발한 신차 출시를 하며 트렌드를 이끌고 있다.

BMW가 렉서스 등을 제치고 수입차 판매순위를 독점하다시피 하는 데 일조한 것은 E60 528i부터다. 신차를 내놓으면서 가격을 내리고 합리적인 옵션으로 구성하여 돌풍을 일으키기 시작했다. 이후 F10 520d가 압도적으로 높은 연비에 6,000만 원대 초반이라는 국산 고급 세단보다 낮은 가격으로 판매하기 시작하면서는 자타공인 베스트셀링카가 되었다. 이후 본래 강점을 가지고 있던 3시리즈가 320d 모델에 대한 젊은 층의 수요를 바탕으로 20~40대에 높은 선호를 확보하는 데 기여했다.

BMW는 전통적으로 작고 빠르고 민첩한 스포츠 성향이 강한 차들이 그 아이덴티티의 핵심이다. 즐거움을 내세울 수 있는 작고 재빠른 차! 3시리즈와 M3가 이미지를 이끌어왔고 세계의 모든 브랜드들이 3시리즈의 타도를 목표로 준중형 차(국내 차량 분류 기준)들을 내놓는다. 세계 스포츠 세단의 표준이라고까지 불릴 만큼 높은 밸런스와 운전 재미를 선사하는데, 나 역시도 BMW 차량의 가치는 3시리즈와 M3에 있다고 생각한다(M3는 이제 M4에게 스포츠 쿠페의 자리를 물려주었다).

그러나 국내에서의 BMW는 좋은 이미지 못지않게 나쁜 이미지도 많다. 차를 좋아하는 사람들과 이야기해보거나 심지어 BMW 딜러 영업사원과 이야기를 나눠 봐도 BMW 오너에 대한 부정적인 선입견이나 이미지 얘기는 빠지지 않는다. 중년의 어떤 분들은 BMW를 20대 애들이나 탈 법한 차라고도 한다(욕을 먹을까봐 적자면 한때 나도 BMW 오너였다. 물론

이는 조금 과장된, BMW를 싫어하는 사람들이 주로 하는 이야기지만 반면에 실제로 많이 듣던 말이기도 하다). 아주 간단한 소모품 교환 작업을 제외하면 예약하기가 어려운 건 아우디나 매한가지며, 정비업체 사장들은 흔히 자기네를 먹여살려주는 브랜드라고도 한다. 물론 과장된 면도 없지 않은데 사실 이것은 BMW가 국내에 일찍 진출했기에 그만큼 노후 차량들이 많아서일지 모른다.

또한 대형 세단보다 작은 스포츠 세단이 더 인기를 끌기 때문에 젊은 층이 선호하는 경향이 강한 것도 어찌 보면 당연하다(그리고 청년층이 장년층보다는 경제적으로 어려운 것도 사실이고). 하지만 4,000만 원 이상 하는 차가 과연 젊은 층이 탈 차인가 생각해보면 어떨까. 아마 그렇지 않다는 것을 단번에 알 수 있을 것이다. 그리고 우리나라 사람들이 큰 차를 선호하는 경향이 짙어서 그렇지 스포츠 세단은 '싸서 타는 차', '돈이 없어 타는 작은 차'가 아니다.

다만 실제로 센터의 예약 잡기는 아우디 만큼이나 쉽지 않고, 현장의 영업사원들과 이야기를 나눠보아도 BMW 구매층은 비교도 심하고 가격적인 할인에도 매우 민감하다고 한다. 물론 이를 두고 합리적인 소비경향을 가졌다고도 할 수 있다. 이러한 경향은 벤츠와 비교하면 특히 두드러지는데 아무래도 조금 더 활동적이고 젊은 사람들이 선호하기 때문이 아닌가 싶다. 그리고 서비스센터나 전시장의 분위기 또한 럭셔리나 프리미엄의 분위기보다는 다이내믹하고 젊은 느낌이다. 이런 분위기는 서비스센터도 마찬가지라서 차를 맡기고 편하게 쉬면

SAV X5. SUV와는 다른 장르의 차라고 선언하고 나왔던 X5는 기존의 SUV들보다 온로드에서 훨씬 잘 달리고 스포티한 감각이 살아있던 모델로 온로드 성향의 SUV를 대표한다고 할 수 있다.

서 기다리기엔 분위기나 여건이 좋지만은 않다. 좋게 보면 거품이 좀 빠지고 격식에 힘 좀 뺀 자유롭고 편안한 이미지다. 사실 때로 벤츠 매장에 가면 거들먹거리는 콧대 높은 영업사원을 만나기가 어렵지 않은데 BMW에서는 그런 영업사원이 별로 없는 걸 보면 역시 일장일단이 있고 보고 해석하기 나름이다.

차량의 특성은 대부분 FR 구조이며 앞뒤 무게 밸런스가 좋아 잦은 코너 등에서 운전 재미가 있고, 액셀이든 브레이크든 즉답성, 직결감이 두드러진다. 본래 과거에는 핸들링이 좋고 스티어링이 조금 무거운 편이었는데 근래 들어서는 무난함을 띠는 방향으로 변하고 있다. 차량의 무게를 줄이고 연비 효율과 이산화탄소 배출 절감 등 친환경적인 면에서 혁신을 거듭하고 있어서 동급 경쟁 차종들 대비 연비가 가장 좋고 차체의 중량이 가볍다. 이런 점에서는 타 브랜드들과 격차가 벌어지는 느낌도 든다.

BMW에서 시판 중인 차량들 중 타 브랜드 대비 경쟁력이 있고 타 볼만한 모델은 3시리즈 차량들, 그리고 스포츠 쿠페를 꼽는다. 특히 가급적 동력 성능이 높은 차량, M패키지와 같이 스포츠 옵션이 들어간 차량이 조금 튀어도 BMW답고 가치가 있다. 이 외에는 SAV(Sports Activity Vehicle)라는 단어를 처음 사용할 만큼 온로드 성향의 SUV를 만드는 데도 일가견이 있어 X5 등은 한 번쯤 타볼 만한 SUV라고 할 수 있겠다. 물론 그 가격이 잠시 당신을 머뭇거리게 하겠지만 'Sheer Driving Pleasure'를 위해서라면.

Ford, Go Further(더 나아가라)

머스탱 하면 떠오르는 포드. 미국의 상징이기도 한 이 브랜드는 지금은 찬밥 신세지만 전통적으로 한국 시장에서는 가장 잘 팔리는 미국 브랜드다. 포드와 링컨을 합치고 보면 시장 점유율도 생각만큼 낮지 않다. 약 7,200대를 판매한 2013년 브랜드 점유율은 4.61%로 같은 미국 브랜드인 크라이슬러(2.65%)와는 비교가 되지 않고, 일본의 혼다(3.10%)보다도 훨씬 높으며, 심지어 미니(4.03%), 렉서스(3.47%)보다도 높다. 이는 거의 토요타(4.75%)에 근접한 수치로 독일 4개 브랜드를 제외하면 순위권에 있는 브랜드다.

젊은 층들에게 그리 좋은 이미지가 아닌 포드가 이렇게 예상외의 강세를 띠는 것은 전체적으로 국내에서 소위 먹힐 만한 차들이 라인업에 있기 때문이다. 넉넉한 대형 차량이면서도 2,000cc 엔진을 갖고 있거나, 디젤 라인업이 있거나, 타 브랜드에 비해 압도적으로 저렴한 대형 7인승 SUV가 있다. 실제 수입 SUV들 중에는 7인승을 거의 찾아볼 수 없는데 익스플로러는 7인승이고 3열 시트가 전동이라는 점, 그리고 디젤 엔진은 없지만 유지비 부담이 적은 2,000cc 고효율 가솔린 엔진이 있어서 인기를 끌고 있다.

그러나 앞날이 밝다고만은 할 수 없는 것이 젊은 층의 선호도가 매우 낮고, 실제로 젊은 층에 어필할 수 있는 작고 개성이 강하며 효율이 높은 차들은 전무하다. 장기적으로 로열티를 확보할 수 있는 브랜드 이미지와 이에 대한 젊은 층의 선호와 선망, 첫 구매와 소유 때 받는 좋

미국 차의 베스트셀러, 익스플로러

은 이미지가 바로 포드가 가야 할 방향이 아닐까 싶다.

대형 차량인 MKS, 토러스 등까지 모두 전륜구동으로 포드는 거의 모두 FF 구조를 가진다. 따라서 그랜저까지의 국산차를 경험한 오너들에게 별다른 저항이나 이질감이 없다. 대체로 넉넉한 맛에 타는 차에 가깝고, 옵션 사양이 동급 또는 동일 가격대에서는 가장 좋은 편에 속한다. 때문에 편의장비를 중시하는 사람이라면 눈여겨볼 필요가 있고, 넉넉하고 큰 차체에 좋은 옵션들이 들어간 수입차를 찾는다면 포드의 차량들을 눈여겨볼 만하다. 개인적으로는 포드의 여러 차량들 중 익스플로러의 경쟁력이 가장 월등하다고 생각한다. 만일 7인승 3열이 있는 SUV를 찾는다면 구입까지는 아니더라도 필히 고려할 만한 차다.

Honda, The Power of Dreams(꿈의 힘)

지금 시점에서 우리나라에서 가장 아쉽고 안타까운 브랜드를 꼽으라면 주저 없이 혼다와 인피니티를 꼽겠다. 한때 수입차 브랜드 점유율 1위를 달리던, 최다 판매 차종을 올려놓던 혼다지만 그 위세는 이제 찾아볼 수 없다. 국내 소비자들의 취향이 급속도로 친유럽 브랜드로 전환된 데다 소형 디젤 차량들 위주의 판매가 가속화되면서 볼륨 모델인 가솔린 중형 세단 어코드의 판매량이 급속도로 줄었다. 특히 현대-기아차의 쏘나타, K5 같은 중형 세단들이 가격경쟁력과 품질을 동시에 만족시킬 만큼 발전하면서 이제는 수입차로서의 브랜드 메리트도 없어지고 있다. 2013년에는 오딧세이, 크로스투어러 등 다양한 모델을 출시하며 도약을 꾀했지만 시장의 반응이 좋지 않아 결국 홈쇼핑에서 대대적인 할인행사로 판매를 하는 굴욕을 맛보기도 했다.

시장에서 고전하는 이유 중 하나를 엔고 현상으로 꼽던 시절도 있었지만 실제로 엔저가 계속되고 있는 최근에도 고전에서 벗어나지 못하는 것은 이미 국내 소비자들의 취향이 혼다의 판매 전략이나 상품성, 라인업과 맞지 않는다는 것을 보여준다. 2013년 내내 가격 할인과 신차 출시 등으로 파상공세를 멈추지 않았지만 반응은 미미했다. 그만큼 미래가 밝지 않다는 것을 여실히 보여준 것이다.

백약이 무효한 이런 상황 속에서 혼다 차량의 장점을 꼽자면 그래도 품질 면에서는 여전히 여타의 유럽 브랜드보다는 낫다는 점, 그리고 상대적으로 프리미엄 이미지가 덜해서 혹은 없어서 주변의 눈치를 보며 차를 타야 하는 일부 소비자들에게 적당하다는 것이다. 실제로 현장에서 수입차를 사는 고객들을 직접 만나다보면 독일 브랜드가 갖는 프리미엄 이미지의 부담 때문에 구입하지 못하는 사람들도 상당하다(아직 우리나라는 많은 직장인들, 그리고 부모님의 영향하에서 사는 젊은 세대에게 보수적인 나라인 것 같다). 이들은 그럼에도 불구하고 대체로 국산차는 타고 싶지 않아 하거나 가급적 수입차를 원하기 때문에 이런 분들에게 권하곤 한다. 하이브리드 모델이 있긴 하지만 대체로 가솔린 차량으로, 연비 부담을 특별히 느끼지 않는 주행량이 적은 사람들에게 적당하다. 특히 예외 없이 FF 구조라 국산차를 타던 사람에게도 위화감이 없고, 부품값이나 유지비 등이 유럽과 미국 차들에 비해 저렴해서 수입차를 처음 타는 중산층 또는 젊은 층들에게 어필할 수 있는 부분은 충분하다.

다만 개인적으로는 국산차와 비교했을 때 혼다의 차들 중 추천할 만한 차를 꼽는 것은 현재로서는 어려운 일이 아닌가 싶을 정도로 국산차와의 차별성, 품질 격차가 없다. 국내 시장에서 혼다가 다시 중흥

혼다를 기대하게 하는 건 이 S660 같이 진짜 꿈꿀 수
있는 차다.

기를 맞기 위해서는 일단 국산차가 내놓을 수 없는 소형 컨버터블, 소
형 스포츠카, 그리고 토요타에 필적하는 하이브리드 기술이 집약된 중
형 세단이 지금보다 월등히 나은 디자인으로 포장되어 현대차에 준하
는 가격으로 나오는 수밖에 없어 보인다. 보통의 세단, 평범한 SUV와
MPV로는 현대차와 차별화하기가 쉽지 않다.

이런 점에서 지난해 도쿄모터쇼에서 공개된 가슴 떨리는 소형 MR 컨버터블인 S660 콘셉트 카, 계속적인 프로토타입의 공개가 이뤄지고 있는 슈퍼카 NSX는 혼다의 이미지를 재고할 수 있는 좋은 기회를 줄 수 있을 것이다. 국산차가 넘볼 수 없는 기술력과 기획력이 집중된 차들로 이미지를 선도하고 젊은 세대에게 계속 어필한다면 이륜차에서 혼다가 가진 이미지와 위치를 자동차에서도 유지할 수 있지 않을까. 그래서 꿈꿀 수 있는, 꿈에도 나올 법한 차부터 다시 만들었으면 좋겠다.

Lexus, LEXUS DIFFERENCE(렉서스의 차이)

미국발 렉서스 돌풍은 한때 강남 쏘나타로 우리나라를 강타했다. 강남 사모님들의 대표적인 차종이었던 ES시리즈를 필두로 국내 프리미엄 시장을 선도하던 렉서스다. 그러나 최근에는 일본 차들이 약세인 분위기를 이겨내지 못하는 느낌이 강하다. 그래도 최근 2년간은 신형 ES, GS, IS, LS를 잇따라 내놓으며 분위기 반전을 꾀하고 있다. 가지치기 모델을 출시한 것이 아닌 워낙 인기가 높던 볼륨 모델들인 ES와 IS 시리즈였고 페이스리프트 수준이 아닌 완전 신차를 내놓으면서 시장 또한 예전만큼은 아니지만 좋은 반응을 보이고 있다.

ES300h의 경우 520d나 E 220 CDI와 같은 경쟁 모델들과 비교할 때낮은 가격은 물론 여러 가지 면에서 높은 경쟁력을 갖고 있음에도 워낙 독일 차들의 이미지가 좋고 이미 특정 트렌드가 형성이 되어 있다 보니 예전만큼의 인기를 끌지 못하고 있다. 하지만 현장에서 과거 주

렉서스 GS350, ES300h. 렉서스의 럭셔리 이미지
부활은 이들 모델에 달렸다.

고객층이었던 30~50대 여성 고객들과 비교 시승을 해보면 정숙성과 편의사양, 그리고 실내 공간 등 가시적인 부분에서의 차이로 거의 대다수가 렉서스 ES의 손을 들어주는 모습을 지금도 보곤 한다. 상대적으로 옵션이 부족하고 소음과 진동이 있는 독일산 디젤들에 비해 세계 최고 수준의 렉서스 가솔린 하이브리드 모델이 갖는 장점은 분명하기 때문이다.

렉서스는 FF, FR 구조의 차들을 모두 생산하고 있기 때문에 후륜구동 차량에 불안을 느끼는 고객층의 수요도 충분히 소화할 수 있다. 기본적으로 잔고장도 적지만 서비스센터의 수나 서비스의 질이 모두 훌륭해 구입 후에도 꽤 안정적으로 탈 수 있는 차량이다. 특히 렉서스 서비스센터의 서비스 품질은 때로 벤츠보다도 낫다고 느낄 만큼 세심하고 수준이 있다. 렉서스를 타다가 유럽 브랜드의 차를 타고는 잔고장과 품질 불만에 다시 렉서스를 구입하는 사람들이 여전히 있고 필자도 종종 경험할 정도다. 다만, 4륜 구동 세단이 플래그십 모델인 LS를 제외하고는 거의 없어서 AWD(All Wheel Drive, 상시 4륜 구동)를 선호하는 최근의 추세에서 뒤처지는 것 같은 느낌은 분명히 있다.

추천하고자 하는 차량은 ES300h를 비롯한 하이브리드 차량들을 우선적으로 꼽을 수 있고, 독일 차나 기타 수입차들에 비해 조금 더 편안하고 내구성이나 품질 면에서 안정적인 차를 찾는다면 어느 차종이든 권할 만하다. 물론 독일 3사에 비해 떨어지는 일본의 이미지와 렉서스 브랜드의 한계를 신경 쓰지 않는 사람들에 한해서.

독일 차에 대한 제1의 대안 렉서스,
사진은 신형 IS250

고급차의 상징, 자동차 역사를 대표하는 브랜드, 세계 최고의 자동차 등 메르세데스-벤츠(이하 벤츠)를 표현할 수 있는 수식어는 너무나도 많다. 벤츠는 프리미엄 카의 상징이면서 브랜드 인지도에서는 세계 최고로 꼽을 수 있는 독일의 대표적인 프리미엄 브랜드다. 벤츠의 역사가 곧 자동차의 역사라고 말할 수도 있다. 모두가 한 번쯤 탐을 내고 꿈꾸는 후드 끝에 빛나는 삼각별, 그것이 주는 감흥은 오너만이 안다.

국내에서는 BMW와 함께 브랜드 판매순위 1, 2위를 다투고, 가장 많이 팔린 모델도 1, 2위를 다투고 있다. 젊은 층이 BMW를 선호하는

것에 비해 벤츠는 조금 더 높은 연령층이 선호한다. 대체로 BMW나 아우디가 좇는 아주 트렌디하고 스타일리시한 자동차, 혹은 신기술의 집약체로 승부하는 경향보다는 벤츠라는 브랜드 이미지와 명성, 그에 준하는 품질과 고급스러운 실내외 디자인, 안전성이 눈에 띈다. 그런 면 때문일까. 현장에서 고객들을 접하다보면 젊고 보수적인 환경에 있는 사람들은 벤츠를 쉬이 살 수 없거나, 사지 않으려고 할 만큼 여전히 부담스러운, 말 그대로 함부로 다가서기 어려울 정도의 프리미엄 브랜드다. 수입차에 대해 보수적인 우리나라에서 부모나 직장 동료들이 보는 시선이 부담스러운 것이다.

사실 나 역시도 벤츠 C클래스를 구입한 후 차를 잘 모르는 분들로부터 지나치게 비싼 차를 타는 것이 아니냐, 너무 큰 차를 탄다는(실제로는 C클래스였는데도!) 등의 이야기를 들은 바 있다. 모든 사람들이 각 브랜드에서 나오는 차량의 라인업을 다 아는 것은 아니기 때문에 그저 벤츠를 탄다는 그 자체로 곱지 않은 시선을 보내는 것인데 이를 막을 방법은 불행히도 없다. 즐기는 것이 답일 뿐.

국내에서는 서비스의 품질이나 센터의 예약 대기 기간, 그리고 차량 자체의 품질도 모두 타 브랜드 대비 수위(首位)에 있다고 생각한다. 나는 물론 고객들 차를 직접 관리하며 다양한 경험을 계속해서 하고 있는 우리 회사 직원들의 생각도 동일하다. 일본 차까지 포함해서 모든 수입 브랜드를 통틀어 말하면 조금 이견이 있을 수 있겠지만 유럽산 브랜드 중에서는 가장 낫다고 경험상 감히 단언할 수 있다.

물론 이는 상대적으로 그렇다는 것이지 벤츠라면 아무런 문제가 없이 완벽하다는 뜻은 결코 아니다. 서비스는 브랜드 이미지가 하는 것이 아니라 사람이 하는 것이고, 시스템으로만 커버할 수 없는 영역이 있다. 본사인 독일과 세계 최대 시장인 미국과는 다른 점이 우리나라에는 분명히 존재한다. 또한 근래에도 벤츠와 관련된 불미스런 사건사고들을 뉴스를 통해 접한 것을 보면 가장 나을지언정 완벽과는 거리가 있다.

최고의 대형 세단, 기업 대표의 차하면 가장 먼저 떠오르는 S클래스를 필두로 FR 구조 또는 4륜 구동의 중대형 세단이 최고의 가치를 가지며, 최근에는 C클래스 이후 B, A, CLA 등을 비롯하여 많은 중소형 모델들을 국내에 잇달아 출시하며 젊은 층을 공략하고 있어 눈여겨볼 만하다. 고리타분한 세단만 있는 그런 브랜드가 아니다. 다만 운전자가 운전을 하며 느끼는 운동성이나 다이내믹한 부분에 있어서는 BMW에 비해 조금 처지는 인상이 있고, 실제로 운전을 해보면 코너링이나 핸들링 등의 운전 재미보다는 고속 직진안정성에 더 비중을 두고 있다는 것을 알 수 있다. 실제로 스포츠 쿠페든 고성능 모델이든 퓨어 스포츠카보다는 럭셔리 GT카의 성향을 띤다. 굳이 비교하자면 BMW에 비해 동급은 항상 조금 더 무겁고, 연비가 조금 더 안 좋으며, 언제나 조금 더 비싸다. 그러나 고속 주행 시 안정감이 더 좋고, 운전이 더 편안하고 피로도가 덜하다. 운전 재미를 강조하는 BMW와 자동차는 이동수단임을 전제로 차를 개발하는 벤츠는 이런 면에서 분명히 다른

S클래스가 벤츠의 전부는 아니다. 벤츠 역시 BMW만큼이나 다양한 차종을 자랑한다.

이것이 클래스, S클래스

브랜드 이미지와 차량 특성을 가졌다. 무엇이 더 나에게 맞느냐 하는 점이 바로 이 두 독일산 쌍두마차 중 내게 맞는 차를 고르는 핵심 포인트다.

최고의 가치는 역시 S클래스이며, E클래스를 비롯해 대체로 중대형 세단을 말하면 벤츠가 빠지지 않을 만큼 중대형 세단에서의 벤츠는 모두 권할 만한 모델이다. 현실이 허락한다면 한 번쯤 후드 끝 삼각별이 주는 감흥을 느껴보길.

MINI, NOT NORMAL(평범하지 않게)

Please do not tease or annoy the mini(미니를 귀찮게 하거나 화나게 하지 마세요). 이런 귀여운 말을 쓸 수 있는 유일한 브랜드 미니. 단일 차종이나 마찬가지인 미니 하나로 가지치기 모델들을 연이어 성공적으로 런칭하며 전 세계 젊은이들을 열광시키는 브랜드가 미니다. 오리지널 모델은 1959년에 첫 출시가 되었고 통상 오스틴 미니(Austin Mini)라고 불린다. 첫 출시 이후 여러 우여곡절을 겪으면서 영국의 로버 그룹으로 인수, 또 90년대 말 BMW그룹으로 인수되어 현재에 이르고 있다.

클래식이 된 오리지널을 복원하는 리스토어(restore) 문화가 아직 정착되지 않은 우리나라에서와 달리 외국에서는 오리지널에 대한 인기도 상당한데, 이런 것이 바로 브랜드의 힘이고 스토리텔링의 힘이다. 단순한 판매량만으로 브랜드를 이야기하기 어려운 무형의 가치라고 하겠다.

우리나라에서의 현재를 보면, 미니는 20~30대의 젊은 남녀층에 확실한 팬을 확보하고 있고, 누구나 한 번쯤 타보고 싶어 하는 차가 아닌가 한다(심지어 나조차). 사이즈가 작은 차이지만 워낙 드레스업 용품들도 많고 튜닝이 활발해서 비슷한 미니라도 뜯어보면 다 다르다. 즉, 유일하게 패션 차원에서 말할 수 있는 차가 바로 미니다.

그러나 이렇게 예쁘고 귀여운 미니도 단점이 있는데 바로 잔고장, 그리고 악명 높은 서비스다. BMW가 인수했지만 여전히 영국을 중심으로 생산하고 있는 미니는 영국 차답게(?) 잔고장이나 초기 품질, 내구 품질 모두 국산차에 비해 떨어지며 BMW로서 보자면 수준에 미치지 못하는 감이 있다. 특히 서비스센터는 프리미엄의 이미지는 전혀 없고 그냥 예쁘고 아기자기한 현대 블루핸즈 같은 느낌이 든다. 동호회에 가서 가만히 지켜보면 생산시기, 모델에 따라 고질병이 없는 차가 없을 만큼 잔고장이 많은 편이기에 개인적으로는 서비스센터가 가까이 없고 까다롭고 예민한 고객이라면 사는 것을 말리고 싶다.

그러나 워낙 압권인 운전 재미와 패셔너블한 아이템으로서의 가치가 높은 만큼 약간의 불편함을 감수하고 구입한다면 그 이상의 재미와 뿌듯함을 느끼게 해줄 것이다. 어느 차가 3,000만 원 전후에서 이렇게 오너를 기쁘게 해줄 수 있을까! 기존의 악평과 갖은 악플들은 새로이 런칭된 신형 미니가 해결해주길 기대한다.

컨트리맨, 페이스맨 등 파생 모델이 끊이지 않고 나오며 이제는 너무 많아진 미니의 모델 중에서는 역시 오리지널 미니 쿠퍼 계열의 차들을 권하고 싶다. 언제나 기본 모델이 갖는 가치가 가장 높고 빛나는 법이니까.

Toyota, YOU ARE SO SMART(당신은 스마트합니다)

왜 한국 토요타가 기업의 역사나 전통, 콘셉트를 전혀 알 수 없는 이런 문구를 브랜드 슬로건으로 썼는지 모를 일이지만(사족이지만 이런 점이 전통과 콘셉트가 불명확한 대중 지향 양산 브랜드인 국산차와 일본 브랜드의 한계이자 단점이라 생각한다. 로망이 될 수 없는 브랜드가 가질 수 있는 브랜드 가치란 무엇인지 생각해본다) 엄연히 토요타는 일본 최대의 자동차 기업이자 생산량 기준 세계 최대의 자동차 회사다.

현실적으로 현대자동차가 따라잡아야 할 목표는 현대가 주장하는 BMW나 벤츠가 아니라 바로 토요타라 볼 수 있을 정도로 세계 양산차 시장의 선두주자다. 북미 시장에서 선풍적인 인기를 끌며 90년대 렉서스의 성공적인 런칭으로 꺾일 줄 모르며 성장하던 토요타는, 그러나 2009년 미국에서 급발진 사고와 관련한 대규모 리콜 사태를 겪으며 성장통을 겪었다. 이 리콜 사태를 두고 품질 문제가 아니라 미국의 불황과 연관 짓는 등 정치적인 사건으로 보는 견해도 있긴 하나, 급발진 사고는 지난 3월 말 1조 3,000억 원에 달하는 벌금에 합의했을 만큼 큰 이슈였다. 이는 앞으로 자동차 시장의 초대형 스캔들로도 확장될 수 있는, 토요타 하면 떠오르는 사건으로 작용할 것이다. 그럼에도 불구하고 토요타의 성장은 현재 진행형일 만큼 쉽게 꺾일 기업, 브랜드

하이브리드의 대명사, 프리우스

가 아니다.

아직은 단일의 대중적인 브랜드인 현대자동차와 달리 토요타는 렉서스라는 프리미엄 브랜드를 성공적으로 런칭하고 유지하고 있다는 점, 그리고 혼다와 마찬가지로 적지 않은 레이스 경험을 가지고 있는 레이싱 DNA를 가진 브랜드라는 것이 둘 사이의 가장 큰 차이다.

그러나 이런 토요타도 국내에서는 그 입지가 좁다. 미국처럼 큰 사건의 영향이 아니라는 점이 어쩌면 더 암울한지도 모른다. 과거 렉서스 ES의 선풍적인 인기로 강남 쏘나타로 불리면서 수입차 업계 1위를 자랑하던 때가 있었지만 2010년에 들어서면서 북미 리콜 사태와 엔고라는 이중고에다 유럽의 디젤 열풍 속에 과거의 영화는 찾아보기 힘든 신세가 되었다. 실제로 2013년의 토요타의 판매 점유율이나 판대대수는 2012년에 비해 -30% 수준으로 감소하였다. 그나마 렉서스가 2013년 신차 출시 러시로 판매량이 500여 대 가량 증가하며 인피니티 신세가 되는 것을 면했지만 신차 판매 점유율은 3.80%에서 3.47%로 줄어들었다.

하지만 개인적으로 토요타는 워낙 다양한 차를 생산하고 있고, 유럽 브랜드들과의 기술 교류 및 플랫폼 공유, 그리고 하이브리드 차량을 선도하고 있다는 점에서 국내 점유율은 한국 토요타의 전략에 따라 충분히 변동 가능성이 있고, 향후 조금씩 회복될 것으로 전망한다.

2013년 기준으로 국내 출시하는 차량 중 추천할 만한 차로는 하이브리드 차의 대명사라고 할 수 있는 프리우스를 꼽을 수 있다. 프리우스에 집약된 하이브리드 기술은 현대자동차와는 아직 비교할 수 없는 수준으로 고속 주행, 저속 시내 주행에 관계없이 대단히 높은 연비를 보여준다.

Volkswagen, Das Auto(그것이 차)

독일의 국민차를 넘어 프리미엄으로 도약하고자 하는 유럽의 대중 브랜드인 폭스바겐은 유럽 최대의 자동차 그룹이다. 아돌프 히틀러의 지시에 의해 설립된 탄생부터 딱정벌레차로 유명한 비틀은 차를 아는 사람이면 누구나 알 법한 자동차로 대중적인 폭스바겐의 이미지를 대표한다. 최근에는 1990년에 인수한 체코의 스코다(Skoda) 브랜드를 대중적인 이미지로 대체시키며 폭스바겐을 조금씩 고급화하는 니어 럭셔리(near luxury) 브랜드로 향하는 추세를 보이고 있다. 이러한 경향은 아우디와 포르쉐 등을 모두 소유하고 있는 폭스바겐 그룹의 내부사정 때문이기도 한데, 자동차에 대해서는 사이즈와 편의사양을 중시하는 국내에서는 전체 라인업 상 그러한 마케팅이 쉽지만은 않을 것으로 보인다.

해치백의 대명사 골프가 디젤 열풍을 동반하며 계속 높은 판매순위에 자리하고 있고, 파사트와 제타, 폴로 등 중소형 차량들, 그리고 중소형 SUV라고 할 수 있는 티구안이 골프와 함께 폭스바겐을 이끄는 쌍두마차인데, 프리미엄이라고 하기에는 국산차와 비교해도 부족한 부분들이 있다. 가죽시트가 없거나, 풀 오토 에어컨이 없는 등급도 있

골프는 골프다. 사진은 필자의 6세대 골프 2.0 TDI

으며 풀옵션을 해도 국산 준중형 풀옵션 차량들보다 옵션이 부족하기에 고급 제품으로 인식되려면 패키징에 있어서 변화가 필요하다.

프리미엄이라는 것은 단순히 잘 달리고, 잘 서고, 잘 도는 것만 필요한 것은 아니다. 여기에 적절한 수준의 옵션과 브랜드 마케팅 전략이 있어야 하는데 이런 면에서 국내에서 폭스바겐의 프리미엄화는 조금 어려울 것이라는 생각이다.

물론 그 프리미엄만 빼고 차 자체로 보자면 또 다른 얘기다. 기본기에 충실한 폭스바겐의 차량들은 운전할 때 국산차에서 느끼는 일종의 헐렁함이나 가벼움이 느껴지지 않고 단단하고 즉각적이며, 명쾌한 피드백을 운전자에게 전해준다. 오랜 기술 개발과 축적된 노하우에 의한 DSG 미션은 국산차들이 따라갈 수 없는 수준에 있고 그로 인한 높은 연비와 빠른 변속은 조금 부족한 출력의 차들도 충분히 빠르고 다이내믹하게 만들어준다. 만일 운전을 배우고자 한다면 첫 차로 폭스바겐 골프를 권하고 싶을 정도다.

이런 기본기는 안전에서도 역시 마찬가지로, 각종 충돌 테스트에서 티구안이나 골프 등은 언제나 높은 테스트 결과를 보여주고 있고 모두 각 세그먼트의 표준이라 불릴 만하다.

추천할 만한 차로는 인기 절정의 티구안과 골프를 우선적으로 꼽을 수 있고, 그중 골프 GTI는 고성능 해치백의 교과서 같은 차량으로 스포츠 세단의 3시리즈, 대형 세단의 S클래스처럼 이미 장르를 대표하고 이끌어가는 차량이라 할 수 있다.

수입 SUV 베스트셀러인 티구안. 왜들 티구안,
티구안 하는지 타보시면 압니다.

차종의 특성과 선택

세단, 쿠페, 스포츠카, SUV, RV 등

세단? SUV?

자, 국내 현실에 비추어 각각의 브랜드/제조사가 어떤 장단점을 가졌는지 확인했다면 이제 차종을 결정할 차례다. 하지만 차를 구입하려는 사람들을 상담하다 보면 우리나라 소비자들이 차를 선택할 때 고려하는 차종들이 한정되어 있어 선택의 범위가 참 좁다고 느낀다.

최근에는 조금 나아졌지만 미혼이든 기혼이든, 평소에 혼자 타든 가족과 타든 본인의 환경과 무관하게 무조건 준중형 세단 또는 중형 세단을 사는 경향은 여전하다. 그나마 몇 년 사이 현대·기아자동차에서 i40, i30, 쏘울, 레이 등을 시판하며 차종의 다양화를 꾀하고 있지만, 그 전까지만 해도 대한민국은 왜건이나 해치백의 무덤이었던 게 사실이고 실제로 통계를 보면 현재도 세단이 압도적인 판매량을 기록하고 있

현대-기아차 레이. 우리나라에도 이런 경차가!

다. 세계적으로 유행하는 MPV[+]나 SUV 같은 차종들도 고급차들이 많지만 국내에선 그냥 짐차 취급 받기 일쑤다.

물론 이 글을 읽는 어떤 사람은 세단이 좋아서 세단만 타는데 그런 취향은 무시하는 것이냐고 물을 수 있다. 당연히 취향이 오직 세단인 사람도 있을 것이다(사실 내 아내도 그렇다). 다만, 세단이 본인의 취향이라면 다른 장르의 차종을 타봤는지 묻고 싶고, 이게 내 취향이라고 주장하고 합리화하기 전에 다른 것은 어떤지 한 번쯤 경험해보라는 것이다. 다른 차종이 어떤지 운전하고 경험해본 적도, 타보려는 시도도 하지 않고 그저 세단이 취향이라고 말하는 것은 다른 음식을 먹어보지도 않고 이것이 제일 맛있다고 말하는 것과 다를 바 없지 않을까. 내가 내 취향을 정말 제대로 알고 싶다면 최대한 다양하게 경험해보고 내 스타일은 역시 이것이라고 할 수 있어야 본인에게도 좋은 것이 아닐까 싶다.

아무튼 죽을 때까지 세단, SUV 두 가지만 타기에 인생은 길고 자동차는 다양하다. 좀 아깝지 않나? 특히 남자들에게 자동차는 장난감 1순위인데? 그래서 이렇게 열린 마음으로 차종을 선택하길 권하고 싶다.

인생은 길고 차는 다양하다

우선 통상의 자동차 교환 주기를 짧게는 2~3년에서 길게는 7년 정도로 잡을 때 '서른 살인 나'는 앞으로 약 50년은 운전을 할 가능성이 높다. 그렇다면 평생 적게는 7~8대, 많게는 약 20대의 자동차를 타게 된다(아, 정말 많다. 신난다). 그리고 그 사이 나의 라이프사이클은 크게 다섯 번 정도 변하게 된다. 한 3~5년은 미혼 시절의 싱글 라이프일 것이고, 결혼 후 1~3년 전후까지는 아이가 없는 기혼자의 생활이 될 것이다. 아이가 태어난 후 독립하기 전까지 약 20년간은 부모로서의 삶이 이어지고, 끝으로 아이들이 독립한 이후 노년기가 온다.

다섯 번 정도의 크게 다른 라이프스타일이 펼쳐질 인생에 많게는 약 20대의 차를 탈 수도 있고, 적어도 7~8대를 탄다고 생각해보면 참 흐뭇하다(아, 환자여). 인생은 길고, 차종은 다양하고 다행히 탈 차도 많다. 만일 내가 다시 서른 살 미혼, 아니 스물여덟에 결혼을 했으니 스물다섯이 되어 차를 산다면 난 3도어 형태의 작은 해치백이나 쿠페, 또는 경차를 살 것이다.

때로 친구들이 탈 텐데 작아서, 혹은 좌석 쪽 도어가 두 개뿐이라 불편하다고? 잘 생각해보자. 고작 친구 가끔 태울 때 편하자고 재미없게 세단을 타야 할까? 통상의 3도어 해치백이나 쿠페는 2열 시트도 있다. 좁고 불편해서 그렇지만 뭐 어때? 내가 앉을 것도 아닌데! 경차는 무시를 당하고 불편하다고? 남의 시선 그만 신경 쓰고 내 실속 차리자.

남의 시선 탓에 괜히 비싼 차 몰고 유지비와 주차비 신경 쓰며 어렵게 타기보다는 저렴한 경차를 사서 주차비나 유지비에 스트레스 받지 않고 맘 편히 타고 다니겠다. 실제로 경차는 여러모로 혜택이 많고, 스티어링 휠(steering wheel, 흔히 말하는 핸들) 열선과 같은 고급 옵션도 중형차 수준으로 원하는 만큼 넣을 수 있게 선택의 폭이 넓어졌다. 3,000만 원 전후의 수입차보다 1,000만 원 남짓한 국산 경차의 편의 옵션이 월등하다. 그리고 이때 돈을 아낀 만큼 당신은 나중에 더 좋은 차를 탈 수 있다. 게다가 나이 들어서 경차 타는 것보다는 훨씬 좋지 않은가!

경차가 정 싫다면 3도어 해치백이나 쿠페도 있다. 우리나라에서는 조금 특이한 취급을 받는 3도어 해치백이나 쿠페는 경차와 마찬가지로 2열 좌석이 있는 4~5인승이다. 2열 좌석이 좀 좁기는 해도 결혼해서 아이 낳기 전까지는 타도 무방하다. 길게는 5년 이상을 탈 수도 있다는 얘기다.

부부가 아이를 갖고 아이가 태어나 불편하게 된다면 그때 5도어 세단을 구입한다. 나는 사실 아이가 2~3살까지 계속 타도 괜찮다고 생각한다. 운전석 뒷좌석에 베이비 시트를 설치하고 남편이 아이를 앉히고 내리고 하자. 아내는 조수석에 편히 앉으면 된다. 애를 달래줘야 할 때는 허리만 조금 틀면 된다. 경험상 대체로 두 돌 미만의 아이들은 차를 타고 얼마 지나지 않으면 곧 잠이 들고, 베이비 시트와 승차 환경에 한 달이면 완전히 적응한다.

넓고 큰 SUV는 아이가 다섯 살이 넘을 때까지 기다려도 무방하다.

임신한 여성이, 혹은 엄마가 갓난아이를 데리고 SUV를 타고 내리기는 생각보다 힘들다. 유모차 등 짐이 많겠지만 트렁크 용량은 세단도 충분하다. 그러니 맘에 드는 세단을 구입해서 잘 타다가 자녀가 여행을 데리고 다니기 쉬운 나이, 아이와 여행을 자주 다니게 되는 일곱 살 전후 정도가 되면 이후의 아웃도어 라이프를 위해 SUV로 바꾸겠다. 물론 맞벌이나 기타 이유로 1가구 2차량이 필요한 라이프스타일이라면 세단을 유지하며 SUV를 하나 더 사도 좋다. 이때 차는 가솔린과 디젤이 각 한 대씩이면 참 좋겠다. 특히 상대적으로 장거리를 뛸 차는 가정의 경제 사정을 고려하여 디젤이나 하이브리드 차량 등 고연비 차종으로 선택하는 것이 현명하겠다.

패밀리카는 어떤 차가 좋을까?

이후 아이가 독립하기 전까지 최소 15~20년은 세단과 SUV 중 하나는 필수가 된다. 다만, 패밀리카는 한 대면 충분하니까 다른 한 대, 그러니까 기존에 구입했던 세단은 해치백이나 쿠페, 또는 경차로 세컨드카다운 차로 다시 바꾸는 게 훨씬 실용적이고 즐거울 것 같다. 작은 차의 운전 재미는 몰아본 사람만이 안다.

나는 올해 초까지만 해도 렉서스 IS-F를 타고 다녔는데 이 5,000cc 고성능 세단은 분명 평소에 편안함을 주고 차체도 비교적 작지만 가

눈길을 끄는 작지만 강한 차들

끔 더 작은 폭스바겐 골프 2.0 TDI를 운전할 때 받는 감동이 있다. 그만큼 작은 차는 도심에서 운전할 때 편리하고 즐겁다. 만일 경제적으로 풍요롭다면 세컨드 카는 고성능 스포츠 쿠페나 컨버터블이 어떨까? 세컨드 카는 아무 때나 탈 수 없다. 세단과 세단, SUV와 세단의 조합은 평생 한 번이면 족하다고 생각한다.

시간이 흐르고 흘러 자녀들이 독립하여 둘만 남은 노년기 부부의 삶은 대체로 둘 중 하나다. 은퇴 후 근근이 살아가는 삶, 또는 여유로운 삶. 누구나 여유로운 노년을 원하고 또 준비하고 있겠지만 대체로는 적은 수입에 지출을 통제하며 살게 된다. 적은 연금이나 수입으로 지출을 관리하며 살아가야 한다면 자가용은 연비 좋은 디젤 소형 해치백 또는 경차가 좋겠다. 나이 들면 꼭 큰 차를 타야 한다고 생각하는 사람들이 많다. 사회적 시선이 어쩌고 체면이 어쩌고 하면서 말이다. 그러나 큰 차는 내 경제력이 가장 좋을 때, 그리고 외부 활동을 많이 하는 40대 전후에 타는 것이 가장 적절하지 않을까 한다.

내 경우에는 두 살 위의 형과 내가 이미 독립하거나 결혼을 해서 따로 살고 있고 부모님은 두 분이 함께, 또는 각자 차를 타고 다니시니 뒷자리는 거의 쓸 일이 없다. 큰 차가 있어봐야 뒤에 태울 사람도 없고, 은퇴 후 10년이 훌쩍 넘어 연세가 칠순에 가까우시다보니 어디 사회적 시선을 신경 써야 할 만한 모임이나 외부 활동도 별로 없다. 그래서 부모님께서는 폭스바겐 골프 2.0 TDI를 타며 여행도 편하게 다니고 유류비 걱정 없이 작은 차의 재미를 느끼며 사신다. 차가 작다보니 나이가 들며 힘들어지는 운전에도 부담이 없고, 타고 내릴 때나 앉았을 때의 자세가 일반 세단보다 훨씬 편안하여 그로 인한 피로감도 덜하다고 하신다.

남을 신경 쓰며 사는 건 이제 너무 구식이다. 내 삶의 방식, 내 개성, 내 스타일대로 사는 것이 21세기의 추세인 만큼 지금의 30대가 60대가 될 30년 후에는 훨씬 개방적이고 다양한 사회가 될 것이다. 타인의 시선을 생각해서 살기보다는 내 라이프스타일에 맞춰 합리적으로 편안하게 사는 것이 좋지 않을까.

내가 여유로운 노년기를 맞이한다면 연비가 좋은 준중형이나 중형 사이즈의 세단 한 대와 멋진 세컨드 카 한 대를 갖겠다. 누구나 꿈꾸는 그런 노년기. 나이도 있으니 세컨드 카는 미치도록 타이트하고 섹시한 스포츠카보다는 여유로운 드라이빙이 가능한 럭셔리 GT카가 좋겠다. GT라는 것은 영어로는 Grand Tourer(그랜드 투어러), 이탈리아어로는 Gran Turismo(그란 투리스모)라고 하는데 통상 장거리 운전을 편안하게 다닐 수 있는 넉넉한 출력과 편안함, 고급 사양의 옵션을 두루 갖춘 자동차를 가리킨다. 통상 3도어의 2+2 시트로 구성된 뒷자리가 있는 차들인데, 사실 GT의 특성만 갖고 있다면 도어 수는 무관하다. 3도어 쿠페/컨버터블이나 5도어 쿠페형 세단도 모두 컨셉만 맞는다면 GT카라고 할 수 있다.

어떤가. 이런 상상을 해보면 긴 인생에서 내 나이와 라이프스타일에 맞는 차종을 선택하는 게 얼마나 즐거운 일인지 느껴지지 않나. 또 나

메르세데스-벤츠의 럭셔리 GT 컨버터블 SL 63 AMG

이나 라이프스타일에 맞는 장르의 차를 타는 적절한 시기가 있다는 것도 알았을 것이다. 차는 때로 로망이고, 때론 일상이며 나의 스타일이다. 언제나 똑같은 모양의 차를 사서 재미없게 살지 말자.

우리나라에서 남녀 불문하고 가장 선호하는 세단은 가족 구성원이 3인 이상이고 가족들과 일주일에 한 번 이상은 같이 타며, 외부 사회 활동이 잦은 시기에 타는 것이 가장 적절하다. 그리고 60대가 넘으면 지

상고가 높은 SUV는 오히려 타고 내리기가 불편하기에 SUV는 아이들과 함께 레저 활동, 아웃도어 라이프를 많이 즐기는 노년기 이전의 시기에 타는 것이 좋다. 물론 강원도나 울릉도와 같은 눈이 많은 지방이나 비포장 지역을 자주 다닌다면 4WD, AWD SUV는 데일리 카겠지만.

스포츠 쿠페는 비록 우리나라의 보험체계가 이상해서 젊은 나이에 타면 보험료 할증이 붙어 비용이 부담되는 측면이 있지만 일반 세단 보험과 같은 경우니 보험사나 영업사원 등을 통해 확인해보는 것이 좋다. 스포츠 쿠페야말로 인생에 한 번은 타봐야 할 차다.

해치백은 작고 귀엽고 실용적이며, 특히 탄탄한 하체 세팅의 유럽 차들은 운전할 때 아주 즐겁다. 참고로 현재 국내에서 판매되고 있는 해치백들은 공통적으로 아주 좋은 연비와 작은 차체에 충분한 출력을 갖고 있는데, 하체의 탄탄한 정도가 국산차와 수입차의 가장 일반적인 차이점이다.

이런 차들을 언제 타는 게 좋을지 생각해보고 구입할 차의 종류를 선택하면 훨씬 즐겁고 재미있을 것이다.

인생에 한 번쯤은 타보길 권하는 대표 차종

차의 장르	해치백	콤팩트 세단	중대형 세단	SUV	스포츠 쿠페/스포츠카	컨버터블
브랜드 및 차종	폭스바겐 골프	BMW 3시리즈	벤츠 E클래스/S클래스	지프 랭글러, 랜드로버 디스커버리4	BMW M3/포르쉐 911	무엇이든!

안산 탑기어 트랙에서(2012). 인피니티 G37C. 이런 스포츠 쿠페는 중고로 2,000만 원대면 구입이 가능하다. 수리비? 무사고차이면서 상태가 좋은 차를 구입하면 고장으로 수리할 일은 없다. 중고차가 문제가 아니라 문제가 있는 차, 이상한 차를 사는 게 문제다.

구입 방법에 따른
장단점과 선택

현금 일시불, 할부, 리스, 렌트 등

할인에는 명목이 있다

보통 수입차를 구입할 때 할인이라고 통칭하는 것을 명목별로 분석해보면 한국법인에서 진행하는 기본 프로모션 할인(=세금계산서 할인, 차량 가격 할인)과 기타 프로모션(딜러사 또는 전시장 특별 할인으로 형태는 여러 가지가 있다), 영업사원 개인 수당, 인센티브, 그리고 할부/리스 이용에 따른 금융수수료가 있다.

이렇게 나뉘는 것을 정확하게 알고 견적서를 보며 비교하는 것이 올바른 가격 비교다. 실제 현장의 영업사원들도 고객이 다른 곳에서 받은 견적이 있다면서 "어디는 얼마 할인 해준다더라"라고 하면 정확한 비교를 위해 견적서를 요청하곤 한다. 현금일시불 구입은 쉽지만 할부나 리스인 경우 각각의 항목들에 숨은 함정을 알기 때문에 조건을 똑

같이 놓고 견적을 발행하거나 비교한다.

통상 프로모션은 '이달의 구입조건'이라고 할 수 있어 차량가격이 6,000만 원인 A차량에 대해 이달 출고할 경우 400만 원 할인, 또는 2% 할인 등이다. 이는 같은 브랜드의 어느 전시장에 가도 같으며, 취등록세와 공채의 기준이 되는 차량 가격 자체가 낮아지기 때문에 부수적인 효과가 있다. 같은 브랜드라면 어느 딜러사 어느 전시장에서 보더라도 언제나 동일한 금액이라고 할 수 있다.

특별 프로모션은 수입사에서 제공하는 위 프로모션과 별개로 해당 전시장 또는 딜러사에서 특별히 진행하는 건으로 자체 딜러사/전시장의 마진의 일부를 추가로 할인해주는 것이다. 서울과 수도권, 또는 지방 사이에 가격 차이가 나거나, 딜러사마다 할인의 폭이 다른 이유다. 때로는 기본 프로모션과 마찬가지로 세금계산서에 찍히는 금액이 낮아지기도 하지만 어떤 경우에는 취등록세와 공채까지 낮아지는 문제로 인해 차량 가격 할인에는 반영이 되지 않고 별도의 캐시백이나 현금 할인 형태가 되기도 한다. 구입하는 고객의 입장에서라면 당연히 세금까지 낮출 수 있는 차량 가격 할인, 즉 세금계산서상 금액 할인이 가장 좋다.

영업사원 개인 수낭은 사실 영업사원의 소득이다. 이를 할인에 반영하거나 캐시백 형태로 고객에게 할인 효과를 주는 것은 사실상 영업사원 개인의 역량이나 생각의 문제로 엄밀히 말하면 해줄 수 있는 금액도 제각각이며, 이에 대한 할인을 받지 못했다 하더라도 문제 삼을 수 있는 것이 아니다. 영업사원이 수당을 풀어서 할인을 해준다고 한다면 그것은 현금 할인이지 차량 가격 할인은 아니기 때문에 취등록세가 줄어들거나 하지는 않는다. 경쟁이 심하지 않다면 할인으로 이어질 부분이 아님에도 불구하고 시장 경쟁이 과열되면서 영업사원들이 이를 할인에 반영하면서 전체적으로 질서나 체계가 무너진 상태다.

영업사원의 인센티브는 브랜드에 따라 제각각으로 통상 한 달에 몇 대 이상 판매하는 경우 영업사원이 받는 추가 수당이라고 할 수 있다. 이것으로 인해 차량 판매를 많이 하는 영업사원과 차량 판매 대수가 적은 영업사원 간의 소득 격차가 벌어지고, 이를 이용해서 할인해주는 경우는 고객 입장에서 보자면 할인 액수가 영업사원에 따라 크게 차이 날 수도 있다. 한 달에 10대를 판매하는 영업사원과 다른 딜러사에 근무하는 2대를 판매하는 영업사원 간에 가격 경쟁이 붙는다면 10대를 판매하는 영업사원이 이 인센티브를 이용해서 더 많은 할인액을 제시할 수 있기 때문에 전시장이나 딜러사에서 진행하는 특별 프로모션과 더불어 할인액수의 차이를 불러오는 가장 큰 요인이라 할 수 있다(개인적으로는 이는 온전히 영업사원의 개인 역량이지만 딜러사와 영업사원 간의 경쟁과 소비자의 비교가 지나쳐 이러한 인센티브까지 할인 수단으로 이용되는 것은 업계 종사자들에게 그리 좋은 현상은 아니라고 생각한다).

할부나 리스 이용에 따른 금융수수료는 영업사원이 고객에게 할부나 리스 상품/프로그램을 이용하도록 연결해주는 데에 대해 금융사가 영업사원에게 주는 수당이라고 할 수 있다. 통상 이용하는 금액의 몇 %로 차에 따라 매우 차이가 난다. 이는 조금 복잡하기 때문에 아래에서 구입 방법에 따른 설명에 추가하도록 하겠다.

할부, 리스, 렌트

나에게 맞는 차를 골랐다면 그 다음은 바로 차를 어떻게 살 것인가하는 점이다. 어떻게 견적을 받고 진행할까 하는 것인데 크게는 현금일시불, 할부, 리스, 렌트로 나눌 수 있겠고, 리스의 경우는 금융리스와 운용리스로 다시 구분할 수 있다.

언제나 그렇듯 내 지갑에서 나가는 돈이 가장 적은 것은 95% 이상 현금일시불로 구입하는 것이다. 이 점은 과거나 지금이나 거의 달라진 것이 없다. 100%가 아닌 것은 할부를 끼워 파는 형태의 프로모션이 있는 경우뿐이며 이에 대한 것은 아래에서 별도로 설명한다.

할부는 전통적인 차량 구매 방법이다. 통상 선수금을 30~50% 정도 내고 나머지는 12/24/36/48/60개월 등으로 나누어 납부하게 되는데, 통상 금리는 36개월 기준으로 짧을 경우 높아지고 길어질수록 낮아지지만 총 금액을 봐야 한다. 보통은 3% 미만일 때 저리 할부, 그리고 간혹 36개월 무이자 할부라고 하며, 이러한 프로모션을 하면서 판매촉진을 하는 경우가 많다. 이렇게 빤한 할부이지만 조심할 점이 있다. 바로 할부 이자율 안에 금융수수료가 녹아 있는 경우다.

할부와 리스의 이자율은 수수료에 달렸다?

리스에서도 설명하겠지만 할부 금융을 이용하게 되면 소위 '피(퍼센트, 금융 리베이트의 통칭으로 수수료의 계산 방법이 %이기에 이렇게 부르는 것으로 추정해본다)'라고 하는 금융수수료가 붙는다. 업계에서는 할부피라고 하며, 이를 얼마나 넣고 빼느냐가 이자율을 좌지우지한다. 뜻을 설명하는 것보다는 이해를 돕기 위해 실례를 들어보겠다.

내가 6,000만 원짜리 A사의 ㄱ차량을 구입하는데 50%인 3,000만 원과 취등록세와 공채를 비롯한 부대비용을 선수금으로 내고 나머지 3,000만 원을 36개월 할부를 쓴다고 가정하면, 바로 이 3,000만 원이 할부이용금액이 된다. 여기에 1피가 들어간 견적을 받는다면 내가 매월 내는 월 할부금 안에 할부이용금액의 1%인 총 30만 원이 36개월로 나눠 들어간 것이다. 즉 매월 내는 할부금 중 약 8,333원(300,000/36)은 영업사원의 수수료인 셈이고, 36개월 총 할부금 중 30만 원이 금융사로부터 이 금융상품을 제공하는 영업사원에게 지급되는 것이다.

만일 이 할부피를 0피로 견적을 받는다면 월 할부금은 당연히 30만 원/36개월=8,333원만큼 줄어들게 되는데 브랜드마다 다르지만 통상 할부 견적을 요청해서 받으면 1.5~2피 정도의 금융수수료가 녹아 있는 견적을 받게 된다.

많은 경우 차량을 구입할 때 소비자들은 차량 금액이 얼마인데 얼마를 할인받는다는 것에만 집중한다. 6,000만 원짜리 차를 구입하는

데 몇 백만 원을 할인받을 수 있을까 생각하고 복수 견적을 넣는다면 거기는 얼마를 할인해주냐고 묻고 진행하게 되는데 견적서를 자세히 보지 않고 하는 이런 계산, 협상은 바람직하지 않다. 왜냐하면 1,000만 원을 선수금을 넣고 5,000만 원을 할부를 쓴다고 가정했을 때, 영업사원이 300만 원의 프로모션 할인이 되는 차에 할부피가 2피가 들어간 견적을 주며 본인에게 나오는 수당 100만 원에서 50만 원만 따로 캐시백 형태로 지급하면서 '350만 원 할인'이라고 하는 것과 0피 견적을 주고 정직하게 '300만 원 할인'을 주는 것을 소비자가 구별할 수 없기 때문이다. 월 할부금과 선납금을 모두 계산해보면 분명 소비자에게는 후자가 이익이지만 이런 계산이 복잡해서 '얼마 할인'에만 집착하고 신경 쓰는 소비자는 전자의 영업사원에게 계약을 하게 될 가능성이 높다. 50만 원에 해당하는 높은 이자가 부과된 많은 월 할부금을 내면서 말이다.

리스의 경우도 이와 마찬가지인데 리스는 다음에서 조금 더 자세히 알아보도록 하겠다.

도대체 리스가 뭐지?

리스는 리스사(금융사)의 명의로 차를 구입하고 이를 빌려 쓰는 개념이다. 차량의 명의자가 내가 아닌 리스사가 되는 것이 가장 큰 차이이고 이로 인한 장점을 이용하는 것이 바로 리스의 기본 개념이다. 개념을 보면 결코 어려운 것은 아니다. 다만 익숙하지 않은 용어일 뿐이다. 리스는 크게 운용리스와 금융리스로 구분할 수 있다.

운용리스의 장점, 절세가 전부는 아니다

운용리스는 법인과 개인사업자, 그리고 종합소득세를 내는 프리랜서 유형의 개인이 이용할 수 있는 것으로 직장인은 원칙적으로 이용이 불가능하다. 운용리스의 경우 차량가격의 일부(통상 30%)를 보증금(말 그대로 deposit으로 선수금이 아니다!)으로 내고 일정액의 리스료(월 이용요금)를 약정된 개월 수에 맞게 지불하는 것이다. 통상 내는 월 리스료의 구성은 간단히 말하면 '리스이용원금의 잔가 30%에 대한 이자+(리스이용원금의 70%에 대한 원금+이자)'로 되어 있다. 이러한 운용리스는 보증금을 제외한 월 리스료를 모두 세법상 100% 비용 처리할 수 있기 때문에 절세효과를 가져온다. 즉 소득이 많거나 매출이익이 높아 소득세나 법인세를 많이 내는 곳이라면 이를 이용해서 세법상 감가상각액보다 많은 비용을 당해년도에 비용 처리할 수 있다.

그러나 운용리스의 장점은 단순히 이러한 비용 처리에 따른 절세효과가 전부는 아니다. 보증금을 내고 이에 따라 월 리스료를 내는 만큼 할부나 금융리스에 비해 기본적으로 이자율이 금융상품 중 가장 낮다(금융수수료가 잔뜩 포함되지 않는다는 가정이 필요하지만). 또한 사업자 명의로 리스 계약을 하고 업무용으로 쓰는 것이기 때문에 이와 관련된 모든 비용 역시 비용으로 처리하는 데 문제가 없다. 즉 자동차세, 보험료, 유류비, 수리비 등등 모든 비용을 눈치 보지 않고 적법하게 비용으로 처리하는 것이다. 만일 법인 대표라면 개인 명의로 산 차를 이렇게 비용 처리 할 수는 없지만 법인 명의의 리스차라면 모두 투명하게 회계 처리 할 수 있는 것이다.

또한 개인사업자라면 본인 명의로 차량을 구입하는 것에 비해 국민연금이나 건강보험료를 더 낼 필요가 없다는 것도 장점이다(개인이 직접 자신의 명의로 차량을 구입하면 국민연금이나 건강보험료 산정에서 자산액이 커짐에 따라 더 많이 납입해야 한다).

단점이라면 구입했던 차를 계약 기간 내에 처분할 때 현금일시불이나 할부로 구입한 경우에 비해 조금 복잡한 절차가 필요하다. 요컨대 차종에 따라, 기존 계약의 세부 조항에 따라 판매가 힘들거나 번거로울 가능성이 있어 차를 자주 바꾼다면 주의할 필요가 있다.

운용리스 역시 할부와 마찬가지로 금융수수료, 즉 리스피가 발생한다. 할부의 경우는 정부 방침에 따라 지나치게 높은 이자율이 제한되면서 할부피를 2~3피 이상 견적에 넣을 수 없게 되었는데, 운용리스는 아직 이에 대한 제한이 없고 오히려 갈수록 수수료의 폭이 커지고 있다. 최근에는 리스피가 11피까지 상승해서 만일 5,000만 원짜리 차를 운용리스를 발생시킨다면 취등록세 등을 제외하고 계산해도 550만 원까지 수수료를 월 리스료에 풀어서 고객에게 부담시킬 수 있다는 것이다. 물론 최근 수입차 시장은 경쟁이 심해서 어지간해서는 이렇게까지 심하게 진행하는 경우는 드물다. 그러나 통상 리스이용금액의 2~4% 정도의 리스피를 넣는 관행이 있기 때문에 리스피와 이자율에 대해서는 몇 번의 복수견적과 질의를 통해서 영업사원에게 확인하는 것이 바람직하다.

간혹 현장에서 고객들과 이야기를 나누다보면 (운용)리스가 이자율이 높다고 하는 얘기를 듣곤 하는데 이는 바로 리스피가 잔뜩 들어가 있는 리스 계약을 했기 때문이 아닐까 싶다. 자신이 경험해본 운용리스가 이자율이 높다면 그 안에 리스피라는 금융수수료가 잔뜩 들어가 있기 때문이고, 이는 차를 살 때 속고 샀다고 말하긴 힘들지만 잘 샀다고 말할 순 없다. 리스 계약을 수수료 없이 제대로 한다면 보증금을 통상의 수준인 30%만 넣는다 하더라도 신차의 경우 어떤 금융사도 이자율이 6%를 넘지 않는다(통상 3~5% 전후).

끝으로 운용리스에 대한 필자의 견해는 사업을 하는 사람으로서 상당히 유용하고 필요한 금융상품이라 생각한다. 사업을 하는 사람이나 법인의 경우 일정량의 자본을 보유하고 있어야 안심이 되고 경기의 여파에 크게 좌우되지 않고 사업을 영위할 수 있는데, 목돈을 써서 현금일시불로 구입하는 것이 전혀 부담되지 않을 만큼의 자금사정이 아니라면 일정액의 보증금만 넣고 비용처리를 할 수 있는 운용리스는 장점이 많은 상품이다. 특히 신용이 좋고 이익이나 소득이 높은 편이라면 보증금을 30%가 아닌 0%, 10%로 낮추는 것도 가능하기 때문에 목돈을 보유하고 있어야 하는 사업자라면 운용리스의 장점을 십분 이용하는 것이 좋지 않을까 생각한다. 또한 현장에서 보면 사업자들은 세무사를 통해서 정보를 얻곤 하는데 세무사들은 통상 장부, 그리고 세무상의 손익만 계산하기 때문에 좀 더 거시적이고 장기적인 사업 자금 운용 면에서 생각해보는 것이 좋다.

명의만 빌리는 할부, 금융리스

리스의 또 다른 종류, 금융리스는 할부와 완전히 동일한데 다만 명의가 내가 아닌 캐피탈이라는 것만 다르다고 생각하면 된다. 어떤 이유든 내 명의로 하지 않아야 하는 이유가 있는 경우, 2억 이상의 초고가의 차들을 구입하는 경우가 금융리스의 대다수다. 명의를 내 명의로 하지 않아야 하는 이유 때문에 진행하는 상품이니만큼 이자율이 운용리스나 할부보다 높다. 이자율이 높아도 쓰는 것이 금융리스이기 때문이다.

그리고 2억 이상의 초고가 차량들을 금융리스로 구입하는 경우 대체로는 50% 이상, 최대 90%까지 선납하고 적은 금액만을 금융리스로 36개월 이상 길게 사용하는데 이러한 이유가 바로 명의만 빌리고자 하기 때문이다. 이자율이 높더라도 원금이 적으면 그 부담이 적기에 활용 면에서는 문제가 없는 것이다.

이런 이유로 대부분의 사람들에게 금융리스를 이용한 구입방법은 해당되지 않는다. 다만 중고차의 경우 운용리스든 금융리스든 승계할 경우 일정액의 승계수수료만 부담하면(통상 30~50만 원) 취등록세를 낼

초고가의 차들은 주로 금융리스나 운용리스를 이용
한다. 사진은 페라리 FF

필요가 없다는 점에서 분명한 장점이 존재하기에 이를 잘 활용한다면 내가 원하는 차를 큰 목돈의 지출 없이 적은 비용과 낮은 이자율로 차를 구입할 수 있다.

카푸어의 그늘, 유예할부 · 유예리스

최근 사회적인 이슈가 되기도 했던 카푸어를 양산한 것이 유예리스와 유예할부인데, 유예리스/할부는 통상 차량금액의 20~30%를 선납하고, 50~70%는 3년 후에 납입하거나 다시 재설계 후 이용하며, 나머지 10~20%만 36개월 동안 원금과 이자를 납입하는 것으로 매월 아주 적은 금액만을 내면서 좋은 차를 탈 수 있는 방법으로 알려져 왔다. 그러나 2009년을 전후로 판매되기 시작한 이 금융상품이 3년이 지난 2012년부터 만기가 돌아오면서 만기에 일시상환해야 하는 금액, 즉 차량 값의 50% 이상의 금액이 젊은이들의 발목을 잡았다. 요컨대 월 소득이 적은 사람들이나 젊은 사람들이 고가의 수입차를 이 유예할부/리스를 이용해 월 10~40만 원만 내며 쉽게 사서 탔지만 추후 높은 이자율과 잔가에 턱없이 못 미치는 중고차 가격에 허덕인 것이다.

36개월 동안 매월 내는 돈은 잔가, 즉 36개월 후 차량가격의 50~70%에 달하는 원금에 대한 이자와 차량가격의 10~20%에 대한 원금과 이자로 이루어져 있다. 예를 들어 4,000만 원짜리 차를 유예 프로그램을 이용하면 최초에 선수금 1,200만 원을 내고 매월 리스/할부금을 약 20만 원씩 내게 되는데 이렇게 36개월을 타고도 만기에는 약 2,500만 원 이상을 부담해야 한다. 이렇게 매달 일정액을 꾸준히 내고도 차량 가격의 절반 이상의 금액이 3년 후에 고스란히 돌아오게 되니 매월 낮은 금액으로 탈 수 있다는 말에 혹했던 젊은 층은 이를 감당하지 못하는 것이다.

만기에 일시상환하지 못하면 재리스가 가능하다는 것이 주요 금융사의 주장이지만 실제 다시 리스를 할 경우 이자율은 10%를 우습게 넘는다. 원금이 적으면 모를까 수천만 원에 대한 이자율이 저렇게 높다 보니 감당하기 어려울 수밖에 없다. 마치 홈쇼핑이 장기간의 무이자 할부를 이용해서 상품을 팔 듯 일부 소비자들의 혹하는 심리와 소유욕을 자극한 이런 유예리스/할부는 가능하면 이용하지 않는 것이 좋다.

기본적으로 수입차의 경우 만 3년이 지나면 대체로 평균 시세가 신차 가격의 50%에 미치지 못하기 때문에 유예된 원금을 감당하는 것 자체가 힘들 수밖에 없다는 것을 잊지 말아야 할 것이다.

리스의 특성을 이용한 구매, 리스 승계

우리가 현금으로 중고차를 사면 취등록세를 내야 한다. 취등록세란 명의가 이전됨에 따라 새로운 명의자가 자산을 취득했다는 의미로 내는 세금인데, 리스의 경우 리스 자체의 특성으로 인해 리스차의 리스계약을 승계하는 방식으로 구입하게 될 경우 명의가 바뀌지 않기 때문에 취등록세가 발생하지 않는 장점이 있다.

이해를 돕자면 신차가 6,000만 원, 현재 시세 4,000만 원짜리 중고차가 현금차량일 경우는 통상 과표에 따른 취등록세가 발생하지만 같은 차량이 계약기간의 절반이 지난 18개월 된 리스차량일 경우 이 리스 계약을 승계하게 되면 일정액의 승계수수료(통상 50만 원 전후)만 내고 기존의 계약을 승계하기만 하면 된다. 자동차등록증 상의 명의가 변경되지 않기에 취등록세가 발생하지 않고 그만큼 구입비용의 합계는 줄어드는 것이다(물론 취등록세 전체가 리스 이용원금에 포함되는 만큼 남은 기간 동안은 취등록세의 일부를 내는 셈이긴 하다).

또한 거의 모든 리스 계약은 리스료가 원리금 균등분할 방식으로, 매월 내는 금액(원금+이자)이 최초에는 원금이 적고 이자가 많은 상태에서 만기로 갈수록 이자가 줄어들고 원금 비중이 높아지는 특성 때문에 리스 이용기간이 경과할수록 이자는 줄어드는 효과가 있다. 즉 리스 계약의 이자율이 최초 5.9%였다면 12개월, 18개월, 24개월이 지날수록 이자가 점차 줄어들어 만일 18~24개월 이상 경과한 후 리스 승계를 한다면 실질적으로는 3% 이하의 이자율이 부과되는 계약을 한 셈이고 갈수록 낮아지기 때문에 새로 리스계약을 하는 것보다 훨씬 낫다.

다음 표를 보면 매월 같은 금액을 납입하지만 원금과 이자의 금액이 회차에 따라 변동되는 것을 알 수 있다. 이런 이유로 승계 시의 이자율은 최초 리스 계약 시의 이자율에 비하면 많이 떨어지는 것이다. 다음 스케줄에 따르면 21회차의 이자는 1회차의 이자의 1/2에 불과하다.

효성캐피탈㈜

채권액계산서

_______________________ 귀중(하)   2014년 02월 06일

1. 귀사(하)의 일익 번창하심을 기원합니다.

2. 귀사(하)의 요청에 따라 효성캐피탈(주)과 귀사(하)간에 체결한 리스계약 중도상환 채권액을 안내하오니 업무에 참조하시기 바랍니다.

리스 계약현황

이용자		취득원가	48,170,430
실행번호		리스료(1회)	1,158,300
리스물건	렉서스 ISF	보증금	9,634,100
리스기간	36개월(2012/08/29~2015/08/29)	무보증잔가	14,451,200
차량번호		오토원금융예	

중도상환 채권금액 계산내역서 (기준일자 : 2014년03월26일)

규정손해금	상환원금	31,402,602	차감금액	보증금	9,634,100
	중도상환수수료	1,570,130		장기선수금	0
	경과리스료	0		가수금	0
	경과이자	7,046		선수금	0
	잔가	0		예수금	0
	계(1)	32,979,778		계(4)	9,634,100
미납금액	연체리스료	0	합계(1+2+3-4)		26,453,392
	연체이자	0			
	미납금액	2,398,600			
	미청구금액	0			
	가지급금	0			
	미수금	0			
	계(2)	2,398,600			
예수금	자동차세	409,114			
	환경개선부담금	0			
	명의이전보증금	300,000			
	계(3)	709,114			

중도상환 안내사항 +

▷ 중도상환채권금액 납부할 고객전용계좌

[손글씨: 승계 수수료 : 50만원]

▷ 예수금은 중도상환 이후에 고지된 자동차세, 환경개선부담금, 범칙금 등을 납부하기 위한 예치금으로, 이전등록 3개월 이후에 정산잔액을 반환합니다.

▷ 중도상환채권금액 납부 후 소유권이전서류 및 근저당해지 서류는 우편발송 예정이며, 이전 후 이전된 '자동차등록증'은 팩스로 당사에 접수하여야 합니다.

▷ 소유권이전서류 및 근저당해지서류 수령을 위한 당사 방문시에는 담당자에게 사전 연락하여 주시기바랍니다.

▷

출력일시: 2014/02/06 16:14:15

리스사의 해지 정산서

원리금상환스케줄

우리파이낸셜 (I'm fine)

회차	일자	원금	이자	리스료	기타	총 납입금액	잔원금
거래처				거래상품		오토리스	
계약번호				실행차수	1	실행종류	본리스
원리금상환방법	원리금균등상환			계약일자	2013-10-01	실행일자	2013-10-01

	원 화
금액	38,000,000

구분	개월	가산	비율	리스료
STEP 1	36 개월	0 %	100 %	1.248.300
STEP 2	개월	0 %	0 %	0
STEP 3	개월	0 %	0 %	0
재리스기간				
보험가산				
납부방법	CMS			
보증금	0.00000 %	0 원	차량번호	
산가	0.00000 %	0 원	차종명	CL-class CL63 AMG A/T

원/외 공통	[납입조건]	1개월 후불	[종료처리]	무상양도

회차	일자	원금	이자	리스료	기타	총 납입금액	잔원금
0	2013-10-01	0	0	0	0	0	38,000,000
1	2013-10-23	892,592	355,708	1,248,300	0	1,248,300	37,107,408
2	2013-11-23	900,947	347,353	1,248,300	0	1,248,300	36,206,461
3	2013-12-23	909,381	338,919	1,248,300	0	1,248,300	35,297,080
4	2014-01-23	917,893	330,407	1,248,300	0	1,248,300	34,379,187
5	2014-02-23	926,485	321,815	1,248,300	0	1,248,300	33,452,702
6	2014-03-23	935,158	313,142	1,248,300	0	1,248,300	32,517,544
7	2014-04-23	943,912	304,388	1,248,300	0	1,248,300	31,573,632
8	2014-05-23	952,747	295,553	1,248,300	0	1,248,300	30,620,885
9	2014-06-23	961,666	286,634	1,248,300	0	1,248,300	29,659,219
10	2014-07-23	970,668	277,632	1,248,300	0	1,248,300	28,688,551
11	2014-08-23	979,754	268,546	1,248,300	0	1,248,300	27,708,797
12	2014-09-23	988,925	259,375	1,248,300	0	1,248,300	26,719,872
13	2014-10-23	998,182	250,118	1,248,300	0	1,248,300	25,721,690
14	2014-11-23	1,007,526	240,774	1,248,300	0	1,248,300	24,714,164
15	2014-12-23	1,016,957	231,343	1,248,300	0	1,248,300	23,697,207
16	2015-01-23	1,026,477	221,823	1,248,300	0	1,248,300	22,670,730
17	2015-02-23	1,036,085	212,215	1,248,300	0	1,248,300	21,634,645
18	2015-03-23	1,045,784	202,516	1,248,300	0	1,248,300	20,588,861
19	2015-04-23	1,055,573	192,727	1,248,300	0	1,248,300	19,533,288
20	2015-05-23	1,065,454	182,846	1,248,300	0	1,248,300	18,467,834
21	2015-06-23	1,075,428	172,872	1,248,300	0	1,248,300	17,392,406
22	2015-07-23	1,085,494	162,806	1,248,300	0	1,248,300	16,306,912
23	2015-08-23	1,095,655	152,645	1,248,300	0	1,248,300	15,211,257
24	2015-09-23	1,105,912	142,388	1,248,300	0	1,248,300	14,105,345
25	2015-10-23	1,116,264	132,036	1,248,300	0	1,248,300	12,989,081
26	2015-11-23	1,126,713	121,587	1,248,300	0	1,248,300	11,862,368
27	2015-12-23	1,137,260	111,040	1,248,300	0	1,248,300	10,725,108
28	2016-01-23	1,147,905	100,395	1,248,300	0	1,248,300	9,577,203

리스사의 리스 상환 스케줄 표 예시

최신 트렌드, 장기렌터카

사고나 여행 시에 필요에 따라 쓰는 단기렌터카와 달리 장기렌터카는 리스와 비슷한 형태로 신차를 렌터카 회사를 통해 출고하여 빌려 쓰는 형태다. 리스와 비슷하나 기본적으로 렌터카는 개별소비세, 취등록세 감면(4%) 등으로 이에 대한 부담이 적다는 점에서 가격적인 이점이 있다. 경차가 아닌 다음에야 무조건 내야 하는 7%의 취등록세는 수입차처럼 가격이 높은 차들에게는 부담이다.

그러나 빛이 있으면 그림자가 있고 장점이 있으면 단점이 있게 마련이다. 명의와 무관하게 차주 본인의 보험경력이 유지되는 리스와 달리 보험경력이 단절되고 렌터카의 보험료를 내야 하기 때문에 무사고로 보험요율이 낮은 사람의 경우 보험료가 상대적으로 많이 나올 수 있다. 그런데 장기렌터카의 마케팅 기사들을 살펴보면 사고가 나도 보험료가 인상되지 않는다는 점만을 강조한다. 당연히 보험료는 매년 내야 하는 비용이며 차종, 연령에 따라 절세하는 7%의 취등록세는 2~3년이면 모두 보험료로 나갈 수도 있다.

또한 만기 후 처리 시 자동차등록원부 상에 렌터카 이력이 남는다는 단점이 있다. 렌터카 이력이 남는다는 것은 단적으로 중고차 매각 시 내 차의 가격이 후려쳐질 것이라는 걸 의미한다. 이에 대부분 반납 조건으로 하게 되는데 전술한 대로 만일 인수하고 언젠가 팔게 된다면 렌터카 이력 때문에 시세대로 거래하는 데 문제가 없는 리스차와 달리 감가가 상대적으로 무척 심하다. 무사고차가 사고차 가격에 매매될 것이기 때문이다. 운용리스의 경우 36개월의 리스기간 동안 무사고로 만기까지 탈 경우 인수해서 매매를 시도하면 통상의 잔가인 30%보다 더 많은 금액(평균 40~45%)을 받을 수 있다는 장점이 있는데 장기렌터카는 이런 장점이 없는 것이다.

수입차의 경우 국산차와 달리 장기렌터카가 시장에 등장하고 실제로 개인/법인사업자들이 이용한 것이 불과 1년 남짓밖에 되지 않았기 때문에 이런 차들에 대해서는 정상적인 절차라면 중고차 매매업자들도 쉽사리 견적을 내기 어려워한다. 자동차등록원부 상에 렌터카 이력이 있는 수입차를 팔아본 딜러들이 많지 않은 이상 모두 보수적인 입장을 취할 수밖에 없기 때문이다. 이런 어려움 때문에 대체로 렌터카 회사에서 만기 반납된 차들은 공매에 올라 처분된다.

제도적으로 렌터카를 단기렌터카와 장기렌터카로 구분할 수 있는 방법이 생기지 않는 이상 이런 부분은 개선될 방법이 쉽게 나오지 않을 것으로 예상되며, 최초 구입 시 취등록세가 감면되는 장점이 있음에도 불구하고 몇 년간 시장의 추이를 보는 것이 현명하지 않을까 생각한다.

모터사이클로 시작한 수입차 라이프

문동훈(37세, 개인사업), BMW K1300R, 포르쉐 카이맨 S(987) 외
http://www.motorcyclediary.net
http://blog.naver.com/mplusmotors

많은 젊은 사람들이 그렇듯 나도 여러 편견들에 수입차를 소유하기까지 쉽지가 않았다. 부모님을 비롯해 집안 어른들 모두 보수적인 편이었고, 직장 생활을 하는 입장에서 상사 눈치를 보지 않기도 쉬운 일은 아니었다. 결혼을 조금 이른 나이에 한 덕분에 이런 부담은 더 커졌는데 내 첫 수입차는 차가 아니라 모터사이클이었다.

첫 수입차는 모터사이클

나이 서른에 가족 있는 가장의 입장에서 모터사이클을 탄다는 것은 쉽지 않은 일이다. 그러나 의외로 매우 손쉽게 가족의 허락을 얻었다(가족의 허락은 신뢰에 기반을 둔다). 허락이 떨어진 후 순리에 따라 2종 소형 면허를 취득하고, 바이크를 사기 전에 인터넷 해외 포럼 등을 뒤지며 헬멧과 프로텍터, 프로텍터가 내장된 재킷과 바지 등을 구입하면서 차

할리데이비슨의 나이트로드 스페셜(VRSCDX). 바이크를
전혀 모르는 젊은 여성들도 겉모습에 감탄하는 바이크

근차근 순서를 밟았다. 할리데이비슨에 근무하던 친구로부터 많은 정보를 얻으며 구입할 모터사이클을 정하면서 아주 천천히 예비 라이더가 되어갔다.

당시 미래의 꿈을 포기하면서 조금 허전한 마음이었는데 바이크는

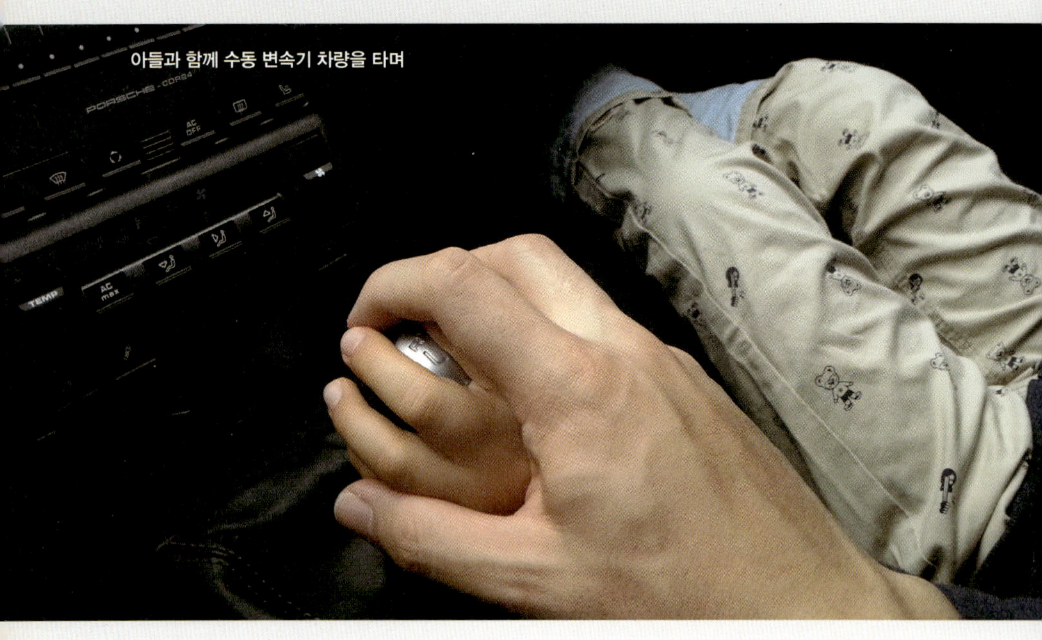

이 빈자리를 완전히 채워주었다. 생각만 해도 즐겁고 온종일 어떤 바이크를 구입할지 궁리했다. 예산을 정하고 한 달 넘게 고민하다가 매장에서 이런 저런 경험들을 하면서 결국 나이트로드 스페셜을 선택했다. 나이트로드 스페셜은 1,250cc로 첫 바이크부터 소위 오버 리터 급으로 장만한 것이다. 내 계획을 들은 주위 사람들이 말리고 걱정했지만 이후 BMW K1300R을 타는 지금까지 만 6년 동안 아직 단 한 번의 사고도 없이 신나게 즐기고 있다.

나이 서른이 넘어 바이크를 타면서 이런 삶을 꿈꾸는 사람들에게 도움을 주고 싶고 스스로 기록을 남기고 싶어 블로그(http://www.motorcyclediary.net)를 취미삼아 시작했다. 투어를 다니며 1년에 1만 킬로미터 이상 타기도 했고, 아내를 탠덤(뒷자리에 태우는 것)해서 같이 타기도 한다. 요즘엔 투어를 다녀오거나 바이크를 타고 집에 도착하면 8살, 7살이 된 아이들이 태워달라고 집 앞에 뛰어나온다. 아이들을 한 명씩 번갈아가며 태우고 동네를 한두 바퀴 재미삼아 도는데 아들은 물론 큰 아이인 초등생 딸도 무척 즐거워한다. 최소한 이 아이들은 탈것에 대한 선입견을 갖게 하고 싶지 않다. 모든 것은 자신의 책임이라는 것을, 그리고 탈것은 모두 즐겁다는 것을 알려주고 싶다.

아이들과는 때로 세컨드 카인 수동 미션의 카이맨 S를 타고 같이 손을 잡고 변속을 하며 운전을 하기도 한다. 아이들, 특히 아들은 속도계를 보며 변속하는 것을 무척 좋아하는데 이런 경험이 훗날 좋은 추억이 됐으면 하고 바란다.

가족과 함께하는 모터 라이프

이륜차를 타면서 많은 사람들의 선입견과 좋지 않은 시선을 본다. 간혹 이륜차 특유의 소외감도 느끼지만 그 이상의 자유를 느끼고 스트레스를 푼다. 아내와 함께 교외에 나가거나, 차가 없는 휴일 아침에 달리면서 낭만을 꿈꾼다. 혼자 타도 즐겁고 가족과 함께 해도 즐겁다. 이 책이 출간될 즈음에는 아이들을 위한 탠덤 장비들을 갖추고 아이들에게 조금 더 라이딩의 맛을 느끼게 해주고 있을 것이다.

많은 사람들이 위험하다 말하지만 모든 탈것은 정도의 차이만 있을 뿐 위험한 건 마찬가지다. 문제는 얼마나 안전에 대한 대비를 하느냐다. 할 수 있는 최대한의 프로텍터(헬멧은 그저 헬멧일 뿐, 상체와 하체의 모든 주요 관절에 프로텍터가 들어간 라이딩 기어를 입는다)를 착용하고, 야간 주행을 삼가고, 주변 흐름과 교통 상황에 온몸의 신경을 곤두세운다. 자주 일어나는 사고의 유형 등 안전한 라이딩에 필요한 자료들을 찾아보며 위험을 회피하고 예방하기 위해 최선을 다한다. 앞으로가 더 중요하겠지만 최소한 이런 노력과 연습, 그리고 계획하는 모터 라이프가 아이들의 교육에 미칠 영향을 알고 있다.

면허를 따고 바이크를 한참 고르던 시기 BMW 모토라드 매장에서 한 중년의 교수가 십대 후반의 아들과 함께 라이딩 기어를 입고 들어와서 바이크를 고르는 모습을 본 적이 있다. 우리나라의 자동차, 이륜차 문화는 가족과 동떨어져 있다. 자동차 동호회든 어디든 대체로 드라이버(남자) 중심이고 가족들의 반대가 최대의 난관이다. 즐기기보다는 뭘 사고 얼마나 더 많이 지르느냐에 열중한다. 누가 더 빠른지 경쟁하기 바쁘다. 마음 한 구석이 빈 사람들처럼 자극적인 것에서 삶의 즐거움을 찾는다. 물론 뭔가를 사고 소유하는 것은 즐거운 일이다. 나역시 차와 카메라를 좋아하는 사람으로서 소유에 대한 만족이 활용에 대한 만족만큼 값어치가 있을 수 있다는 것을 이해한다. 그러나 그런 방향으로는 오래 가지 못한다. 생산적이지도 않지만 즐거움과도 거리가 멀어진다. 카푸어는 그런 단편일 수 있다.

낭만도 로망도 모두 내가 만드는 것

서킷에 가면 경쟁하듯 달리고, 혹은 더 좋은 차를 보며 부러워하며 경쟁하듯 돈을 쓴다. 내가 생각하고 꿈꾸는 자동차 생활은 이런 것이 아니다. 랩타임을 재며 채찍질하는 모터스포츠보다 자신의 차와 함께 호흡하며 서킷이나 트랙을 즐기고, 운전 테크닉을 배우고, 그런 문화 자체를 향유하는 사람들이 늘어나는 것을 원한다. 이륜차를 보면 폭주족을 떠올리지 않고, 연인들이 낭만을 즐기며 도시에서 자유롭게 이동하는 모습을, 자유를 만끽하는 역동적인 젊음을 떠올리고 싶다. 온 가족이 SUV를 타고 캠핑을 가는 모습을 자주 보고 싶다. 흰 머리 희끗한 노부부가 컨버터블의 탑을 열고 드라이브를 즐기는 모습이 자연스러운 장면이 되기를 희망한다.

어머니의 수동 스쿠프 터보를 물려받아 차를 타게 된 나처럼, 아이들에게 그런 유산 하나쯤 남겨주고 싶다. 중학생 시절 어머니가 학교에 차를 몰고 왔던 기억처럼 아침마다 딸을 학교에 차로 데려다주면서 아이가 훗날 나를 그리 기억하길 바라고, 기억나는 장면에 미소가 절로 지어지기를 바란다.

이 모든 것이 어려운 것일까. 나는 그렇지 않다고 생각한다. 9,000만 원짜리 고급 수입 세단 신차를 뽑을 돈으로 4,000만 원짜리 중고 중형 세단과 4,000만 원짜리 중고 스포츠카 하나를 사면 탈것이 즐거움이 된다. 여기에 남은 돈 1,000만 원이면 신나게 가족 여행을 몇 번 다녀온다. 5,000만 원짜리 국산 대형 세단을 살 돈으로 2,000만 원짜리 중형 세단과 3,000만 원짜리 중고 컨버터블을 사면 새로운 세상이 열린다. 3,000만 원짜리 쏘나타를 살 돈으로 아반떼를 깨끗한 중고로 사고 모터사이클을 한 대 장만하겠다.

모터 라이프는 가진 것을 잘 버무려 내가 꿈꾸는 라이프스타일을 만들어가는 것이다. 스스로 자제하고 예산을 짜고 그 안에서 즐거움이 될 수 있는 것을 찾는다면 자동차, 이륜차, 자전거는 삶의 질을 한 단계 높여줄 것이다. 혼자 즐기지 말고 가족과 함께 하면 반대할 사람이 얼마나 될까.

개인적으로 수입차는 이런 삶을 가능하게 해주는 좋은 수단이다. 국산차가 만들지 않는 다양한 형태와 장르의 차를 판매한다. 컨버터블처럼 탑을 열 수 있는 SUV도 있고, 경차 만한 미니 컨버터블도 있다. 내가 남의 눈치를 보며 주저할 때 누군가는 그것을 합리적으로 즐긴다. 같은 값으로 남들이 부러워하고 본인 스스로도 즐거운 일상을 만

인제스피디움에서. 카이맨 S

들어낼 수 있다. 누구나 쏘나타가 전부이던 시절은 지났다. 그랜저가 성공한 중년을 대표하는 세상도 끝났다. 삶의 다양함을 추구하는 때가 온 만큼 수입차에 대해서도 열린 마음으로 본다면 삶이 한결 풍요로워질 것이다.

자동차 파워블로거 '닥터돈까스'의 카 라이프

오가나(31세, 의사), 포르쉐 911 카레라 S(997)

우리는 살아가는 데 없으면 안 되는 것들이 점점 늘어가고 있다. 고도로 발달된 인간사회에서는 의식주와 함께 자동차가 삶을 꾸려나가는 데 꼭 필요한 것들 중 하나다. 나의 이야기는 오너 드라이버들을 위한 것이다.

자신의 삶을 영위하는 데 적합한 자동차는 어떤 것일까라는 질문을 스스로를 향해서 던졌다. 하물며 대중교통의 선택에 있어서도 고민스러운 지금, 일일이 나열할 수 없을 만큼 많은 자동차 중 하나를 고르는 것은 즐거움을 선사하면서도 고통스러운 작업이었다.

수입차와 사랑에 빠질 때

가장 먼저 따져볼 것은 나 자신의 라이프스타일이었다. 하루 평균 이동거리, 소득, 승차인원이 어떻게 되는지 고려하지 않고 내가 페라리의 멋진 말 문양에 전 재산을 투자한다면, 장담컨대 살인적인 감가를 반영하여 헐값에 팔 것을 각오하고 중고차매매단지로 향하는 나 자신을 발견할 수 있으리라. 또한 우리나라는 사계절이 아름다운 곳이다. 후륜 자동차를 사놓고 월동 준비를 안 한다면 언젠가는 폐차할 준비를 해야 한다. 도심에 거주한다면 러시아워와 극심한 주차난에 대처할 각오도 되어 있어야 한다. 이런 여러 가지 상황들이 나를 괴롭혔고, 또 한편으로는 즐겁게 했다.

대한민국이라는 땅덩어리 안에서 수입차는 재력과 품격 그리고 명예의 전유물 같은 것이었다. 집과 수입차는 최고급 재산목록이었으며 꾸준히 그 수는 증가추세였다. 하지만, 오늘날에는 더는 이런 과시적인 역할을 하지 못한다. 이유는 당연히 수입차가 거리를 가득 메운 탓. 현재 1년에 20만 대 가까이 팔려나가는 것을 보면 이제 수입차는 우리의 곁에 뿌리 깊이 들어와 있다고 할 수 있다. 내가 값비싼 유지비와 감가에 대한 비용을 지불하면서까지 수입차를 선택한 이유는 타인의 시선도 부의 자랑도 명예의 과시도 아니다. 자동차에 대한 순수한 사랑이다. 액셀을 가져가면 그 페달의 기울기에 비례해서 정확하게 동력이 전달되는 느낌. 이 느낌이 좋다. 타보지 않고는 절대 알 수 없는 것이다. 나 역시 8년간 국산차를 타고 다닐 때는 '자동차가 이렇게 다를 수 있구나' 하는 것을 몰랐으니까.

처음 BMW 3시리즈를 시승했을 당시의 기억은 아직도 생생하다. 정말이지 온몸에 거대한 전류가 흐르는 것만 같은 쇼킹한 경험이었다. 지난 세월 경험했던 국산차와는 전혀 달랐다. 생김새부터 굴러가는 모습까지 말이다. 차 문을 여는데 우선 두툼하다. 시트에 몸을 맡기자 온몸을 꽉 감싸는 느낌이 들었다. 시승하는 내내 엔진의 회전 질감, 사운드, 번개 같은 변속 속도 그리고 노면을 움켜잡고 달리는 느낌은 기존의 국산 차량에서 얻을 수 없는 완전히 새로운 것이었다.

그렇게 선택한 나의 첫 차는 피부과 레지던트 2년차 시절에 마련한 BMW 320d. 즉 3시리즈 디젤 세단이었다. 인턴시절 때부터 모은 월급을 탈탈 털어 산 선물이었다. 매일 100킬로미터에 가까운 출퇴근에도 불구하고, 한 달 주유비는 30만 원을 채 넘기지 않았다. 두툼한 가죽

 일생에 한번은 수입차를 타자

스티어링 휠과 찰진 하체 그리고 50:50의 무게 배분은 나에게 커다란 즐거움을 선사했다. 병원생활의 스트레스를 해소할 수 있는 탈출구 같은 존재였다. 하지만 점점 차량에 익숙해지면서 장점은 조금 시들해 져만 갔다. 그러면서 단점이 드러나기 시작했다.

현재 수입차 시장의 대부분을 차지하고 있는 것은 디젤 세단이다. 휘발유에 비해 저렴한 리터당 가격, 거기에 연비효율까지 좋은 디젤 엔 진이 인기가 높은 것은 어찌 보면 당연하다. 거기에 더해서 중고차 가 격 역시 디젤 세단이 동급 가솔린 세단보다 높다. 하지만 감수해야만

하는 것이 있다. 그것은 소음과 진동. 이것까지는 괜찮다. 매끄러운 엔진의 질감을 포기해야 한다. 한마디로 말해서 주행적인 즐거움 측면에서 보았을 때 스트레스가 계속해서 누적되어 간다. 그렇게 쌓인 스트레스로 인해서 BMW 3시리즈 세단을 떠나보냈다. 물론 나에게 돌아온 것은 엄청난 감가와 그로 인한 막심한 금전적 손해였다.

차를 판매하고 나자, 당장 탈 차량이 없어 다음 차량 물색에 나섰다. 후보군을 정해서 비교하고 또 따져보지만, 기존의 BMW 320d를 대신할 만한 차는 없었다. 결국 시승도 해보지 않고 좀 더 크고 무겁고 빠른 BMW 5시리즈 디젤 세단을 선택했다. 그 결과는 지금에서 생각해보면 너무나 뻔한 것이었다. 결국, 첫 번째 차량에서 겪었던 시행착오를 다시 겪은 셈이다.

꿈의 포르쉐

두 번의 차량 선택의 실패 아니 교훈을 얻은 나는 다음 차로 중고차를 선택했다. 우리나라의 중고차 문화는 썩 좋지 않다. 이는 구매자가 절대적 약자이기 때문에 비롯된 결과이다. 어찌 보면 당연한 것. 결국 좋은 중고차를 적정한 가격에 구입하기 위해서는 많은 시간과 노력을 필요로 했고, 그 결과 어느 정도 차를 보는 안목이 생겼다.

급한 성격 탓일까. 어느샌가 나도 모르게 중고 스포츠카에 입문을 하게 된다. 이는 수입차에 입문한 지 불과 2년만이다. BMW M3를 잠시 거쳐 현재 소유하고 있는 차량은 포르쉐 911 카레라 S 모델이다. 수많은 남자들이 꿈꾸는 포르쉐라는 차량은 처음에는 물음표였다. 보통 차를 타면 '좋다' 혹은 '나쁘다'로 표현이 가능한데, 포르쉐는 그렇지가 않았다. 무언가 미스테리한 녀석이다.

차량의 후미에 배치된 엔진과 후륜구동방식 그리고 낮고 가벼운 차체는 운전자에게 엄청난 즐거움을 선사한다. 낮고 거친 배기음은 화려하지 않다. 다만, 기계적인 느낌과 척척 맞물려 돌아가는 듯한 필링을 선사해줄 뿐이다. 정확하고 빠르고 안정적이다. 엔진이 뒤에 있으면 운전이 힘들지 않으냐는 질문을 많이 받는다. 정답은 YES 혹은 NO. 평상시 일반적인 주행에서는 굉장히 안정적이다. 그 한계가 어딜까 싶을 정도로. 하지만 서킷주행 시에는 이야기가 달라진다. 한계에 부딪히면 이 녀석은 운전자에게 더 높은 드라이빙 스킬을 요구하기 시작한다. 운전자의 손에는 땀이 나기 시작한다. 조금만 욕심을 부리면 차는 여지없이 오버스티어를 내며 스핀을 하고 만다. 얌전한 얼굴과 무서운 얼굴의 양면성을 갖고 있는 차량인 셈이다.

데일리 카로 포르쉐를 타면서 가장 마음에 드는 점은 편안함이다. 승차감이 그리 좋은 편이 아닌 스포츠카임에도 불구하고 몸이 느끼는 피로가 상당히 적다. 이는 단거리뿐만 아니라 장거리 운전에서 그 진가가 드러난다. 구불구불하고 울퉁불퉁한 길을 운전할 때 운전자의 몸은 한결같은 위치에 존재하기 때문이 아닐까 생각해본다. 또, 매일매일 운전을 해도 질리지 않는다. 다른 차량은 조금 지겨워지고, 질리기 마련인데 이 녀석은 그렇지 않다. 출근길 아침 시동을 걸고 출발할 때마다 새롭다. 운전자에게 진짜 순수한 운전의 즐거움을 주는 녀석이 아닐까.

차는 즐거움이다

포르쉐를 타면서 걱정하는 점도 있다. 과연 다음 차량을 어떤 녀석을 고를까 하는 점이다. 아무리 생각해도 마땅한 후보가 떠오르지 않는다. 신형 포르쉐? 페라리? 람보르기니? 어느 것 하나 구입과 유지 측면에서 만만치 않다. 이런 생각을 하다 보면 너무 빨리 또 너무 많은 경험을 한 것이 아닐까라는 생각이 든다. 생각해보면 수입차 특히 스포츠카를 선택하면서 내가 추구한 것은 '즐거움' 하나였다. 좀 더 빠르고, 자극적인 배기음, 안정적인 코너링을 선사해주는 녀석을 선호해온 셈이다. 한편으로는 남들보다 조금 빨리 찾아온 그 즐거움이 금세 사라질까 두렵다.

이런 '즐거움'이라는 명제에는 항상 이면이 존재한다. 두 짝뿐인 자동차 도어는 세 번째 동승자를 괴롭힌다. 나의 마음도 편치 않다. 때로는 주변의 시선이 곱지 않다. 타인의 시선을 별로 신경 쓰지 않는 성격이지만, 선배들을 만나거나 회식 자리에는 대중교통을 이용하고 있는 나를 발견하곤 한다. 어찌 보면 수입차를 타면서 감수해야 할 당연한 일들 중 하나일지도 모른다.

현재의 나에게는 자동차가 '즐거움'을 느끼기 위한 수단이자 목표

지만, 누군가에게는 생업 수단이며 또 다른 누군가에게는 안전한 이동 수단이다. 가장 중요한 것은 자신의 능력 안에서 마음껏 삶을 즐길 수 있는 자동차를 선택하면 된다. 1,000만 원짜리 경차를 타야 된다고 해서 주눅들 필요는 없다. 모든 차량은 누군가의 소중한 애마이기 때문이다.

 일생에 한번은 수입차를 타자

3부
수입차의
구입과 양도

바람직한 신차 구입 방법

전시장마다 제각각인 가격, 어떻게 사야 잘 사는 걸까?

국산차도 그렇지만 수입차는 기본적으로 가격이 좀 더 높은 편인 만큼 구입하는 입장에서는 가격이 신경 쓰일 수밖에 없다. 보통은 자산에서 집 빼고는 차가 가장 비싸지 않은가. 통상 진리로 통하는 말은 '발품을 팔아라'인데, 이게 말이 쉽지 따져보면 참 간단치가 않다.

현장에서 보면 같은 전시장의 다른 영업사원을 두고 경쟁을 붙인다거나 요령이 없어서 갈 때마다 똑같은 견적서를 받고 고민을 하는 사람들도 많다. 어떨 때는 질이 좋지 않은 영업사원에게 걸려 들어오지도 않을 차를 할인 많이 해준다는 소리에 계약했다가 수개월을 그냥 날리기도 한다. 심한 경우는 뉴스에 나오는 신차 영업사원의 사기 사건에 휘말리기도 한다(솔직히 신차 영업사원의 사기 사건에 휘말리는 이유는 딱 하나다.

포르쉐의 한 전시장

돈만 보고 허황된 견적에 계약을 하고 신차 돌려막기라는 영업사원의 사기 신공에 걸린 것이다. 돈도 중요하지만 신차 구입 시 1순위는 계약의 안전과 정확한 이행이다). 이런 사기 사건은 대체로 카드 돌려막기와 비슷한 것으로 많은 가격 할인을 내세워 계약을 왕창 한 후에 신차가 나오면 계약 순번대로 출고하는 중 몇 대를 빼돌리는 케이스인데 가격 할인만 보고 덥석 계약을 하면 이런 데 걸려들 수도 있다.

판매량이 극히 적은 차량, 장기 재고가 많은 차들을 제외하고 앞서 소개한 판매량이 일정 수준 이상인 브랜드의 세단과 SUV 정도에 적용이 가능한 몇 가지 팁을 먼저 밝혀두겠다.

- 현금일시불로 출고할 차량은 비교해도 별로 큰 차이가 없으니 발품은 적당히 팔자.
- 이달에 출고할 수 없는 차의 계약은 할인금액 자체보다는 계약의 안정성에 중점을 두자.
- 같은 할인이라면 현금 할인보다는 견적서와 세금계산서 상의 차량 가격 할인이 이득이다. 차량가격에서 부가세를 뺀 금액이 기준이 되는 취등록세에 영향이 있기 때문이다.
- 타 전시장과 비교해서 차량 가격 기준 10% 이상 차이가 나는 견적은 의심해볼 필요가 있다.
- 견적을 비교할 때는 언제나 완전히 동일한 조건에서 받은 후 견적서를 놓고 명목별로 비교한다.
- 전시장 당직 영업사원이 처음 만나서 주는 견적은 추가 협상의 여지가 거의 언제나 있다.

- 싸게만 사는 데 치중해서 영업사원이 남는 게 없다면 이후 서비스는 기대하지 말자.
- 영업사원은 당신이 생각하는 것보다 훨씬 당월 실적에 매달린다.
- 할부나 리스일 경우 할부피, 리스피에 대해 정확히 못을 박아둔다.
- 좋은 영업사원이라면 작은 약속도 어기지 않는다. 시승 시간 약속, 이메일 회신 등과 같은 작은 약속을 해보면서 영업사원을 체크해보자.
- 영업사원을 하대하지 말고 존중해준다면 그 영업사원도 당신에게 최선을 다한다.
- 신차에 결함이 있을 경우 내 차가 갈 곳은 구입한 전시장이 속한 딜러의 서비스센터다. 주거 지역을 크게 벗어나서 계약하는 것에 주의하자.

신차든 중고차든 먼저 이해할 것은 신차 구입 계약 역시 하나의 계약이라는 점이다. 갑과 을로 보자면 계약의 갑인 구매자는 싸게 사려하고, 을은 가능한 할인을 적게 해주고 자신의 마진을 남기려 한다. 경쟁도 심하지만 그만큼 수요나 공급도 많은 편이라 을도 갑도 모두 대체가 가능하다. 이 관계를 제대로 이해하는 것이 중요하다. 어떤 을도 갑에게 하대 받고 남는 것 없는 계약을 하려 하지는 않는다. 어떤 을도 얼굴도 보지 못한 갑에게 좋은 견적과 계약을 주지 않는다. 이건 을이 어떠어떠해서가 아니라 모든 사람의 심리이고 입장이다. 이 책은 을이 아닌 갑에게 좋은 조언을 하고자 쓰는 것이다. 지피지기(知彼知己)면 백전불태(百戰不殆)라고 했다.

영업사원을 이해하면 좋은 계약이 보인다

영업사원은 매일 영업소에서 편하게 영업하는 것이 아니다. 일반인, 소비자들은 잘 모르겠지만 강남의 대로에 있는 대형 전시장에는 영업사원이 40~60명 이상씩 있다. 한 전시장에 지점이 두 개인 곳도 많다. 슬쩍 전시장에 들어가서 보면 고작 10명도 안 되는 당직 영업사원들이 있지만 더 많은 수의 영업사원들이 백그라운드에서 영업을 하고 있는 것이다. 그들은 온오프라인에서 타 영업사원들과 엄청난 경쟁과 가격 비교에 시달린다. 돈 있는 소비자들은 그들을 시험하고 때로 하대하고, 지나친 비교와 무매너로 그들을 힘들게 한다. 그리고 한 달에 1~2대를 팔지 못하는 영업사원은 언제 잘릴지 모르는 벼랑 끝에 있는 것이나 다름없다. 대다수의 영업사원이 기본급이 전혀 없는 사실상의 개인사업자나 다름없는 신분이라는 것을 아는 소비자는 많지 않다.

내가 그런 영업사원이라면 어떨까? 실적이 저조한 영업사원은 어떻게든 한 대라도 계약하고자 하겠지만 고객에게 제시할 수 있는 카드가 별로 없다. 실적이 충분한 영업사원은 굳이 매너 없는 잠재 고객에게 최선을 다할 필요가 없다.

이해할 것은 영업사원도 한 명의 사람이고, 그것은 그들의 직업이라는 것, 그리고 당연히 그 업무의 대가로 급여를 받아 소득을 발생시켜야 한다는 것이다.

현장에서 많은 수입차 구매자들이 자신이 싸게 구입하는 것만 생각

이런 전시장에는 영업사원이 40~60명씩 있다.

해서 영업사원들에게 도리에 어긋나게 행동하는 경우를 본다. 음식점이나 카페에서 종업원에게 반말하는 사람치고 제대로 된 인성을 가진 사람을 본 적이 없다. 계약이란 기본적으로 사람과 사람 사이의 거래라는 점을 인식하고 가격보다는 우선 사람을 보면 좋겠다.

조금 돌아왔지만, 좋은 사람을 보는 것은 우선 거래, 계약의 안정성을 지킬 수 있는 사람을 찾는 것이다. 가능하면 자신이 살고 있거나 일하는 지역에서 너무 멀지 않은 곳의 전시장을 선택하고, 영업전시장의 인터넷 홈페이지를 통해 직접 영업사원을 선택하거나 지인들에게 소개를 받아 한 번 방문하도록 한다. 그리고 자신의 예산과 원하는 차종, 그리고 금융상품에 대한 상담을 받되, 리스피나 할부피에 대해 알고 있다는 사실을 명확히 전달하고(여기서 팁. 영업사원에게 견적을 요청하면서 그냥 "할부피 0피로 주세요" 또는 "리스피 넣지 말고 0피로 주세요"라고 간결하게 요구하면 영업사원 99%는 그대로 견적서를 제공한다. 견적서에 0피를 반영할 수 없는 리스사의 경우 그만큼의 수수료가 얼마인지 알려줄 것이다) 프로모션을 제조사/수입사의 프로모션과 전시장 프로모션을 구분해서 확인하고 견적서를 받는다.

당월 출고 조건의 견적인지, 당월 계약 조건의 견적인지를 확인하고, 카드 결제를 원한다면 카드 결제에 따른 수수료 부담에 대해서도 미리 체크한다(이를 하지 않을 경우 카드 결제에 따른 수수료만큼 할인이 줄어들 수 있다. 카드 수수료는 주요한 이슈이므로 반드시 확인하며, 통상 카드의 적립 포인트보다 수수료가 높아 별로 이득은 없으나 많은 전시장에서 1,000~2,000만 원까지는 카드 결제를 수수료에 무관하게 승인해준다).

시승이 필요한 경우 1시간 정도 여유 있게 시승을 할 수 있게 요청하고 시승 시간 약속 등을 잘 지키는지 확인한다. 공수표를 날리거나 계약을 재촉하는 영업사원은 주의하도록 하고, 특히 당월에 출고가 어려운데도 계약을 종용하는 경우, 당월 출고가 되지 않는 차에 대해 견적서를 주지 않으면서 얼마 할인해주겠다는 영업사원은 피하는 것이 좋다.

가능하면 한 전시장에서 최소 1~2년 이상은 근무하였거나, 동종업계 경력이 최소 3년 이상인 상위 직급의 영업사원이 좋다. 솔직히 차를 잘 아는 것과 차를 잘 파는 것은 별개라 차에 대한 지식을 두고 사람을 보기보다는 거래의 상식과 약속을 잘 지키는 영업사원이 계약 안정성이 높다. 그들은 차를 파는 전문가이지 차를 잘 고치거나 튜닝하거나 운전을 가르치는 전문가는 아니라는 점을 명심하자. 너무 여러 브랜드를 전전한 영업사원은 가급적 피하길 권하고 싶다.

통상 소규모 신규 전시장/딜러사가 공격적인 프로모션을 제공하기에 가격에 최우선 가치를 둔다면 그런 곳을 찾는 것도 방법이다. 다만, 양질의 서비스나 시스템을 기대하지는 말자. 어느 업종이든 메이저는 항상 메이저다운 장점이 있고 그만큼 가격경쟁력은 조금 떨어지곤 한다.

할인이라는 것은 사실 명목별로 따져보면 뻔한 것이라, 제조사/수입사의 프로모션과 전시장 특별 프로모션을 확인하고 할부피나 리스피가 없는 견적을 받는다면 이제는 영업사원의 판매 수당 외에는 더 할인받거나 깎을 명목이 없다. 특히 현금일시불이라면 공식 프로모션과 영업사원의 수당이 당신이 털 수 있는 거의 모든 것이며, 여기에 영업사원의 능력, 차종, 지점장의 권한 등에 따라 차량 가격의 0.5% 정도 협상의 여지가 있거나 없는 정도다.

여기까지 이해했다면 이제부터는 고객인 당신의 선택이다. 영업사원이라는 직업, 차량 판매라는 업무에 따른 정당한 급여를 할인해달라고 해서 깎을 것인가 아니면 말 것인가. 도덕적인 부담을 말하고 싶지는 않다. 내가 아는 한, 아니 단언컨대 정상적인 절차를 밟았고 을인 영업사원을 무시하거나 기분을 상하게 하지 않은 이상 판매 수당만큼의 추가 할인을 요구한다고 들어주지 않을 영업사원은 없다. 그러나 분명한 것은 그만큼의 추가할인을 요청했다면 그 영업사원에게 구입 후 서비스를 기대하는 것은 지나친 것이다. 물론 여유가 있고 장기적인 안목으로 길게 영업을 하는 양질의 영업사원이라면 본인의 수당을 남기지 못했다고 불친절하거나 계약의 안정성을 해하지는 않겠지만 출고 이후 당신에게 해줄 수 있는 서비스는 질적으로나 양적으로나 한계가 있다.

내가 아는 몇몇 영업사원은 엄청난 판매량을 자랑하는데, 고객들에게 외려 큰소리치고 고객이 약속 시간을 어기면 화를 내기도 하지만 고객들이 절절 맨다. 전화라도 해서 일정 확인을 하거나 재촉을 하면 계약 위반이라는 소리도 한다. 그러나 이들은 통상 수준 이상의 추가 할인을 받는 대가로 다른 요구, 재촉, 문의를 하지 않는 조건으로 계약을 하기 때문에 소비자, 고객들도 갑이면서도 갑이 아닌 것이다. 이런 딜러들은 주로 인센티브를 미리 계산해서 그 폭을 가지고 더 할인해주는 방식을 택한다. 뭐가 나은지는 정해진 답이 없고, 호불호는 개인이 판단할 일이다.

구입하는 고객 입장에서는 차를 출고하면 영업사원과의 관계는 끝이라고 생각할 수도 있겠지만 초기 품질 문제가 적지 않은 수입차의 경우 딜러의 서비스가 필요하다는 것은 인지해둘 필요가 있다. 그리고 인연을 잘 맺은 영업사원은 때로 내 발품보다 나을 수 있다.

각종 계약 사고 사례들

신차 계약과 관련하여 필자가 직간접적으로 경험했던 몇 가지 사고, 또는 좋지 않은 사례를 밝혀두니 이와 비슷한 경우의 불미스런 사고, 사기에 휘말리지 않기를 바란다.

사례 1. 카드 돌려막기? 신차 돌려막기

A 브랜드의 서울 B 전시장 영업사원은 생활고에 시달리던 중 실적을 올리기 위해 고객들에게 불가능한 견적을 제시하여 다수의 고객을 유치했다. 예를 들면 구조적으로 총액 500만 원밖에 할인이 되지 않는

차종에 대해서 700~800만 원의 할인을 제시해서 계약을 한다(이렇게 할
인액 액수 차이가 큰 계약은 다른 영업사원이 끼어들어 파기되는 경우가 거의 없다).
수십 대의 계약을 한 후 출고를 조금씩 미루면서 빚을 돌려막듯 차량
출고를 돌려막기 시작했다. 처음에는 한 달에 한 대 정도 밀리는 수준
으로 괜찮았지만 몇 달이 지나며 밀리는 차량의 대수나 금액이 커져갔
고 결국 차량 금액은 지불했지만 출고되지 않은 고객들의 항의가 이어
지며 이에 잠적하고 형사고발 당했다.

→ 할인액수가 지나치게 차이가 난다면 그 계약은 주의할 필요가 있
다. 특히 월말에 시기적인 문제로 출고일을 미리 다음 달 초로 지정해서
안내받는 경우를 제외하고 잔금 지불 후 영업일 기준 3일 이내에 차가 전
시장에 도착하지 않는다면 의심해도 좋다. 이 사례와 달리 잔금까지 치
른 차를 돌려막으며 빼돌리는 경우도 있어 각별히 주의하는 것이 좋다.

사례 2. 일단 계약하고 보자

대형 치과원장인 A씨는 지난번에 들렀던 B 수입차 전시장의 ㄱ영업
사원으로부터 평소 관심이 있던 차종에 대해 아주 좋은 견적을 제공
받았다. A씨가 원하던 해당 차종은 신차 가격 기준 약 1억 2000만 원
가량에 판매 대수가 적으며 희소한 색상의 차량이었다. 딜러는 A씨를
추켜세우며 지점장으로부터 타 전시장에서는 받을 수 없는 특별 승인

까지 받을 수 있으니 계약금을 내고 계약하면 석 달 내로 차량을 출고할 수 있다고 하였다. 다른 곳에서도 견적을 받아보았지만 금액 차이가 300만 원 이상이었고 출고에 대해 불확실한 대답만 들은 상태였다. 꾸준히 접촉하며 좋은 견적과 출고 예상 시기를 얘기한 ㄱ영업사원의 말을 믿고 계약을 하고 기다렸다. 석 달 후 남은 것은 차량의 단종 소식과 영업사원의 미안하다는 말 한마디, 그리고 전혀 관심이 없는 다른 차종으로의 계약 변경 제안이었다.

→ 일부 영업사원들은 당월 출고가 안 되는 차에 대해서 일단 할인을 크게 해준다며 계약을 유도한다. 그리고 몇 달 후 차를 출고할 수 있게 되었을 때 할인 규정, 프로모션이 변경되었다면서 말을 바꾸고 할인액수를 낮추어 출고해야 한다고 한다(이것 자체는 사실이고 원칙이다. 통상 프로모션은 출고하는 달 기준이기 때문이다). 이미 몇 달을 기다린 고객은 울며 겨자 먹기로 출고할 가능성이 높다(딜러 입장에서는 아예 계약을 못하는 것에 비하면 확률이 높은 게임이다). 위의 사례와 같이 단종이 되어버리는 경우나 색상이 없어져서 수입되지 않는 경우 등도 고객은 기다린 시간을 날리고 계약을 해지하거나 기다린 시간이 아까워 다른 차를 계약해야 하는 상황이 된다. 어떤 경우든 영업사원은 손해 보는 것이 없다. 사과 몇 마디면 되는 일이기에.

사례 3. 온라인 신차 비교 견적, 구입대행

K씨는 온라인 신차 비교 견적 사이트에 가입해서 견적비 몇 만원을 내고 비교 견적을 받았다. 제시받은 견적이 마음에 들어 온라인으로 계약금 100만 원을 송금한 후 해당 업체를 통해 신차 계약을 마쳤다. 그러나 출고일이 다가온 어느 날 비교 견적 사이트 대표가 사라졌다는 소식을 접했다. 차를 출고하기로 했던 딜러의 영업사원에게 연락해보니 해당 대표가 계약하고 대리 출고한 차들이 해당 사이트 대표와 함께 사라졌다. 사라진 차들의 차주들은 돈은 내고 차가 사라지는 초유의 사건을 경험했고, K씨는 가슴을 쓸어내렸다.

→ 불행 중 다행으로 운이 좋았던 경우다. 해당 사이트 대표는 1억 원이 넘는 대형 세단을 비롯한 차들을 잔금까지 모두 입금하고 출고하는 과정을 대행하는 중에 차를 전부 가지고 사라졌다. 이 경우는 계약금이나 잔금은 모두 정상적으로 해당 딜러사에 입금되었고 정상적인 절차를 거쳤으나 출고할 때 영업사원이 계약을 해준 해당 사이트 대표에게 아무런 의심 없이 차를 준 게 화근이었다. 이런 경우 해당 차들은 해외로 밀수출되거나 대포차가 되어 시장에 유통된다. 영업사원은 자신에게 많은 계약을 한 업체 대표를 믿었을 것이고 고객들은 저렴하게 계약해준 업체 대표를 믿었을 것이다. 이 사례의 경우 해당 업체는 설립 1년 미만의 업체였다. 최근 온라인, 또는 어플리케이션을 통한 구입대행이 생겨나고 있는데 이런 채널을 통해서 사는 경우 조심해야 하겠다.

L씨는 최근 유행하는 C차량을 아주 저렴하게 계약했다. 온라인에서 살펴보니 최저가임에 틀림없었고 영업사원도 직접 만나 계약해서 의심할 구석도 없었다. 그러나 계약금은 물론 잔금까지 지정된 계좌로 입금을 완료했는데 차는 약속한 날에 출고되지 않았고 죄송하다며 기다려 달라고 했던 영업사원은 어느 순간 연락이 되지 않고 사라졌다. 딜러사에 확인해보니 계약금도, 잔금도 입금되지 않았다. L씨는 당황했으나 이미 모든 것이 사라진 후였다.

→ 전형적인 계좌를 이용한 사기다. 과거에는 영업사원이 자기 명의의 계좌로 송금을 받으면서 이런 일들이 일어났는데 이 사례를 비롯해 최근에는 영업사원이 자신이 근무하는 딜러사의 이름과 동일한 이름으로 계좌를 만든 후 해당 계좌로 입금 받는 방법을 이용한다. 예를 들어 딜러사가 동훈모터스㈜인데 이 영업사원이 동훈모터스로 계좌를 개설한 후 이 계좌로 입금을 받는 것이다. 입금 확인을 비롯한 모든 커뮤니케이션을 영업사원을 통해서 했고 계좌 명의가 동일했기 때문에 의심하지 않았던 것이 이런 결과를 가져왔다. 피해자가 L씨 혼자가 아님은 두말할 필요가 없다.

→ 간단히 적었지만 여기에는 몇 가지 포인트가 있다. 우선 전시차가 신차로 둔갑하는 경우가 실제로 있다는 것이고, 이 과정에서 해당 영업사원은 아는 경우도, 모르는 경우도 있다는 점이다. 때로는 딜러사에서 영업사원에게 해당 사실을 말해주고 고객에게 고지 없이 나가도록 종용하는 경우가 있고, 때로는 영업사원에게도 비밀로 하는 경우가 있다(본사에서 이런 압력을 받은 영업사원이 출고할 때 추후 고객이 알게 되어 항의하면 본인에게 일어날 수 있는 일들, 즉 소송과 보상 책임 등을 필자에게 상담한 경우도 있다). 그런데 이런 일은 대체로 마이너 브랜드의 복수 전시장을 가진 브랜드에서 일어나는 경우가 많고, 실적이나 판매대수가 적은 브랜드일 가능성이 높다.

수년간 이 분야에서 일을 하며 신차 구입 대행을 하면서 느낀 것은 안정적인 영업사원이 실제로 고객에게 이득이 된다는 것, 그리고 내가 제대로 대하지 않으면 영업사원 역시 나를 제대로 대해주지 않는다는 것이다. 영업사원은 자신의 힘든 일과 어려움을 공감해주는 고객을 좋아하게 되어 있고 그런 고객에게 최선을 다하게 된다. 물론 돈, 할인 역시 중요하지만 그게 전부가 아니라는 점을 명심했으면 좋겠다.

온라인이나 SNS, 동호회나 카페가 수입차의 주요 정보 공유 통로가 되면서 많은 사람들이 온라인에서 뭔가를 기대하지만 실제 차량 계약은 오프라인 세계에서 일어나는 일이며, 대체로 영업사원은 본 적도 없는, 할인이 전부인 고객에게는 최선을 다하지 않는다는 사실을 기억하자.

만족도 100%, 내가 원하는 사양대로 개별 주문

일반적으로 수입되지 않는 특별한 색상의 외장 컬러에 특별한 색의 시트, 그리고 고급 오디오와 편의장치, 그리고 한 치수 더 큰 휠과 고성능 머플러까지. 이런 것이 스페셜 오더의 장점이다.

때로 수입되는 사양과 달리 개별 주문을 해서 신차를 구입하는 경우가 있는데 브랜드에 따라 이를 스페셜 오더, 익스클루시브 오더라고 한다. 이렇게 스페셜 오더를 해서 차량을 개별 주문하는 경우 대체로 프로모션을 적용받지 못하고 계약금 또한 통상 100만 원 수준이 아닌 차량 가액의 10% 또는 500만 원, 1,000만 원 등으로 많은 편이다.

포르쉐 익스클루시브 오더의 인테리어 샘플. 외장은 물론 내장의 천장, 매트, 시트, 도어 트림 등을 선택해서 주문할 수 있다.

또한 개별 주문으로 차량의 옵션이나 편의사양이 같은 차종의 차들과 다른 만큼 계약을 해지할 경우 계약금을 즉시 환불받을 수 있는 일반 계약과 달리 해당 차종이 수입되어 판매가 된 후에나 환불을 받을 수 있다. 보통 개별 주문할 경우 주문 후 차량 출고까지 4~6개월이 걸리는 만큼 인도받기까지 걸리는 기간이 길어 심사숙고할 필요가 있고, 계약 해지를 할 경우 적지 않은 금액을 오랜 기간 돌려받지 못한다는 사실도 기억해둘 필요가 있다(필자는 이러한 이유로 인해 계약금 환불이 10개월이나 걸리는 것을 보았다).

하지만 이런 불편함에도 불구하고 나만의 사양, 색상으로 출고된다는 것은 참으로 설레는 일이다. 지겹도록 뻔한 검정색 시트와 흰색, 은색, 검정색 등의 무채색 색상에서 벗어날 수 있고 조금 마음에 차지 않는 옵션들, 즉 오디오나 시트 사양 등을 폭넓게 조절할 수 있다는 점은 분명 메리트가 있다. 수입차를 구입하는 분들 중에는 차별화를 위해 구입하는 경우도 적지 않은데 거리에 흔히 볼 수 있는 색상이나 동급의 국산차 대비 떨어지는 사양 등이 맘에 들지 않을 수 있다. 이럴 때 개별 주문을 해서 받는다면 만족할 수 있을 것이다.

통상 차량 가격이 높은 차종, 비싼 브랜드의 차량일수록 개별 주문할 때 선택할 수 있는 사양이 많고 과정이 체계적인 편이다. 포르쉐, 마세라티 등의 브랜드는 물론 벤츠, BMW, 아우디 등 독일 3사는 모두 이러한 개별 주문을 받고 있고, 렉서스 또한 가능하다.

단점으로는 개별 주문에 너무 오랜 기간이 걸리고, 옵션 사양이 복

벤츠 ML350 스페셜 오더 차량의 실내

잡한 포르쉐 같은 경우는 옵션 표만 보고서는 잘 알 수 없는 옵션들도 많아 주의가 필요하다. 그리고 지나치게 내 개성만을 반영할 경우 추후 차량 판매가 어려울 수 있고 가격 책정도 본인 생각에 미치지 못할 가능성도 있으니 개별 주문 시에는 여러 가지를 고려하는 것이 바람직하다.

포르쉐나 마세라티의 경우 코리안 패키지라는 이름으로 기본적으로 차종마다 어느 정도 표준화된 옵션 사양을 제공하고 있기도 하니 이를 참고하면 동급에서 옵션을 빠지게 넣는 것은 아닌지, 지나치진 않은지 살펴볼 수 있다.

신차 구입 과정의 끝, 검수

좋은 영업사원을 만나 만족스러운 계약을 하고 차량 대금을 치르면 차가 전시장에 도착한다. 통상 차량 대금(잔금)은 출고일 2일 정도 전후로 치르게 되는데, 이후 차량이 내가 계약한 딜러사의 전시장에 올라오면 차량을 검수하기 전에는 등록을 하지 않는 것이 좋다.

과거 차량 인수증이라는 것을 쓰던 시절, 그리고 임시번호판을 거의 무조건 달던 시절에는 이런 절차를 굳이 설명할 필요가 없었지만 지금의 수입차 업계는 일단 신차는 잔금 치르고 보험 가입만 끝나면 영업사원들이 등록까지 일사천리로 끝내놓는다. 등록을 했다면 취등록세

아우디 모 전시장의 출고장에서 검수 중에

를 모두 냈다는 얘기다.

이렇게 되면 차에 하자가 발견된다 하더라도 인수를 거부하기가 무척 어려워진다. 이미 법적으로 등록을 했기 때문이다. 최근에는 많은 브랜드와 딜러사가 인수 확인증을 폐지했고 임시번호판을 잘 달아주지 않는다.

그런데 여기서 신차인데 뭘 검수하냐고 반문하는 사람도 있을 것이다. 그래서 상식적으로 설명하겠다. 자동차는 기본적으로 조립 후 포장되어 나오는 제품이 아니다. 일단 그 어떤 공산품과도 비교할 수 없이 많은 부품들이 복잡한 공정을 거쳐서 나오는데 어느 제품이든 세상에 불량률이 없는 제품은 없다. 또 공장에서 조립이 끝나면 차는 사람이 운전해서 옮긴다. 대형 트레일러나 캐리어에 싣고 물류 채널을 통해 항만으로 이동하고 대기했다가 또 사람이 운전해서 배에 싣는다. 배에 실린 차는 바다를 건너 우리나라에 오고 다시 사람이 한 대씩 한 대씩 이동해서 통관을 거쳐 물류센터이자 수입차의 마지막 공장이라고 할 수 있는 PDI 센터에 들어간다. PDI라 함은 Pre-Delivery Inspection 으로 고객에게 인도하기 전 마지막 점검과 일부 조립, 현지화 작업을 하는 것이다. 이것이 끝나면 또 사람이 운전해서 캐리어나 트레일러에 싣고 전시장에 도착한다.

차대에 새겨진 차대번호

검수의 필요성

이런 복잡한 과정 중에서 수백, 수천 대의 차가 모두 아무런 생채기 하나 없기가 과연 쉬울까. 실제로 캐리어에 싣다가 떨어진 차, 휠이 깨진 차, 이동 중 사고, PDI 센터 내에서 불미스런 사고가 난 차, 외부 보관 중 악천후나 태풍에 의해 일부 파손이나 훼손된 차 등이 생긴다. 또한 특정 부위의 조립이 잘 되지 않아 다시 재조립한 경우도 있는데 이런 경우는 이후 중고차 매각 시 해당 부위 교환차량으로 오인될 수 있어 주의가 필요하다. 심지어 차대번호가 바뀐 차들이 주인에게 인도되기도 한다. 차에 들어가는 부품도 마찬가지다. 부품이 생산되고 조립되기 전의 유통 과정에서 문제가 생긴 부품이 들어가기도 한다. 지금 적은 이런 경우는 필자가 직접 신차 검수를 하며 발견했던 경우를 간략히 적은 것으로 인수를 거부한 차들도 있고 차주에게 고지 후 일정 수준의 보상을 받거나 공식 문서를 발급해서 보증한 경우도 있다.

이런 문제는 일본 차보다는 유럽 차와 미국 차에 조금 더 발생률이 높았고 아주 경미한 페인트 불량까지 포함하면 두 자리 %에 이른다. 10대에 최소 1대 이상이란 얘기다. 인간이 하는 일에 완벽이란 없다. 이런 상식적인 문제 때문에 신차 출고 시 등록 전에 반드시 검수를 하기를 권한다. 등록을 한 후에 발견해도 때는 늦었다. 보험 가입은 해두어도 관계가 없으니 가급적 검수 후 등록을 진행한다.

검수 시 발견한 사소한(?) 외관 하자. 이런 일은 정말
비일비재하다.

검수는 이렇게

수천만 원 이상 하는 차를 새로 받게 되면 누구나 약간씩은 흥분해
있기 마련이고, 한국 사람 대부분이 그렇듯 사람을 옆에 두고 하나하
나 체크하면서 꼼꼼히 보고 따져 묻기가 쉽지 않다. '비싼 수입차인데
무슨 문제 있겠냐'거나, '당신(딜러)만 믿겠다'고 넘어가는 경우도 대단
히 많다. 그러나 지금까지 수많은 영업사원을 만나고 신차를 출고하

좌측은 신차 검수 중 발견한 녹슨 터빈이고, 우측은 같은 차종 심지어 같은 등급의 출고한 지 1년 된 중고차다. 해당 터빈의 녹에 대해 문의했더니 당연한 일이라며 모든 차가 그렇다고 해서, 당일 마침 서비스센터에 입고된 엠플러스에서 관리 중인 고객의 차를 확인한 게 우측 사진이다. 신차의 부품이 녹스는 것이 당연하면 이제 1년이 넘은 중고차인 이 차도 녹이 슬었어야 하는 것이 아닐까? 그리고 이날 확인한 전시차의 해당 부품 역시 녹이 없었다. 부품의 성능에 문제가 있고 없고를 떠나 이 정도면 해당 제조사의 각 부품에 대한 품질 관리, 유통 및 보관에 대한 관리가 안 되고 있다고 봐도 무방하지 않을까.

면서 자신의 고객차를 적정 수준 이상으로 검수해놓는 영업사원을 만난 것은 열에 둘이 채 되지 않는다. 그런 영업사원을 만나면 놀라서 되물을 정도다. 대체로는 범퍼가 깨졌는데도 모르고 있거나, 문에 움푹 눌린 자국이 있거나 칠이 벗겨진 부분이 있어도 이상 없다고 한다. 이 얘기는 영업사원을 비난하려는 것이 아니다. 검수는 영업사원의 일이기도 하겠지만 어디까지나 차주가 챙겨야 하는 일이기에 이런 일들이 있다는 사실을 알리고자 하는 것이다.

검수 시 문제가 되었던 사례를 모두 적을 수 없는 것이 조금 아쉽지만 필자가 말하고자 하는 것은 이런 일이 생길 수 있다는 것을 모두 인정하자는 것이다. 그리고 제조사나 판매 딜러는 이런 부분이 있는지 없는지 출고 전 명확히 검수를 해주고, 이상에 대해서는 소비자에게 정확히 고지한 후 보상이나 이후 절차를 안내해주어야 할 것이다. 또한 소비자는 이유 없이 그저 생산일자가 몇 개월 더 되었다고, 입항 후 보관이 좀 오래 되었다고, 혹은 그저 작은 페인트 불량으로 신차 교환이나 인수 거부를 하지 않았으면 한다. 수입차의 경우 물류 과정이 복잡하기 때문에 인수 거부를 한다고 한들 이후에 동일한 혹은 또 다른 문제가 없으리라는 보장도 없고, 포장되어 나오는 제품이 아닌 이상 작은 소소한 문제들은 있을 수 있다. 그러니 문제에 걸맞은 수준에서 딜러사나 제조사에 요구할 것은 요구하는 것이 바람직하겠다. 인수 거부만이 능사가 아니다.

사실 국산차나 수입차나 소위 '뽑기 문제'라고 하는 초기 품질 문제는 어느 차에나 있다. JD 파워 등에서 90일 이내의 고장이나 컴플레인 등을 조사하는 신차 품질조사가 있는 것도 이런 뽑기 문제가 엄연히 어느 브랜드에나 있다는 것을 반증하는 것이기도 하다. 로봇과 컴퓨터로 이뤄진 자동화 시스템 덕택에 갈수록 오차가 줄어들긴 하지만 불량 문제는 여전하기 때문에 신차를 인수하기 전에 반드시 꼼꼼하게 살펴보고 문제가 있다면 그에 맞게 대응하는 자세가 필요하다.

각종 포털 사이트에서 '신차 인수 시 체크사항'이라고만 검색해도 어마어마한 양의 리스트들을 볼 수 있다. 그러나 대체로 현실에 맞지 않는 것들이 많아 일반인이 쉬이 할 수 있을 정도의 검수 절차나 요령을 설명해본다.

신차 검수 요령

1. 신차 검수와 인수는 반드시 여유롭고 넓고 밝은 곳, 가급적 실내에서 차가 깨끗한 상태에서 한다. 전시장과 서비스센터가 같이 있어 리프트로 차를 띄울 수 있다면 더 좋다. 밝은 실내에서 하는 것이 좋은 이유는 도장면을 살펴봐야 하기 때문이다. 전시장 내에 출고 대기장 등에서 보거나 여의치 않다면 밝은 낮 실외에서 봐도 좋다. 가급적 조명이 균일하고 밝은 곳으로 한다. 중고차든 신차든 검수할 때는 비 오는 날, 밤, 조도가 낮은 곳 등은 무조건 피한다. 그리고 가급적 라이트는 지참하자.

2. 검수는 능숙하면 15분 남짓이면 끝나지만 그렇지 않다면 약 1시간 정도로 여유 있게 잡는다. 초보자나 익숙하지 않은 사람이 실내외를 모두 검수하다보면 30분 이상은 무조건 걸린다. 여기에 기본적인 작동법에 대한 설명을 들으며 작동까지 하면 1시간이 훌쩍 간다. 꼭 시간적 여유를 갖고, 영업사원에게도 1시간 이상 시간을 비워달라고 부탁해놓는다. 트집을 잡고 딴지를 걸기 위함이 아님을 매너 있게 설명하면 영업사원도 이해한다. 여유 있게 보되 어느 것이든 이상하다 생각되면 계속 질문을 해가면서 진행한다.

3. 도장면이 패이거나, 도장이 안 되어 있거나, 도장면이 불균일하거나, 기스가 많은 경우 등 도장면의 문제가 가장 많다. 외부는 범퍼와 헤드라이트, 후드와 펜더 등 각 판 사이사이의 유격을 보고, 몰딩이 들뜬 곳은 없는지 살핀다. 각종 기능의 정상 작동 유무는 물론 도어나 펜더의 체결 볼트, 경첩이나 힌지 부위의 상태를 본다. 만일 판과 판 사이의 유격이 맞지 않다거나 관련 부위 체결 볼트가 풀린 흔적, 실리콘이나 용접 부위가 타 부위와 비교 시 균일하지 않다면 의심해볼 만하다. 하부는 최근 많이 이슈화되었던 부식(녹) 문제가 있으니 가급적 리프트에 띄워서 보면 좋다.

4. 검수 후 문제가 발생할 경우 경미하다면 인수증 또는 문서로 명시하고 대가로 별도의 서비스를 받는 방향으로, 중하다면 반드시 인

수 거부한다. 사실 외판 도장이 균일하지 않다든지, 몰딩이 들떴다든지 하는 경미한 문제들로 차를 인수 거부 하는 것은 현실적으로 불가능하다. 이건 원칙문제도 아닌 것이, 수입차는 인기 차종은 몇 개월을 기다리기도 하는데 자잘한 문제로 인수 거부를 하고 몇 개월을 또 기다린다는 것도 그렇거니와, 그런들 또 문제가 없다는 보장은 없다.

그래서 대체로 이런 아주 경미한 문제들은 별도의 서비스를 요구하는 것이 좋다. 작은 선물을 받는다든가, 해당 부분과 관련된 문제가 생길 경우 무료로 교정 작업을 받는다든가, 각종 쿠폰을 1회 더 받아낸다든가 하는 등의 딜러에서 운영하는 서비스센터를 통해 받을 수 있는 서비스를 받거나, 해당 전시장의 지점장이나 팀장, 영업사원이 개인적으로 할 수 있는 가능한 방법으로 보상을 받는 것이다.

5. 심각해 보이는 문제들, 즉 엔진음이 이상하거나, RPM이 일정하지 않거나, 누유가 있거나, 심한 에어컨 냄새가 나거나, 어딘가 크게 깨지거나 부서진 곳이 있는 경우, 시동을 여러 차례 ON/OFF 해보니 계기반에 에러 코드가 뜨거나, 각종 경첩이나 힌지의 볼트를 푼 자국이 있는 등 교환이 의심될 만한 수준의 문제가 있다면 아무리 딜러가 인수하고 처리하면 되는 간단한 문제라고 말하더라도 가급적 인수를 하지 말길 권한다. 수입차를 인수해놓고 차량을 반납하기란 거의 십중팔구 불가능하기 때문이다. 딜러는 한국법인에, 한국법인은 현지법인에 떠넘길 가능성이 무척 높다. 가급적 중요한 문제가 생기면 인수를

거부하거나 인수를 보류하고 전문가와 함께 살펴보고 결정하는 것이 좋다.

6. 너무 지나치게 방어적인 태도를 취할 필요는 없다. 앞서 쓴 수입차의 생산과 유통 과정의 특성상 소소한 문제는 생길 수 있고, 등록 전에 영업사원에게 고지하고 그를 통해 적절히 조치를 받는다면 사소한 도장 불량 같은 것들은 모두 해결이 가능하다. 아무리 비싼 차도 초기 품질 문제를 피할 수는 없다는 사실을 기억해두자.

바람직한 중고차 구입 방법

스릴이 넘치는 중고차 시장

이 책은 기본적으로는 수입차를 주제로 하지만 이 편의 경우는 국산 중고차든 수입 중고차든 대체로 통용될 수 있는 이야기라고 할 수 있다.

우리나라에서 중고차를 구입한다고 하면 우선 주변 사람들이 말린다. 중고차를 사본 사람도, 안 사본 사람도 일단 위험하지 않냐면서 말린다. 중고차 구입에 대해 좋은 경험을 한 사람들을 찾아보기가 쉽지 않고, 관련 언론 보도를 봐도 주로 조심할 점을 중심으로 다루고 있어 기본적으로는 사는 것이 쉽지 않고 위험함을 전제로 받아들이게 된다. 그러나 어디든 좋은 사람도 있고 나쁜 사람도 있다. 그들이 한데 섞여 구분하기가 모호할 뿐이다.

현장에서 보기에 중고차 시장에 대한 선입견이나 인식은 솔직히 스스로를 보호하기 위해 바람직한 자세라고까지 생각될 정도로 중고차 시장은 호락호락하지 않다. 나쁜 면만 보면 막말로 돈 놓고 돈 먹기에 가까운 느낌이 들 때도 있다. 그러나 신차는 구입 즉시 중고차가 되고, 애지중지 아끼며 탄 차가 팔리면 그 역시 중고차이듯, 음양을 분명히 구분해서 알고 나면 이 안에서도 길이 있지 않을까?

나의 경우에는 특별한 일이 있지 않거나 욕심을 부리는 경우가 아닌 이상은 거의 중고차를 구입한다. 아무리 적어도 몇 백만 원 이상 싸게 구입할 수 있을뿐더러 출시 2~3년 이내 차라면 성능이나 상태도 신차나 비슷한 차들을 구하는 것이 어렵지 않다. 1,000만 원 정도 차이가 나면 그 차이만큼 그것으로 할 수 있는 것들이 많으니 위험하지만 않다면 중고차를 구입하는 것이 이익이다. 개인적으로는 3년 이상 탈 계획이고 10% 이상 할인을 받을 수 있거나 스페셜 오더 하는 경우, 중고차 시장에서 구입할 수 없다고 판단될 경우 외에는 신차를 사지 않는다.

수입 중고차 시장의 특징

개인적으로 가장 강조하고 싶은 것은 역시 중고차 시장은, 특히 수입 중고차는 케이스 바이 케이스라는 것이다. 수입 중고차는 역시 서울오토갤러리라든지, 수입 중고차는 잘못 사면 수천만 원 깨진다든지 하는 것들은 원칙이나 진리가 아니라 그냥 많고 많은 말일 뿐이다. 중고차의 세금은 과표대로 나온다든지, 카 히스토리나 자동차성능기록부 같은 증빙 서류들도 모두 마찬가지다. 중고차 시장에 100%란 없다.

우선 수입 중고차 시장의 일반적인 특징부터 살펴보자.

우리나라는 아직 수입차의 점유율 자체가 10%에 미치지 못하는 시장이다. 그런데 이런 낮은 점유율에도 불구하고 베스트셀링카 5대가 차지하는 비율이 매우 높다. 한국수입자동차협회에 따르면 2013년 한 해 동안 신규 등록된 총 수입 승용차 대수는 모두 156,497대다. 그런데 이중 베스트셀링카 5위[+]까지 판매량의 합산 대수가 27,190대다. 약 17%나 된다. 브랜드 편중 현상도 그렇고 차종 쏠림 현상 역시 심한 편이라고 할 수 있다. 이러한 신차 판매 경향은 중고차 시장에도 영향이 있다. 판매순위 10위 안에 들지 못하는 차량은 시장에 매물이 매우 적고 그만큼 구입이 어렵다.

국산차의 경우 쏘나타나 K7, 아반떼 같은 차량을 중고차로 구입하는 것은 사실 차만 잘 고른다면 어려운 확률 게임은 아니다. 물론 옵션과 색상을 까다롭게 고집하면 쉽지는 않지만 일단 대상이 워낙 많다보니 해볼 만하다. 그러나 수입차의 경우는 판매량이 높은 차가 아닌 이상 특정일 현재로 시장에 나와 있는 동일 연식이면서 동일 연도 등록된 차의 매물이 동일 매물과 허위 매물을 제외하고 20~30대

[+] 1위 BMW 520d, 2위 폭스바겐 티구안 2.0 TDI 블루모션, 3위 메르세데스-벤츠 E 300, 4위 메르세데스-벤츠 E 220, 5위 폭스바겐 파사트 2.0 TDI

를 넘는 경우는 별로 없다. 20~30대가 많은 것이 아니냐고 반문할 수도 있겠지만 그렇지가 않다.

우선 수입차는 리스차의 비중이 높다. 그러나 중고 수입차를 찾는 사람들은 현금(할부 포함)으로 사려는 사람들의 비율이 높다. 리스 승계로 위탁 매물이 나온 차량을 현금으로 살 수는 없다(엄밀히 말하면 경우에 따라 가능할 때도 있으나 대체로는 중도상환 수수료 문제로 리스 승계로 판매되기 마련이다). 특히 고가의 차량일수록 리스차의 비중은 50~60%를 넘어갈 정도고, 신규 등록일 기준으로 1~2년 이내의 연령이 짧은 차량일수록 리스차의 비중은 더 높다. 이런 상황에서 판매량이 10위 안에 들어가지 못하는 신차 가격 기준 7,000~8,000만 원 차를 현금일시불로 사려고 보면 차가 시장에 없는 것이 이상한 일이 아니다.

특히 수입차를 사는 사람들의 대부분이 차에 대해 높은 기대치와 가치를 부여하는 경우가 많고 차를 자아 표현의 수단으로 생각하는 경우가 많은 만큼 아무 색상의 차를 그냥 되는 대로 사는 경우 또한 별로 없다. 시장에 매물 자체도 별로 없는데 현금차에 색상까지 골라서 사려니 쉽지 않은 게 당연하고, 그 안에서 사고차나 상태가 나쁜 차를 빼고 나면 정말이지 몇 대 되지 않는다.

또한 수입차는 감가가 심한데 특히 구입할 때보다는 팔 때의 감가가 심한 편이다. 그리고 만 3년이 대다수 브랜드의 무상보증기간이기 때문에 만 3년 이내의 비교적 깨끗한 차들에 선호가 집중되어 있다.

최근에는 2,000cc 디젤 수입 엔트리 급 차량들이 큰 인기를 끌면서

고가의 대형 세단의 감가도 크지만 특히 인기 브랜드가
아닌 차들은 감가는 더욱 심하다. 사진은 재규어 XJ

신차 판매량이 많은 베스트셀링카들이 감가율도 낮고
중고차를 구입하기도 수월하다. 사진은 BMW 520d

520d, 320d를 비롯하여 폭스바겐의 디젤 차량들에 중고차 시세가 높게 형성되는 편이고, V6 3,000cc 이상의 가솔린 차량들, 미국과 영국, 일본 차들의 중고차 시세가 대체로 낮게 형성되는 편이다.

브랜드별로는 벤츠의 감가율이 적으며, 미국 차와 일본 가솔린 차들이 감가율이 높다. BMW와 아우디, 폭스바겐의 디젤 차들은 감가가 상대적으로 적은 편이고 인기가 많아 때로 이게 중고차로서 경제적인 가치가 충분한 것인지 확신이 들지 않는 경우도 많다. 그러나 내가 구입해서 타다가 후에 판매할 때의 감가도 좋다보니 어찌되었든 경제적으로 장점이 있는 편이다. 다만, 수입차를 감가를 감안해서 선택하는 것은 일단 기본적으로 조금 모순이 있으니 참고만 하는 게 현명하지 않나 싶다.

이러한 일반적인 특성을 이해하고 수입 중고차를 구입하는 전략을 세우는 것이 좋겠다.

확인해야 하는 차량 관련 서류

중고차를 사러 간다면 반드시 알아둬야 하는 서류들이 몇 가지 있다. 이 서류들은 매우 일반적인 것들이며, 이들을 확인하지 않고 사는 것은 그냥 무모한 도전, 도박이라 해도 틀리지 않다.

자동차등록원부

우선 자동차등록원부는 쉽게 말하면 사람의 주민등록등본, 부동산의 등기부등본과 같은 것이다. 차량 소유주나 차대번호는 물론 압류나 저당, 그리고 렌터카 등 영업용 차량 여부, 정기검사 내역 등을 확인할 수 있다. 압류나 저당 같은 경우 할부를 이용해서 구입한 차량이나 혹은 벌금이나 과태료 등이 미납된 것들이 표시되며 압류나 저당이 있을 경우 명의 이전은 불가능하다. 따라서 자동차등록원부를 조회했을 때 압류나 저당이 있을 경우 차량 소유주에게 해소할 수 있도록 요청해야 한다. 계기반의 적산거리를 조작한 차량들에 대한 뉴스나 기사를 종종 볼 수 있는데 정기검사를 받은 이력이 있는 차들의 경우는 검사받던 때 체크해둔 주행거리 등이 표기되므로 이를 확인하면 어느 정도 예방이 가능하다.

자동차등록원부는 가급적 계약 직전 확인토록 하며, 인터넷으로 차량번호 전체, 그리고 현재 차량등록증 상의 명의자 성명과 주소를 알면 쉽게 열람이 가능하다. 따라서 원부조회를 위해 미리 등록증 사본을 받아서 확인하도록 한다. 만일 매매상사에서 차를 구입할 경우에는 방문해서 차를 검차하기 직전에 요청해서 자동차등록원부를 보여달라고 하면 쉽게 확인이 가능하다.

카 히스토리 사고 이력

여기서 언급하는 서류들 중 최근 가장 많이 입에 오르내리는 보험개발원의 카 히스토리(www.carhistory.or.kr)는 자동차보험 사고 이력을 말한다. 각종 포털 사이트 검색 창에 카 히스토리라고 검색을 하면 쉽게 사이트에 접속할 수 있으며, 이곳에서 일정액을 결제한 후 차량 번호 전체를 입력하면 자동차보험으로 처리된 자차, 타차의 수리 금액과 횟수, 날짜, 명의자 변경 횟수 등이 나온다. 우리나라는 종합보험의 가입률이 대단히 높은 편으로, 사고가 나면 많은 경우 보험처리를 하기 때문에 이를 참고하는 것은 필수 사항이라 할 수 있다. 특히 3~5년 이내의 수입차의 경우 종합보험의 자차 가입률은 매우 높다. 다만, 보험 처리하지 않고 현금으로 처리한 사고나, 자차보험을 가입하지 않은 기

간의 내역, 그리고 아직 처리가 완료되지 않은 사고의 경우 표기되지
않으므로 각별히 주의할 필요가 있다.

자동차성능기록부

자동차성능기록부는 등록된 매매상사에서 중고차를 사고팔 때 반
드시 받아야 한다. 이는 자동차의 기본적인 사고 유무와 정비 관련 문
제가 있는지 등이 표기된 현재 자동차 상태에 대한 검사 결과가 나온
서류다. 만일 매매상사에서 차를 사는데 중고차성능기록부가 없는 차
량이라면 위탁 차량을 제외하고는 구입하지 말아야 한다. 간혹 사고
차들을 속여 파는 중고차 딜러들이 성능기록부에 표기되면 판매가 어
렵기에 갖은 말로 볼 필요가 없다는 둥, 곧 볼 거라는 둥 하는데 그냥
딱 잘라 구입하지 않는 것이 현명하다. 단, 위탁 차량들의 경우는 조금
다를 수 있다. 예를 들어 매매를 위탁한 차주와 중고차 딜러 간에 조율
이 되지 않은 경우가 있을 수 있으며, 딜러가 잠재 구매자가 나타나면
함께 확인하며 점검을 받는 경우도 있을 수 있다. 즉 미리 성능점검을
받아서 서류를 준비하는 것이 아니라 구매자가 나타나면 성능점검을
끝으로 확인하여 매매를 하는 것이다.

[별지 제 82호서식]

중고자동차성능·상태점검기록부

제 140211▨▨▨ 호

(1)차명	A63.0TDI콰트로	(2)자동차 등록번호	▨▨▨	(3)주행거리 및 계기상태	45,352 Km
					[ ] 작동불량

(4)연식	2011	(5)검사유효기간	– – 부터	2015-03-02 까지

(6)최초등록일	2011-▨▨	(8)변속기종류	[V] 자동 [ ] 수동 [ ] 세미오토
(7)원동기형식	CDY		[ ] 무단변속기 [ ] 기타( )

(9) 차대 번호	▨▨▨	(10) 보증유형	[ ] 자가보증 [ ] 보험사보증

(11)동일성확인(차대번호표기)	[V] 양호	[ ] 상이	[ ] 부식	[ ] 훼손(오손)	[ ] 변조(변타)	[ ] 도말

(12)불법구조변경	[V] 없음 [ ] 있음	(13)사고/침수유무(단순수리 제외)	[ ] 유 [V] 무

(14)자기진단사항	항목	양호	정비요	미적용	(15)배출가스	일산화탄소(CO)	%
	엔진	[V]	[ ]	[ ]		탄화수소(HC)	PPM
	변속기	[V]	[ ]	[ ]		매연	20 %

(16)주요장치

항 목	해당부품	상 태			
원동기	작동상태(공회전)	[V] 양호	[ ] 지연	[ ] 소음	[ ] 정비요
	압축상태(공회전)	[V] 양호	[ ] 불량	[ ] 정비요	
	오일누유 실린더헤드	[V] 없음	[ ] 미세누유	[ ] 누유	[ ] 정비요
	오일누유 실린더블럭	[V] 없음	[ ] 미세누유	[ ] 누유	[ ] 정비요
	오일유량 및 오염	[V] 적정	[ ] 부족	[ ] 오염	[ ] 교환요
	냉각수누수 실린더블럭	[V] 없음	[ ] 미세누수	[ ] 정비요	
	냉각수누수 실린더헤드/가스켓	[V] 없음	[ ] 미세누수	[ ] 누수	[ ] 정비요
	냉각수누수 워터펌프	[V] 없음	[ ] 미세누수	[ ] 누수	[ ] 정비요
	냉각수누수 냉각쿨러(라디에이터)	[V] 없음	[ ] 미세누수	[ ] 누수	[ ] 정비요
	냉각수량 및 오염	[V] 적정	[ ] 부족	[ ] 오염	[ ] 교환요(부식)
	고압펌프(커먼레일)	[V] 양호	[ ] 정비요	[ ] 불량	
변속기	자동변속기(A/T) 오일누유	[V] 없음	[ ] 미세누유	[ ] 누유	[ ] 정비요
	자동변속기(A/T) 오일유량 및 상태	[V] 적정	[ ] 부족	[ ] 과다	[ ] 오염(희석)
	자동변속기(A/T) 스톨시험(전진)	[V] 양호	[ ] 슬립	[ ] 충격	[ ] 출력부족
	자동변속기(A/T) 스톨시험(후진)	[V] 양호	[ ] 슬립	[ ] 충격	[ ] 출력부족
	자동변속기(A/T) 작동상태(공회전)	[V] 양호	[ ] 지연	[ ] 소음	[ ] 정비요
	수동변속기(M/T) 오일누유	[ ] 없음	[ ] 미세누유	[ ] 누유	[ ] 정비요
	수동변속기(M/T) 기어변속장치	[ ] 양호	[ ] 울림/빠짐이상	[ ] 소음	[ ] 정비요
	수동변속기(M/T) 오일유량 및 상태	[ ] 적정	[ ] 부족	[ ] 과다	[ ] 오염(희석)
	수동변속기(M/T) 작동상태(공회전)	[ ] 양호	[ ] 지연	[ ] 소음	[ ] 정비요
동력전달	클러치 어셈불리	[V] 양호	[ ] 누유	[ ] 슬립	[ ] 소음 [ ] 정비요
	등속조인트	[V] 양호	[ ] 고무부트손상	[ ] 정비요	
	추진축 및 베어링	[V] 양호	[ ] 소음	[ ] 유격	[ ] 정비요
조향	동력조향 작동 오일 누유	[V] 없음	[ ] 미세누유	[ ] 누유	[ ] 정비요
	작동상태 스티어링 기어	[V] 양호	[ ] 소음	[ ] 유격	[ ] 정비요
	작동상태 스티어링 펌프	[V] 양호	[ ] 소음	[ ] 정비요	
	작동상태 타이로드엔드 및 볼 죠인트	[V] 양호	[ ] 정비요		
제동	브레이크오일 유량상태	[V] 적정	[ ] 부족	[ ] 오염	[ ] 교환요
	브레이크오일누유	[V] 없음	[ ] 정비요		
	배력장치 상태	[V] 양호	[ ] 정비요		
전기	발전기 출력	[V] 양호	[ ] 정비요		
	와이퍼 모터기능	[V] 양호	[ ] 정비요		
	실내송풍 모터	[V] 양호	[ ] 소음	[ ] 정비요	
	라디에이터 팬 모터	[V] 양호	[ ] 소음	[ ] 정비요	
기타	연료누출(LP가스포함)	[V] 없음	[ ] 있음		
	윈도우 모터 작동	[V] 양호	[ ] 소음	[ ] 정비요	

(17) 자동차의 상태표시

[외관] 앞(전방)　　　　　　[주요골격] 앞(전방)

＊ 상태표시
　　부호

X : 교환
　　（교체）

W : 판금
　　용접

※ 승용차
　　외에는
　　승용차에
　　준하여
　　표시

뒤(후방)　　　　　　　　뒤(후방)

---

(18)외판부위의 판금,용접수리 및 교환

☐ 후드　　　　☐ 프론트휀더　　　☐ 도어　　　☐ 트렁크리드

☐ 라디에이터 서포트(볼트체결부품)　　☐ 루프패널　　☐ 쿼터패널　☐ 사이드실패널

(19)주요골격 부위의 판금,용접 수리및 교환

☐ 프론트패널　　☐ 크로스멤버　　☐ 인사이드패널　　☐ 사이드멤버
☐ 휠하우스　　　☐ 대쉬패널　　　☐ 플로워패널　　　☐ 필러패널
☐ 리어패널　　　☐ 트렁크플로워

중고차의 특성상 부분적인 판금, 도색이 있을 수 있습니다.

(20)특기사항 및 점검자 의견	본 성능지는 사고유무, 차량상태를 판단하기 위한 검사자료로써 보증내역이 없는 해당차량 참고자료임을 밝힙니다.

자동차관리법 제58조제1항 및 동법시행규칙 제120조제1항에 따라
중고자동차의 성능·상태를 점검 하였음을 확인합니다.

2014 년 02 월 11 일

중고자동차 성능·상태 점검자　　　　　　　　　　　　(인)

중고자동차 성능·상태 고지자　　　　　　　　　　　　(인)

본인은 위 중고자동차 성능·상태점검기록부를 교부받은 사실을 확인함.

년　　월　　일　매수인　　　　　　　　　(인)

이 성능기록부는 통상 현재 차의 상태에 관한 종합적인 사항들로 구성되어 있어 사고 유무나 외판(펜더, 도어, 후드나 트렁크 등)의 교환 유무, 그리고 엔진이나 미션 계통의 누유를 비롯한 동력계통의 상태 등을 한 장의 서류로 보여준다. 그러나 현장에서 보건대 실상 이 서류의 신뢰도는 그리 높지 못하다. 성능기록장과 매매상사가 짜고 치는 경우도 있고 분명 사고로 인한 교환인데도 단순교환으로 표기하거나, 누유가 있음에도 불구하고 적정량 미만이라고 표기하지 않는 경우 등이 비일비재하다.

때문에 성능기록부는 어디까지나 참고자료로서 유효하며, 카 히스토리와 함께 확인했을 때 합치되는 경우에 한해 어느 정도 믿을 수 있다는 정도로 생각하는 것이 좋다.

개인적으로는 카 히스토리와 성능기록부, 등록원부가 모두 깨끗하고 문제가 없는 차량이라면(문제가 없다는 것이 무사고에 카 히스토리에 잡힌 금액이 하나도 없는 것을 의미하는 것은 아니고, 얼마의 금액이 있고 단순교환 부위가 있더라도 그런 정도의 문제가 아닌 전체적인 서류의 신뢰성을 말하는 것이다) 50% 정도는 구입할 만한 상태의 차라고 생각해도 좋다. 그러나 많은 사고차와 침수차들이 이 두 가지 서류에 아무것도 기록되지 않은 경우를 대단히 많이 봤기 때문에 이 서류들만으로 차량 구입을 결정하는 것은 절대 금물이다.

위 서류들만으로 가려낼 수 없는 차들은 대체로 시승차거나, 침수나 사고 후 보험처리 하지 않고 성능점검을 짜고 본 경우, 자차를 가입하지 않은 기간에 접촉사고가 많이 났던 외판 판금 도색 차량, 동력계통 트러블이 있어서 엔진이 멈추어 가다가 서거나 고속에서 떨리거나 직진 주행에 문제가 있는 차량 등이다. 이런 경우는 표기되지 않는다. 따라서 어디까지나 참고할 필수 서류들이라는 정도로 이해하자.

끝으로, 매매상사에서 차량을 구입하지 않고 개인매매를 하는 경우, 구입하는 당신이 차에 대해 정말 선수 수준이 되지 않는다면 성능점검장에서 성능점검을 받아보길 권한다(성능점검장은 대체로 대형 매매단지에 있다). 개인의 경우 성능점검장마다 조금씩 차이가 있긴 하지만 10만 원을 넘지 않는 선에서 점검할 수 있으며 이런 개인 의뢰의 경우 매우 꼼꼼하게 봐주니 가치가 충분하다고 생각한다. 다만, 구입하지 않은 차량이므로 이에 대한 비용 부담 문제는 양자 간에 알아서 정리하는 지혜가 필요하겠다(만일 내가 판매자라면 성능기록 확인 후 판매자인 내 말과 다름이 없다면 구매자가 부담하게 하고 문제가 있다면 내가 비용을 부담하는 방식으로 하겠다. 내가 성능점검을 원하는 구매자인 경우는 내가 부담하겠다고 하는 것이 좋을 것 같다).

현장에서 자주 보는 주의할 만한 유형의 사례

- 매매업자가 성능점검장과 결탁해 사고차를 무사고 단순교환으로 둔갑시킨 후 판매하는 경우
- 카 히스토리에 나와 있지 않던 사고가 구입 직후 갑자기 수백만 원 이상의 금액이 잡히는 경우
- 성능기록부와 카히스토리 모두 깨끗해서 구입하고 정식 서비스센터에 갔더니 전손 견적을 받았던 기록이 있는 차량인 경우(중고차 딜러가 전손차를 구입하여 외부에서 현금 수리하고 성능점검장과 짜고 판매했을 가능성이 가장 큼)

위의 유형들이 가장 많긴 하지만 사실 현장에서 보면 이렇게 단순히 구분하기엔 사례가 너무나 다양하다. 끝으로 성능기록부에 점검일자가 2~3개월 이상 경과한 경우는 구입 전 반드시 자비로라도 다시 점검을 받는 것이 좋다(이미 중간에 다른 구매자에게 판매되었다가 문제가 있어 다시 시장에 나오는 경우가 있다).

확인해야 하는 판매자 관련 서류

종사원증

매매상사에서 구입하는 경우 판매자의 종사원증을 확인하고, 매매상사의 사업자등록증을 체크하여 해당 상사에서 근무하는 중고차 영

업사원이 맞는지 확인할 필요가 있다. 때로 차주가 아닌 중고차 딜러나 알선업자가 본인의 차가 아닌 차를 사기로 판매하거나 중도에 알선수수료를 받고자 하는 목적으로 판매 행위를 하는 경우가 있다. 물론 정상적으로 알선을 의뢰해서 진행하는 경우라면 문제가 없겠지만 직접 차량을 매입하지 않은 영업사원에게 차를 사는 것은 불필요한 문제를 야기할 수 있으니 가급적 차량이 매입된 상사와 해당 상사 소속의 중고차 딜러를 통해 직접 거래하는 것이 좋다.

그런데 중고차 시장에도 때로 프리랜서가 있어서 종사원증이 없는 경우가 있다. 이런 경우 무조건 문제가 있다고 하기에도 무리가 있다. 상사 대표의 명의를 빌려서 중고차 매매를 하는 경우인데 법적으로는 때로 문제가 될 수는 있겠으나 계약이나 거래의 안정성과는 조금 다르기 때문에 매매상사 대표를 통해 확인이 된다면 진행해도 무방하다고 생각한다.

관련 사기 사례

2012년 5월에 있었던 실제 사례다. 지방에 거주하는 A씨가 필자가 운영하는 엠플러스에 전화를 해서 "수도권 모 매매단지에 점찍어둔 차량 1대를 점검하고 살펴보고 구입해도 될지 판단만 해달라"는 내용의 의뢰를 했고, 이에 나는 통상 상담하는 것처럼 전체 대행을 맡기는 것이 효율적임을 알려주고, 정확히 차량만 확인해서 상태에 대한 설명과 가격대비 어떤지, 그리고 엠플러스 기준으로 추천할 만한 차인지를 알려주면 되는지를 확인했다. A씨는 차량 상태만 확인해서 알려주면 본인이 직접 계약하고 구입하겠다고 하여 해당 차량 번호와 차고지 등을 전달받아 바로 해당 차량에 대해 각종 서류 조회, 실차 확인 및 점검, 시운전, 서비스센터 이력 조회 등을 모두 마친 후에 '차량 상태 양호, 이상 없음'이라고 답변을 주고 추가로 질문하는 것들에 답변을 했다.

그런데 일주일 경과 후 A씨로부터 차량 대금 일체를 모두 지불한 상황에서 딜러와 연락이 두절되었고 차는 없다는 연락을 받았다.

해당 차량은 당시 A씨의 말에 의하면 차주인 딜러 B가 동급 매물들에 비해 20% 이상 저렴하게 줄 테니 구입하고자 하면 빨리 구입해가라는 말을 전해 듣고 의뢰한 것이었다. 이에 필자는 당시 무조건 사기이니 차량을 살펴볼 필요도 없다고 하였으나 A씨가 그 부분은 자신이 알아서 하겠으니 차만 확인해서 상태를 알려달라고 한 것이다. 실제 확인하고 보니 B는 해당 차를 매입한 딜러가 아닌 사기꾼이었고 실제 차량의 소유자가 아니었다.

이처럼 신차 구입과 관련한 내용에도 썼지만 싼 차나 할인만 좋다가는 일을 그르칠 가능성이 크다. 해당 차량은 심지어 구입해서 타다가 되팔아도 돈을 남길 수 있을 만큼 시세 대비 저렴했고 이에 강하게 주의를 주었으나 끝내 사고가 발생하고 말았다.

실리(利)를 추구하는 것은 당연하지만 이치(理)에 맞지 않는 거래는 정상적일 수 없으니 반드시 참고하였으면 한다.

기타 서류

차량이 리스차일 경우는 반드시 챙겨야 하는 두 가지 서류가 있다. 하나는 리스 상환 스케줄표이고 다른 하나는 특정 일자 기준의 해지 정산서다(두 서류 모두 리스사나 캐피탈사마다 이름이 조금씩 다르나 저렇게 말하면 모두 이해하고 알아듣는다). 리스 상환 스케줄표는 해당 리스 계약에 대해 계약 된 기간과 결제일에 따라 원금과 이자, 그리고 이를 합한 리스료가 적 혀져 있는 표로 계약 개시일, 보증금과 잔가 등이 표기된 서류다.

해지정산서는 해당 차량의 시세와 인도금을 계산하는 데 필요한 서 류로, 만일 내가 2014년 4월 1일 운용리스 중인 중고차를 계약하고자 한다면 4월 1일자로 해지정산서를 받아서 미회수원금 또는 미상환원 금이 얼마인지 확인한다. 이 미회수원금, 미상환원금은 남아 있는 리스 계약의 원금이 얼마인지를 말하는 것으로 딜러가 제시하는 판매가격에 서 미회수원금, 미상환원금을 제한 금액이 인도금이 된다. 만일 해당 차 종의 시세가 3,100만 원인 차가 있는데 해당 차량의 미회수원금이 2,000 만 원일 경우 인도금은 1,100만 원이 되고, 만일 이때 인도금이 1,200만 원이라면 이 차량은 시세보다 100만 원이 비싼 차가 되는 것이다.

리스차가 중고차 매매사이트에 올라올 때 일반인의 경우 대체로는 정확한 금액, 또는 시세 대비 가격 수준을 판별하기 어렵기 때문에 본 인이 생각하는 시세와 비교해보기 위해서는 위 두 서류를 반드시 받아 서 확인해보아야 한다.

무사고차, 단순교환차, 사고차

중고차를 사거나 팔 때 반드시 알아야 하는 용어로, 기준을 명확히 해야 하는 것이 바로 사고차와 무사고차, 그리고 단순교환차다.

우선 단순교환도 없는 무사고차라 함은 앞뒤 범퍼 교환, 그리고 외부 판금도색 이내의 차량만을 의미한다. 이는 일반인들이 생각하는 일체의 접촉사고도 없는 차와는 분명히 다른 기준이다. 범퍼 교환이 있었다고 해서 단순교환차로 분류되지도 않으며 범퍼 교환은 10번을 해도 무사고차에 해당한다. 외부 판금도색의 경우는 후드와 트렁크, a, b, c 필러를 제외한 앞뒷문, 앞뒤 펜더를 의미한다. 이 정도의 손상이나 과거 수리 이력은 그게 사실일 경우 차량의 성능과는 무관함을 뜻한다(후드와 트렁크의 판금 도색은 현장에서 보자면 이견의 여지가 있다).

단순교환차는 무사고차에 준하는 차로 취급을 받으며 통상 시세 차이 역시 구입가(소매가 기준)의 0.5% 이내로 큰 차이는 나지 않는다. 주로 문짝, 앞 펜더 교환을 의미하며, 차량의 차대(앞뒤 패널, 각 필러, 멤버 등)에 손상이 없어야 한다. 수입차의 경우 보증, 그리고 오너의 무지로 인해 작은 문짝의 손상도 교환하는 경우가 종종 있기 때문에 이러한 단순교환차는 차대에 손상만 없다면 구입해도 되는 차량이다. 다만, 보증기간 이내의 차가 단순교환이 센터에서 이뤄지지 않고 제3의 공업사에서 이뤄진 경우 해당 부위에 대한 제조사의 보증이 일체 불가능할 수 있다. 이에 정확히 알아보아야 하며 이로 인한 억울한 일을 당하지 않도록 각별히 유의해야 한다.

사고차는 통상 차의 뼈대인 앞뒤 패널, 각 멤버나 필러에 손상을 입어 교환이나 판금을 한 경우다. 이 경우 법적으로는 반드시 성능기록부에 표기되어야 하며 손상을 입어 판금이나 교환을 했음에도 성능기록부에 나오지 않았다면 해당 성능점검장에 대해 민형사상의 책임을 물을 수 있다. 다만 법의 조항이 그럴 뿐 실제 민형사상 고소고발을 한다고 하더라도 변호사 선임비 등 실제 소요 비용과 승소 시 받을 수 있는 보상 등을 따져보면 보상을 받기란 현실적으로 어려운 부분이 있기 때문에 가능하면 민형사상 보상이 가능하다는 법적인 조항만을 믿고 차를 구입하면 안 되겠다.

끝으로 후드와 트렁크의 경우 교환은 대다수가 사고차의 범주에 속하는 경우가 많아 가능하면 성능기록부에 차대 손상이 없다고 하더라도 사고차의 수준에서 거래가 되니 참고한다. 후드나 트렁크는 대체로 모두 펜더나 범퍼의 손상을 동반하기에 차량에 손상이 많이 간 상태의 차일 가능성이 높고 시세 또한 단순교환차들과는 차이가 조금 있다. 다만 현장에서는 간혹 정말 단순한 해프닝으로 후드나 트렁크만 교환된 경우를 만나곤 하기 때문에 무조건 사고차로 단정 지을 수는 없다(예를 들면 지상 주차해둔 차를 누군가 2층에서 던진 작은 물건으로 인해 후드가 손상된 경우 등). 대체로 이 후드와 트렁크는 부위에 따라 판금이나 덴트⁺가 되지 않는 경우가 많다보니 작

+ Dent. 움푹 들어간 곳을 말하는 것으로 통상 표면 페인트에는 손상이 없거나 매우 경미한 상태로 면이 들어간 경우를 말하며, 이를 판금, 도색하지 않고 면을 다시 복원시키는 기술 자체를 뜻하기도 한다.

은 일로도 교환하게 되는 경우가 분명히 존재한다.

개인매물 구입 전략과 과정

지금까지 살펴본 내용을 중심으로 이제는 매매상에서 파는 시장 매물이 아닌 개인매물을 살펴보자.

개인매물을 알아보고 구입할 때 우선 감안해야 하는 것은 개인매매는 어디까지나 판매자와 구매자의 협의가 중요하다는 점이다. 내가 아무리 설득력을 가지고 검차나 시승, 행정적인 진행을 얘기해도 판매자가 동의하지 않으면 모든 게 허사인 것이 개인매매다. 성사까지 변수가 많아 신경 쓰이는 것도 많은 편이다. 그러나 매매상에 차를 팔 때 받는 시세가 너무 낮은 경우, 또는 동호회나 카페 등의 중고거래가 활발한 경우는 제값을 받을 수 있다는 장점이 있어 이용하면 좋고, 통상 조금 오래된 차들이나, 판매량이 높은 인기가 많은 차, 튜닝차 등 시장에서 딜러가 가격책정이 어려운 차들의 거래가 활발하다.

우선 원하는 개인매물이 동호회나 카페 등에서 검색이 되었거나, 주변 지인으로부터 매물이 나왔다면 먼저 차종과 등급, 옵션 상태 등을 파악한다. 그리고 차량 번호 전체를 받고 차량등록증과 명의자 실명을 확인한다. 이상이 없다면 등록원부 조회를 하고, 카 히스토리 조회까지 인터넷으로 편리하게 진행할 수 있는 것들을 체크한다.

여기까지는 사실상 차를 볼 필요가 없는 부분이기에 신속히 명확하게 해둔다. 그리고 온라인 매매사이트를 통해 대략적인 시세를 확인하되 상태가 제각각인 차들이 나와 있는 것이니만큼 가급적 상태에 따른 플러스마이너스 금액 정도는 생각해둬야 한다.

개인매매의 장점은 기본적으로 판매하는 사람은 중고차 딜러에게 파는 것보다는 좋은 가격을 받고, 구입하는 사람은 조금 더 저렴하게 구입하는 것이다. 이런 메리트가 없다면 법적인 장치가 없는 개인매매는 상사의 상품용 차량 구입보다 위험한 것이 더 많다고 볼 수 있다. 실제로 개인들의 경우는 시장에서 가격으로 치지 않는 틴팅이나 블랙박스나 하이패스, 또는 드레스업의 상태 등을 모두 가격에 반영해서 시장가격보다 비싸게 내놓고 판매하는 경우도 자주 있어서 시장가격보다 메리트가 없는 경우도 상당히 많다.

여기까지 문제가 없었다면 판매자와 협의를 하는데, 우선 판매자에게 차량 차계부나 그간의 정비 이력 등을 확인시켜줄 것을 요청한다. 받아들이지 않거나 없을 수도 있지만 최대한 챙겨서 확인을 하도록 한다. 가급적 차량을 서비스센터에 가져가서 사고 입고 이력, 소모품 교환 이력 등의 정비기록을 확인한다. 차주가 동행한다면 확인하는 데 일체 무리가 없다. 이상이 없다면 단골 정비소 등에서 전문가와 함께 보거나, 아니면 가장 가까운 자동차 성능점검장에 가서 실비를 지불하고 꼼꼼하게 살펴본다.

또한 시승을 반드시 하되 가급적 30분 이상 중고속 주행, 그리고 요철에서의 하체의 상태 등을 모두 파악할 수 있도록 시승 코스를 짜서 운전을 해본다. 이 과정에서 각종 버튼을 모두 눌러보고 작동 상태를 확인하고 주행 중 엔진이나 배기음, 그리고 하체에서 잡소리는 없는지, 직진주행이나 조향에 문제는 없는지, 스티어링 휠도 끝까지 감아보고 에어컨이나 히터도 작동시켜 컴프레서의 소음이나 상태를 확인토록 한다. 내외관의 상태를 보되 판매자와 협의가 되지 않으면 모두 끝인 것이 개인매매이니만큼 가능한 매너를 갖추고 차근차근 살펴보되 불필요한 딴지를 거는 태도는 지양하는 것이 좋다. 중고차는 모두 어디 한 곳은 흠이 있게 마련이고 이런 것이 싫다면 신차를 사는 것이 맞다.

궁금한 점이나 문의사항이 있다면 뒤에서 인터넷 등으로 알아보기보다는 현장에서 차주에게 물어보는 것이 바람직하다. 성능점검을 받아보거나 단골 정비소에서 전문가와 확인했다면 사고나 주요 수리에 대한 범위는 확인이 끝났을 것이므로 오너만이 알 수 있는 부분은 오너에게 묻는 것이 가장 정확하다.

이렇게만 한다면 내가 차를 잘 볼 줄 모르더라도 신뢰할 수 있는 차량을 구입할 수 있다. 다만 차를 구입하는 과정에서 판매자가 형식에 어긋나는 요청을 하거나 상식에 반하는 태도를 보인다면 유보하는 것이 좋다. 현장에서 많은 개인 판매자들을 만나봤지만 본인의 차가 아닌 차를 인감도장을 임의로 제작해서 계약서에 날인하겠다거나, 타인의 차를 매매하겠다는 경우, 또는 명의 이전 과정이나 차량 대금 입금과 차량 인수 일자를 달리하는 방법 등으로 사기를 친다거나 의심스러운 과정을 제안하는 경우가 생각보다 많다. 개인을 사칭하는 사기 알선업자들도 있다.

참고로 상식이지만 차량 등록(명의 이전)은 차량 대금 완납과 차량 인수를 동시에 마친 후 보험가입까지 끝내야 가능하고, 대금 완납과 동시에 차량 인수가 이루어지지 않는다면 문제 소지가 있으니 주의한다. 등록은 관할 시, 구청이나 등록사업소 등에서 본인이 직접 하면 1시간 이내에 모두 마칠 수 있으며 번호판의 번호도 변경할 수 있으니 참고한다.

이 과정에서 혹시 차량이 스마트키인 차종인데 키를 한 개만 전달받는 경우, 하나의 키가 분실되었다고 할 경우는 반드시 정식 서비스센터에 들러 분실한 키에 대해서 등록을 해지하고 수령한 키만 활성화시켜둬야 한다. 때로 스마트키의 특성과 차량 거래 일자와 명의 이전의 시간차를 이용해서 사기를 치는 경우가 있기 때문이다(예를 들어 판매자가 금요일 저녁에 차를 거래하고 차량대금을 받은 후, 주말에는 관공서가 휴무라 차를 이전 등록할 수 없으니 월요일 이전 등록 전에 몰래 구입한 차주의 거주지에 가서 스마트키를 이용해 다시 차를 훔쳐오는 것이다).

상사 상품 매물 구입, 이렇게 하자

동호회나 온라인 카페가 발달하긴 했지만 차량이 가장 많은 곳은 역시 중고차 시장이다. 그리고 중고차 거래는 생각보다 폭넓게 법에서 규정하고 있는 장치들이 있어 정확하게만 산다면 법적으로 보호도 받을 수 있다. 불확실한 거래가 많은 개인매매와 달리 중고차 매매상사에서 판매하는 차량은 구입 의사만 확실하고 금액 지불만 한다면 차주인 중고차 딜러가 개인매매처럼 단순 변심 등으로 판매하지 않을 이유가 일체 없다.

다만 중고차 매매상사의 매물들은 중고차 매매 시장의 복잡한 형태는 물론 각종 혼란을 야기하는 일들이 많이 생기기 때문에 주의가 필요하다. 판매자와 구매자의 협의가 기본인 개인매매와 달리 상사의 매물은 어느 정도는 정해진 과정을 통해 확인하면서 사는 것이 가능하기 때문에 편리하다.

기본적으로는 개인매매와 동일하게 접근하되, 실제 매입을 잡은 차주가 아닌 다른 알선업자나 사기꾼들이 차주의 동의를 얻지 않고 본인이 차주인 것처럼 온라인에 올리는 일이 잦기 때문에 이를 우선 가려낼 필요가 있다.

온라인에서 사진을 봤는데 사진이 같은 장소에서 같은 때에 촬영한 것으로 보이지 않는다거나, 여름인데 겨울에 찍은 사진이거나, 혹은 사진이 없거나 부실하다면 해당 매물은 허위매물일 가능성이 높다. 또한 매매사이트에는 중복 매물들이 많은데 대부분 연식이나 등록연월을 1개월 차이로 바꾸어놓거나 적산거리를 조금 바꾸어 등록하는 식으로 자신이 매입한 차가 아닌 타인의 차를 등록해놓고는 한다(메이저

수입 중고차가 가장 많은 서울오토갤러리

중고차 매매사이트는 보배드림과 SK엔카로, 대체로 SK엔카에 이런 중복 매물과 허위매물이 상당히 많은 편인데 보배드림의 경우 매물 등록 시 보배드림에서 나와서 출장 촬영을 하기 때문에 이런 가능성이 상당히 적다. 반면 SK엔카는 판매자가 직접 등록하는 방식이기 때문에 때로 사기꾼이 고객으로 가장해서 사진을 찍고 차를 살펴본 후 이 차를 등록하고 본인 차인 것처럼 파는 경우도 적잖이 있다).

차량판매자에게 전화를 하여 차량이 예약 또는 판매되었는지 물어보고 아직 판매 중이라면 차량 번호와 실차 확인을 위해 팩스로 자동차등록증과 성능기록부를 요청한다. 이를 통해 자동차등록원부 조회는 기본이고 카 히스토리도 조회해서 보험 처리 내역을 본다.

만일 성능점검을 받지 않았다고 한다면 방문해서 같이 성능점검을 받을 수 있는지 확인하고 불가능하다고 하거나 진행하지 않을 것으로 보인다면 해당 차는 과감하게 구입하지 않는 것이 상책이다. 이러한 서류를 팩스나 사진을 찍어 문자 전송을 요청하면 때로 딜러가 아닌지 의심하는 경우가 있는데 개인 소비자라고 이야기하면 별 무리 없이 보내준다. 때로 위탁차량일 경우에(통상 위탁차량이라고 하면 실제 명의자가 중고차 딜러와 가까운 사이거나 리스 승계 차량으로 중고차 딜러에게 맡겨서 판매를 위탁해둔 차량이다. 특별한 것은 없으나 현금차인데 위탁인 경우에는 구입 후 명의 이전을 할 때 구매자의 인감증명서 등이 필요할 수 있다. 이런 경우 형태는 어디까지나 개인매매와 동일하기 때문이다) 성능점검을 아직 받지 않은 경우가 있으니 이때는 앞에서 설명한 대로 진행하면 되겠다.

이렇게 서류를 확인한 후 몸을 움직이는 것이 좋다. 발품을 파는 것

보배드림 메인페이지

SK엔카 메인페이지

이 좋다고 해서 무작정 매매단지에 가서 살펴보다 보면 뒤통수 맞는 일들이 발생할 가능성이 매우 크다. 매매단지에는 현장에서 잔뼈가 굵은 선수들이 잔뜩 있다.

이런 서류 확인 작업에서 문제가 없다면 다시 차주에게 전화를 해서 시승과 실차 확인을 하고 싶으니 일정을 잡자고 하여 예약을 하도록 한다. 이때 예약을 했음에도 불구하고 약속을 자꾸 어기거나 다른 사유를 들며 차가 다른 데로 이동했다고 하는 등의 말을 듣는다면 우선 해당 차가 실차가 아니거나, 실제 차주가 아닌 알선업자일 가능성을 의심하는 것이 현명하다. 이런 점이 걱정이 되면 전화로 실차주가 아니면 거래하지 않겠다는 것을 분명히 하는 것도 방법이다.

약속을 잡고 실차를 확인하러 갔다면 수입차의 경우는 가급적 딜러를 설득하여 가까운 정식 서비스센터를 방문해 차량 상태, 이력 등을 확인하는 것이 바람직하다. 결국 이때 시승을 하는 것이나 마찬가지인데 법적으로 상품용 차량은 공도를 주행할 수 없게 되어 있으나 유명무실한 것으로서 거의 90%는 시승이 가능하다(다만 악천후 등에는 불가능할 수 있으니 주의). 때로 보증기간이 남아 있는데 무슨 시승을 하냐고 하거나, 원칙적으로 시승이 금지되어 예외가 없는 매매상사가 있는데 이럴 때는 과감히 사지 않는 것을 추천한다.

차는 언제 어디냐가 문제지 결국 시장에 나오게 되어 있다. 시승도 하지 않고 차를 사는 것은 누가 보증을 선다고 해도 안 하는 것이 좋다. 대기업의 직영 차량들이 때로 시승이 불가한데, 웃기는 일이 아닐

수 없다. 법규와 관계없이 중고차가 문제가 생겼을 경우 보증을 받는 게 얼마나 불편하고 복잡한지, 그리고 그 확률이 실제로 얼마나 되는지 안다면 절대로 그런 시승 불가능 차량을 살 수는 없는 일이다. 신차도 구입 후 트러블이 생기면 힘들고 불편한 과정을 거쳐야 보증 수리를 받는다. 시스템의 보호를 받는 신차조차도 이러한 문제로 뉴스 보도까지 되는 경우가 있는데 중고차 구입 후 동력계통이나 전자계통에 문제가 있을 경우 이후 차주가 들여야 하는 시간과 노력은 누가 보상해줄 수 있을까. 게다가 그 고장이나 문제가 내 책임이 아니라는 사실을 내가 증명해야 한다면? 참고로 필자는 어느 차라도 시승이 되지 않는 차는 이유 불문하고 무조건 구입하지 않는다.

단, 최근 수입차 업계의 개인정보 보호에 관한 움직임이 관건인데 근래에는 차주의 직접적인 요청이 있더라도 전 차주가 정비한 내역 등을 확인해주지 않는 경우가 있으므로 가급적 딜러를 통해 오프 더 레코드로 현장에서 확인한다. 프린트 출력이나 확인서 등의 문서 반출은 어느 제조사 어느 딜러나 불가능하며, 모니터를 통해 보고 주요한 사실만 전해달라는 식으로 진행하는 것이 좋다. 현장 서비스센터 어드바이저와 말다툼을 해서는 곤란한데, 이유는 전술한 바와 같이 원칙은 현 차주의 정비 내역 외에는 공개하지 않는 것을 자체 규정으로 두기 때문이다. 불합리하다고 느낄 수 있지만 통상 서비스센터는 해당 내역을 전 차주의 개인정보와 동일하게 취급하기 때문이고 실제로 이러한 문제로 소송을 당한 서비스센터도 존재하니 가벼이 여길 일은 아니다.

물론 이 과정에서 시승을 통해 직접 운행 중의 특이사항을 면밀하게 확인하고, 각종 기능의 정상 작동 유무는 물론 각종 체결 볼트의 상태, 외판의 페인트 상태, 각 판의 유격 등을 확인하는 것이 좋다. 성능기록부나 카 히스토리, 그리고 서비스센터에 아무런 교체나 교환 이력이 없는데 유격이 지나치게 차이가 난다거나 관련 부위 체결 볼트가 풀린 흔적, 실리콘이나 용접 부위가 균일하지 않은 경우가 있다면 현금으로 제3의 공업사에서 사고 수리를 한 것으로 의심해볼 만하다.

이런 일련의 과정은 해본 적이 없는 사람의 경우 당연히 어렵게 느껴진다. 그러나 쉽게 생각하면, 그냥 빛이 좋은 곳에 차를 세워두고 2미터 이상 떨어져서 반사되는 면을 돌아가며 한 부분씩 찬찬히 훑으면서 판 사이사이의 유격이나 홈의 간격이 균일한지를 보고, 문이나 트렁크, 후드를 열어 각종 체결 볼트 등의 페인트가 벗겨진 곳은 없는지, 그리고 실리콘이 터지거나 다른 부위와 특별히 다른 곳은 없는지 등을 살펴보는 것뿐이다. 범퍼와 후드, 문과 펜더, 트렁크와 범퍼 등의 간격을 보는 것일 뿐 어려울 것이 없다. 모든 것은 상식에서 크게 벗어나지 않기 때문에 이상이 있다면 경험자가 아니더라도 바로 육안으로 확인 가능하다. 다른 차가 아니라 해당 차의 다른 부위와 비교하는 것이니 어렵게 생각하지 말자. 운전석 도어 가장자리의 실리콘의 상태와 조수석의 상태 등 같은 차의 다른 부위와 비교해보면 이상한 곳이 발견되는 경우가 있다. 만약 해당 부위에 대해 성능기록부에 특이 사항이 없다면 왜 그런지 중고차 딜러, 또는 서비스센터에서 어드바이저나 정비

아우디의 한 서비스센터

사에게 확인해볼 필요가 있다.

수입차의 경우 조심할 것 중 하나가 교환 흔적은 있는데 서비스센터에서 교환한 적이 없다는 경우다. 단순한 범퍼 하나라면 문제 소지가 적지만 그렇지 않은 경우는 해당 부분과 관련한 모든 문제를 보증수리를 받을 수 없게 되기 때문에 최초 등록일 기준 2~3년 이내의 보증기간이 남은 연령이 짧은 차라면 유의하는 것이 좋겠다. 보증기간이다 끝난 차라면 수리만 잘 되었다면 구입해도 무방하다.

만일 이상이 없이 진행된다면 차량 대금을 입금하고 결제하면 되는데 거의 대부분은 현금 결제가 우선이고, 카드는 SK엔카 등 일부에서만 가능하다. 또한 구입 시 현금영수증 등을 요청하는 경우가 있는데 신차든 중고차든 차량 구입 비용은 연말정산 대상이 아니기 때문에 기본적으로 불필요하고 불가능함을 알아두자.

혹시라도 법인 명의로 구입해서 세금계산서를 발행받아야 할 경우, 부가세 문제로 인해 차량 대금의 얼마까지 세금계산서가 발행이 가능한지를 먼저 확인해야 한다. 예를 들어 차량 실 매매금액을 가격 흥정을 통해 4,500만 원에 구입하기로 했는데 법인 구입으로 세금계산서를 발행해달라고 요청하면 세금계산서는 3,900만 원까지만 발행이 가능하고 이에 대한 부가세 중 일부인 300만 원을 추가 지불해야 한다는 식의 상황이 벌어진다. 이런 경우 과표대로 취등록세를 내지 않게 되고 세금계산서 금액이 과세표준금액이 되기 때문에 취등록세도 일부 더 부담해야 한다. 그렇지만 이에 대해 딱히 문제를 삼을 수 없는 것이 대부분 개인들이 구입하는 것과 기본적인 절차가 다를 뿐 아니라 법인이 아니어도 해당 차를 파는 데 문제가 없기에 굳이 매매상사인 판매자가 그 부담을 떠안을 필요도, 그럴 만한 합리적인 이유도 없다.

끝으로 세금계산서 발행 이외의 차량대금 잔액은 정식 증빙이 없을 것이기 때문에 법인이 직접 이체로 결제하면 문제가 되는 경우가 있으니 가급적 법인 회계나 재무 담당자, 그리고 중고차 딜러를 통해 확인하여 관련 문제가 생기지 않도록 제3의 계좌를 통해, 혹은 현금으로 결제하는 것이 바람직하다.

2014년도 국산 및 수입 승용차량 잔가율

구분	내용년수	2014	2013	2012	2011	2010	2009	2008	2007	2006	2005	2004	2003	2002	2001	2000	1999
		1년 미만	1년	2년	3년	4년	5년	6년	7년	8년	9년	10년	11년	12년	13년	14년	15년
승용 국산	15년	0.739	0.681	0.577	0.489	0.414	0.351	0.298	0.252	0.214	0.181	0.153	0.130	0.110	0.093	0.079	0.067
승용 외산	15년	0.753	0.685	0.569	0.472	0.391	0.324	0.269	0.223	0.185	0.154	0.127	0.106	0.088	0.073	0.060	0.050

차가 마음에 들어 계약을 했다면, 결제를 완료하는 것과 동시에 보험 가입을 진행해야 한다. 다이렉트 보험으로 직접 하거나 현장에서 시간이 허락하지 않는다면 매매상사를 통해 종합보험에 가입 또는 일단 책임보험 가입만 부탁해서 진행해도 무방하다. 통상 보험 가입과 대금 지급이 모두 이뤄져야만 차량을 출고할 수 있는데, 명의 이전은 매매단지의 중고차 매매상사들의 경우 거의 대부분 계약되어 있는 등록대

행업자들을 통해 진행하는 경우가 많다. 이 경우 즉시든, 다음 날 이전 조건이든 관계없이 이전되면 서류를 챙기러 직접 매매상사에 다시 가서 서류를 챙기고, 잔액이 맞는지 취등록세와 공채 영수증 등을 확인해야 한다.

이 과정에서도 많은 경우 공채 잔액이 사라지거나 매도비나 알선수수료 등의 명목으로 추가금을 받거나 남은 잔액을 떼어가는 경우가 있으니 차량 계약 시 추가 수수료나 매도비, 관리비가 있는지 꼭 확인한다. 매도비와 관리비에 관해서는 정해진 원칙이 없다. 매매단지나 상사별로 그 규정이 다르기 때문이다. 매도비나 수수료를 받는 경우는 통상 2% 내외, 또는 20만 원 전후가 되며, 내지 않는 쪽으로 검차 시 미리 협의 또는 확인해두는 것이 좋다. 차량이 비싼 수입차의 경우 2%라 해도 수십만 원 이상이 되는 경우가 많으니 이에 대해서는 반드시 실차 검사 시, 또는 방문 일정을 잡을 때 미리 확인해두는 것이 낭패를 피하는 길이다.

아무런 수수료가 없다면 차량대금 외에는 취등록세, 그리고 공채와 등록대행수수료(통상 7~15만 원)가 전부다.

끝으로 취등록세는 통상 연식에 따른 과표를 기준으로 나오는 게 원칙이라고 생각하는 경우가 많은데 사실과 다르다. 만일 매매상사가 SK엔카나 딜러사의 인증중고차 등 법인인 경우라면 해당 차는 상품으로 판매되는 것이기 때문에 세금계산서를 100% 발행해야 하며 이렇게 세금계산서가 발행되는 경우는 통상 세금계산서상의 금액이 과표금액보다 높기 때문에 이에 적용을 받게 된다(즉 세금계산서상의 금액 7%). 또한 법인을 통해 구입하는 것이 아니라 하더라도 해당 차가 캐피탈에서 리스 반납된 차라거나 실제 법인에서 운용하던 차라면 세금계산서 발행은 필수며, 캐피탈이나 리스사 위탁차도 마찬가지다. 따라서 차량 가격이 비싼 차라면 이러한 차이만으로도 수십만 원의 세금 차이가 있을 수 있다는 점을 알아두도록 하자.

공채의 경우는 공채 할인이나 매입에 따른 증빙만 원본으로 받을 수 있다면 예전처럼 공채 할인율이나 공채 잔액에 속는 일은 예방할 수 있다.

매도비란?

통상 매매단지마다 혹은 상사마다 정해놓은 것으로 차량 한 대가 판매될 경우 구매자에게 부과하는 수수료의 일종이다. 관리비라고도 볼 수 있고 중고차 딜러가 매매상사에게 지급해야 하는 수수료라고도 볼 수 있다. 있는 단지도 있고 없는 단지도 있는데 참 애매한 것이 처음부터 매도비를 안 내겠다고 딜러에게 말을 하면 딜러는 그만큼 가격 흥정을 해주지 않거나 판매하지 않겠다고 하는 경우도 있다. 그렇다고 내자니 딱히 제대로 된 증빙이 나오는 금액이 아니고 때로 차량 가격의 2%만큼 부과하기도 해서 부담이 된다. 하지만 어떤 경우든 간에 가능하면 실차를 보러가기 전, 서류들 확인이 모두 끝나고 만나기 전에 유선으로 매도비나 기타 수수료의 존재 유무와 금액의 정도는 물어봐서 확인해두도록 한다.

리스 승계 차량과 현금차량의 장단점

중고차는 소위 현금차이거나 리스 승계차, 이 두 가지로 나뉜다. 현금차라면 현금일시불이나 할부로 구입이 가능하며, 새로 운용리스나 금융리스를 발생시켜서 해당 금융상품으로 구입하는 것도 가능하다. 단, 운용리스의 경우는 신차 출고 후 통상 3년 이내의 차량만이 가능하다. 그 이상 된 차들은 운용리스 기간 후 잔존가치를 평가하기가 불가능하기 때문이다. 그리고 이러한 금융상품은 수입차를 취급한다면 90% 이상의 중고차 매매상사에 연결되어 있는 파트너십 관계의 캐피탈사, 리스사가 있어 신용과 이자율에 대한 문제만 없다면 이용이 가능하다.

리스 승계 차량의 경우는 말 그대로 리스 계약을 승계, 인도받는 조건으로 차를 구입하는 것이다. 현금으로 구입하려고 하면 위약금이 발생하기 때문에 통상은 현금으로 구입은 어렵고 리스 승계를 받아야 한다. 절차가 조금 복잡한데, 앞서 언급한 리스 스케줄표와 해지정산서를 받아보고 금액을 체크하며, 기존 계약 내용을 확인한 후 인도금을 지불하고 차량을 인수하게 된다. 이 과정에서 중간에 소득이나 재산 증빙을 포함한 개인 신분증, 등본, 인감증명서(본인확인증명서) 등을 통해서 해당 계약을 이어받을 자격이 되는지 심사를 통과해야 한다. 이 과정이 짧게는 하루, 길게는 일주일가량 소요되기 때문에 인도금을 치르고 보험가입을 한다고 하여도 출고는 신용과 승인 관계가 아주 확실한 경우가 아니라면 조금 어렵다. 왜냐하면 신용이나 기타 문제로 심사에서 승인이 나지 않을 수 있고 이럴 경우 구입할 수 없는 상태가 되어 문제가 되기 때문이다.

때문에 이런 경우는 통상 계약금을 일부 지불하며 리스 심사에서 승인이 나지 않을 경우에 대한 내용을 첨부하여 계약하거나 우선 심사를 넣고 심사 통과하면 계약금을 넣는 순서가 되어야 하며 이후 리스 계약 전후 협의에 따라 차량 인도금을 모두 지급하고 차량을 출고하여야 한다. 리스 보증금은 리스 계약 시 리스사에 지불하는 것이고, 인도금은 이와 별도다.

팩스를 통한 가심사가 아닌 실제 리스 계약의 경우 계약할 때 해당 차량에 대해 보험 가입이 이뤄져 있어야 하며, 보험은 리스사 앞으로 질권 설정✚이 되어 있어야 한다. 질권 설정의 경우는 보험사에 내가 계약한 차량의 리스 이용금액, 그리고 리스사(캐피탈사)의 사업자등록번호를 알려주면 자차 금액을 기준으로 해당 금액에 대해 보험사에 권리가 있음을 확인하는 질권 설정을 하여 보험증권에 표기하게 된다.

✚ 본 뜻은 채권의 담보로서 채무자 또는 제3자(물상보증인)로부터 받은 담보물권을 질권이라고 하며 이런 권리를 발생하는 것을 질권설정이라 한다. 이 경우는 보험가입자(리스 계약자)와 차량 명의자(차량 소유자, 즉 캐피탈 혹은 리스사)가 다르기 때문에 발생하는 것이다.

즉, 리스 승계 차량의 구입 과정 및 순서는 다음과 같다.

① 계약

② 팩스 등 사본 서류를 통한 리스 심사

③ 차량 예상 출고일자에 맞춘 보험 가입 기간으로 보험 가입(질권 설

정) 및 결제

④ 실제 원본 서류, 인감 도장을 지참하여 리스 계약

⑤ 리스사를 통해 차량 대금이 매매상사로 입금

⑥ 출고(리스사와 매매상사 간 관계나 협의에 따라 ⑤와 ⑥은 바뀔 수도 있다)

이러한 리스 승계는 일반인이 처음 진행하면 진행 과정 자체를 이해하는 것이 조금 복잡하기 때문에 전문가의 도움을 받거나 믿을 수 있는 중고차 매매상사나 딜러를 통해 확인하는 것이 바람직하다. 모든 리스사는 승계 전담 부서가 있어 승계 절차와 금액 등을 공식적으로 확인을 해주니 리스사의 콜센터를 통해 담당자와 직접 연결해서 문의해보는 것은 반드시 필요하다. 요컨대 해당 차량 명의자인 리스사의 콜센터에 직접 전화를 해서 차량번호를 말한 후 해당 차를 승계코자 하니 승계담당자와 통화하고 싶다고 하면 된다. 이때 경우에 따라 현재 리스 이용자의 동의가 필요한 경우가 있으니 참고한다.

내 차 제값 받고 파는 법

차를 사는 것만큼이나 어렵고 중요한 것이 타던 차를 파는 것이다. 차를 팔 때 어떻게 하느냐에 따라 적게는 수십만 원, 많게는 수백만 원이 차이가 나게 된다. 특히 수입차는 파는 방법에 따라 차량가의 10~15% 전후, 또는 200~400만 원 이상의 차이가 나는데 통상 차량 가액이 높은 만큼 차량 감가에 신경을 쓰는 사람이라면 팔 때 어떻게 파느냐가 가장 중요하다.

우선 차를 팔 때는 크게 두 가지 방법이 있다. 하나는 개인매매고 하나는 매매상사에 매입을 의뢰하는 것이다. 구입과 같다.

매매상사에 매입

앞에서 말한 것처럼 수입차의 경우 개인매매와 매매상사와의 매매 금액은 기본적으로 어떠한 경우라도 예외 없이 차량판매 대금 기준 최소 200만 원 이상 차이가 난다(해당 차량이 연령이 아주 오래된 수입차로 실거래가가 500만 원이 나온다고 해도 그렇다. 만일 수천만 원 이상의 실거래가가 예상되는 차라면? 일단 거의 10%는 차이가 난다는 사실을 알아두자). 아무리 잘 팔아도 매매상사에서 쳐줄 수 있는 금액은 기본적으로 한계가 있다. 왜냐하면 해당 차량을 매입해서 세금이나 수수료, 각종 관리비와 상품화 비용 등을 계산하고 거기에 자신의 마진을 더해서 차량 판매대금을 정해야 하는데 판매 시세가 어느 정도는 정해진 상황에서 무작정 차를 비싸게 살 수는 없기 때문이다.

중고차 딜러들이 차 가격을 후려치는 것이 너무하다고 생각하는 사람들에게 꼭 알려주고 싶은 것이 있다. 중고차 딜러는 그게 직업이다. 시장경제사회에서 직업은 곧 소득이어야 한다. 언제 얼마에 팔릴지 알 수 없는 차를 내 돈을 주고 혹은 빌린 돈으로 사서 팔릴 때까지 기다려야 한다. 매입하고 내놓아도 3~6개월 이상 재고로 쌓여 있는 차들도 적지 않다. 그럼 이 기간 동안 돈이 묶여 있거나 빌린 돈으로 샀다면 이자를 내고 계속 손해를 봐야 한다.

이런 구조를 이해하면 개인매매 가격과 중고차 딜러가 매입하는 가격 사이에 차이가 날 수밖에 없다는 걸 이해할 수 있을 것이다. 중고차 딜러를 두둔하는 것이 아니라 이런 이유들이 바로 중고차 딜러가 차량 가격을 차주가 기대하고 생각하는 것만큼 주지 못하는 이유라고 이해하면 좋겠다. 물론 때로 정말 한 건 올리려는 속셈으로 접근하는 딜러도 있지만 말이다.

하지만 가격을 제외하고 보면 중고차 딜러에게 파는 것은 장점도 있다. 같이 차량을 보면 그 즉시 매도가 가능하고 입금 역시 현장에서 즉시 이체해준다. 실제 중고차 딜러인지 종사원증과 소속 매매상사를 확인하면 되고 명의 이전은 당일 또는 익일 기준으로 계약서에 명시하고 진행하면 된다. 두 명 이상의 서로 다른 매매상사의 딜러들에게 차를 실제로 보여주면서 견적을 내는 방식으로 복수견적을 받으며 발품을 팔고, 가장 높은 가격을 제시하는 딜러에게 매도하면 될 것이다. 그리고 판매 후에 차량 이상이나 고장이 생기더라도 모든 책임에서 자유로울 수 있다. 복잡한 것이 싫다면 가장 좋은 방법이다.

개인매매

개인매매의 경우는 이런 중고차 딜러에게 판매하는 것과 달리 어느 정도 소매시세에 준하게, 좀 더 비싼 실거래 가격 기준으로 사고팔 수 있다는 장점이 있고 국산차에 비해 매물 자체가 적기 때문에 경쟁이 적은 만큼 제값을 받고 팔 가능성이 높다.

자, 여기 예를 들어보자. 중고차 딜러의 판매가 또는 온라인 중고차 매매사이트의 광고가가 4,600만 원인 출고기준 만 2년 정도 된 차가 있다고 하자. 통상의 경우 이렇게 광고 시세가 4,600만 원인 차라면 이 차의 소매시세(=실거래가)는 4,500~4,550만 원이라고 할 수 있다. 만일 이 차량과 동일한 수준의 연식과 적산거리에 해당하는 차를 개인매매로 판다면 통상 4,500만 원 전후에 거래가 가능하다. 그렇지만 이 차를 중고차 매매상사를 통해 판매한다면 통상 즉시 명의 이전 조건으로는 4,100만 원 이상에 차를 팔기란 불가능하다. 딜러가 4,100만 원 이상 주고 사지 않기 때문이다.

매입하는 중고차 딜러 입장에서 보자면 저런 시장의 상황을 감안해서 통상은 4,500만 원 이상에 판매를 할 수 있다고 생각하겠지만 상황이 여의치 않다면 4,400만 원 전후에 판매될 가능성도 없지는 않다. 장사를 하는 입장에서는 최악의 경우를 가정하고 매입을 하게 된다. 이때 각종 관리비와 수수료, 차량 상품화 작업 비용(광택, 도색 등)을 약 100만 원 아래로 산정하더라도 4,300만 원 정도에 자기 마진을 빼야 그게 차량 구입 대금이 되고 이것이 내 차량의 판매대금이다. 통상 딜러들이 생각하는 마진폭이 8% 내외이기 때문에 아무리 좋게 잡아도 4,100만 원 이상을 주고 내 차를 사가는 딜러는 현실적으로 없는 것이다.

그리고 사실 이건 어디까지나 잘 팔리는 수입차 모델을 기준으로 얘기한 것이다. 판매까지 최소 2~3개월을 봐야 하는 판매량 적고 보기 드문 차나, 색상이 특이하거나 수동 미션 차량의 경우는 이 예보다 금액 차이가 훨씬 많이 날 수 있다.

이처럼 개인매매는 판매금액을 잘 받을 수 있다는 장점이 있다. 그러나 이것은 어디까지나 시스템상 그런 것이고 이 장점을 누리려면 할 일이 많다.

일단 차를 직접 팔아야 하는데 이게 차량 상태나 차종에 따라 만만치가 않다. 우선 차에 고장이나 문제가 있는 경우는 차를 고치고 팔아야 매입할 사람이 차를 보고 마음에 들어 할 것이다. 이 경우 수리비용이 든다. 그리고 자신이 직접 매물 사진도 찍고 매매사이트에 등록해야 한다. 등록하고 나면 경우에 따라 매일 몇 명으로부터 차량 판매와 관련한 전화를 받게 될 것이다. 때로는 이상한 사람들이나 딜러들도 섞여 있어서 일상생활에 지장이 올 수도 있다. 차를 보러 온다고 하면 약속을 잡아 직접 만나서 보여주기도 해야 하는데 약속하고 오지 않는 경우도 비일비재하다. 차계부 등을 작성하지 않았고, 차량 정비 이력도 갖고 있지 않다면 이런 저런 질문에 곤혹스러울 수도 있을 것이다.

그럼에도 불구하고 좋은 가격에 한 달 이내에 판매를 마치면 무척 다행이겠지만 시세 대비해서 가격 욕심을 너무 부린다거나 하면 언제 판매될지 알 수 없다. 금전적으로 급한 상황에 인기가 없는 모델이라면 생각보다 팔리지 않아 스트레스만 심해질 가능성도 배제할 수 없다. 특히 만일 사고를 겪은 단순교환 이상의 사고차라면 금액을 책정하기도 어렵다. 판매 후에도 만약 차에 문제가 생기거나 하면 매수자에 따라서는 수개월 동안 전화가 온다든지 책임을 지라든지, 고소하겠다든지 하는 일에 시달릴 수도 있다. 서류도 직접 챙겨야 하고 계약서에 협의하는 내용이나 조항을 정확히 적어야 한다. 그리고 매수인의 신분 확인 등도 필수다. 제값을 받는 만큼의 불편함이 수반된다.

그러나 차량 상태가 좋고 이력을 잘 챙겨왔으며, 인기가 있는 모델이라면 사진을 잘 찍고 설명을 잘 곁들여 관련 카페나 중고차 매매사이트에 등록하면 한 달 이내에 좋은 금액을 받고 잘 판매할 수 있으니 가급적 타는 동안 신경을 써두도록 하자.

평범한 일상에 특별함을 준다

권오준(39세, 직장인), BMW 528i SE(E60)

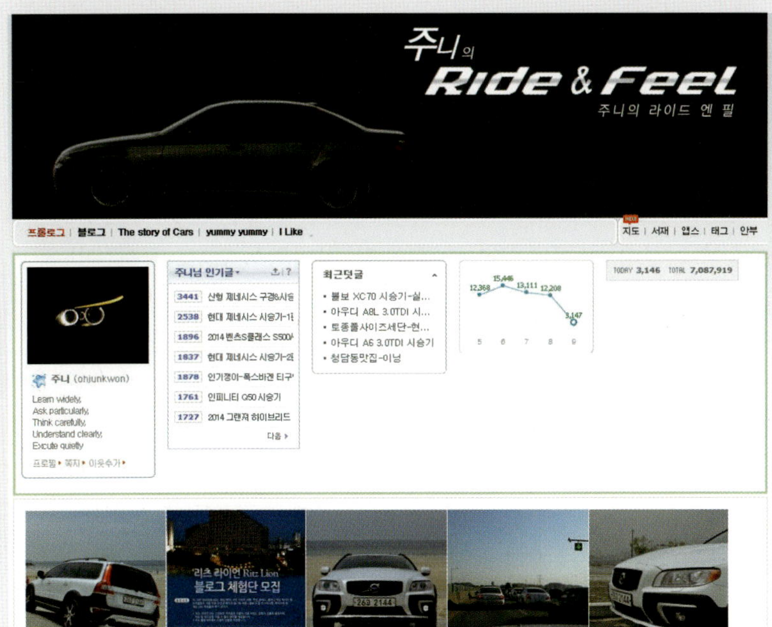

주니의 라이드 앤 필 http://blog.naver.com/ohjunkwon

나는 평범한 직장인으로 수입차를 타고 있다. 수입차를 산 것과 비슷한 시기에 자동차 블로그를 시작한 덕분에 더 즐거움을 만끽하고 있다. 아래는 내가 수입차를 타면서 느낀 점을 나름 정리한 내용인데 평범한 직장인으로 수입차를 사도 되나 싶은 사람들이 참고했으면 한다.

평범한 직장인이 수입차를!

수입차를 탄다고 하면 전문직 종사자거나 대기업 간부 반열에 올랐거나 본래 집에 돈이 많거나 주식이나 주택매매 등으로 여유자금이 생겼거나 이것도 아니면 카푸어라 생각하기 쉬울 것이다. 나는 앞서 제시한 분류에서 어디에도 속하지 않는 '평범한 직장인'이지만, 현재 BMW 528i SE(E60) 차량을 타고 있다. 평범한 직장인이 BMW를 어떻게 구입했을까? 내 경우 중고차를 구입했다. 물론 2~3년 된 중고 차량이라 해도 가격은 국산 중형, 준대형 차량 신차와 비슷한 수준이기에 쉬운 선택은 아니었다. 고민을 얼마나 했는지, 결정하는 데 걸린 시간만 해도 몇 개월이 넘는다.

나는 6,000~7,000만 원짜리 수입차가 불과 2, 3년 만에 3,000만 원대로 추락한다는 사실을 감안해서 쉽게 신차를 구입하면 안 되겠다는 생각이 들었다. 이런 큰 감가상각은 어쩌면 신차 오너들에겐 정말 슬픈 현실이지만 수입차를 구매하려는 나 같은 평범한 실수요자들에게는 반가운 얘기다. 국산 신차와 수입 중고차를 고민하다가 나름 10여 년간 차량을 관리해오면서 아는 정보도 좀 있고 주변에 이런저런 숍이나 관련 도움을 받을 수 있는 지인들이 있기에 결정 후 큰 무리는 없었다. 차량을 구입하려고 거의 6개월여 동안 인터넷 중고차 사이트와 해당 차량 인터넷 동호회 게시판에 장기간 매복하기도 했다.

그 결과 어렵게 2년 9개월 된 주행거리 2만 킬로미터 정도의 상태가 아주 좋은 차량을 구매하게 되었다. 당시 차량의 외관을 살펴보고 사고나 판금은 어느 정도 확인할 수 있어 개인직거래를 진행했는데 나는 개인직거래 시(내 차를 판매하는 경우라도) 차주의 직업이나 라이프스타일도 주의 깊게 물어보고 확인하는 편이다. 다행히 전 차주는 전문직 종사자로 차에 대한 관심과 지식이 상당한 수준이었으며 차를 여러 대 소유한 분이었다. 믿을 만한 사람이라고 여겨 전문업체의 도움으로 차량 정비이력을 알아본 후 차주와 함께 구청에 가서 직접 이전등록을 진행하고 차량을 구입했다.

내가 느낀 수입차의 장점

첫째로는, 운전 재미가 있다. 528i의 가솔린 엔진, 그것도 직렬6기통 엔진을 무척 좋아했기 때문에 주행 중 느껴지는 엔진 회전 질감이 가장 마음에 든다. 그리고 후륜구동 베이스 차량으로 코너를 공략할 때 몸으로 전해지는 날카로움도 매우 만족스럽다. 기존 국산차에서 느끼지 못했던 차체 강성이나 다년간의 노하우가 접목된 서스펜션의 경우 차를 잘 모르는 이나 관심이 전혀 없는 사람이 타도 안정감 있고 부드럽다는 반응이 많다. 강하면서 부드럽다는 게 어떤 느낌인지 528i를 운행하면서 느끼고 있다.

둘째는, 가족들과 호텔이나 음식점 등을 방문했을 때 주차요원이나 직원들의 대우가 확실히 달라진다. 이 부분은 좀 '웃프다(웃기고 슬프다)'. 이러한 프리미엄은 도로에서도 적용된다. 어지간하면 양보를 받는 경우가 많다. 어쩌다 자동차전용도로에서 정속주행을 하고 있으면 국산차의 경우 뒤에서 빨리 가라는 신호를 보내는 경우가 많았는데, 지금은 정속주행 중 뒤차가 빨리 가라고 신호를 보내는 경우는 아직까지 없었다. 언젠가 TV에서 여성 운전자가 국산 경차를 운행하면서 정속주행을 하는데 뒤쪽에서 대부분의 운전자들이 짜증을 내고 빨리 가라고 신호를 보내는 것을 본 기억이 있다. 설마 했는데 수입차를 운행하다 보니 그럴 수도 있겠다는 생각이 들어 씁쓸한 면도 있다.

셋째는, 수입차는 국산차에 비하면 오랜 기간 그 가치가 보존되는 것 같다. 지금까지 국산 중형차만 탔었는데 개인차가 있겠지만 출시 후 3~4년 정도 지나면 왠지 실내외 디자인도 오래된 듯하고, 차량 교체주기가 워낙 빠른 우리나라에서 금방 '구형'이 되어버린다. 그러나 2000년 초반에 출시된 현재 차량의 경우 지금 타고 다녀도 어디 가서 구형 같다거나 오래된 차 대접을 받는 일이 많지 않다. 오래 타면 탈수록 가치를 인정받는 차량이 아마 수입차가 아닐까 하는 생각이 든다.

마지막으로 운영 중인 자동차 블로그 때문이기도 하지만 수입차를 타면서 인맥이 정말 다양해졌다. 각자 다른 분야에서 일하고, 나이도 다르고 사는 곳도 다른데 말이다. 수입차를 타는 것이 평소 알지 못하던 좋은 사람들과 인연을 맺는 계기가 되었다. 물론 어디나 그렇듯 좋은 사람만 있는 건 아니지만 평소 쉽게 알기 힘든, 친해지기 힘든 사람들과 친해질 수 있는 기회가 되는 건 분명한 것 같다.

다 좋을 수는 없다. 수입차의 단점

주객전도(主客顚倒). 차를 좋아하기도 하지만 신경도 많이 쓰이고 상당한 관리가 필요하다. 우선 지하주차장은 필수. 그리고 공원이나 마트 등 차량이 많은 곳에서는 늘 후미지고 안전한 주차공간을 찾는다. 이런 점에서 가족들이 불편해하기도 하지만 중고라고 해도 아끼는 재산이기에 신경이 쓰일 수밖에 없다. 그리고 아직 애들이 어린데 뒷좌석에서 아이들이 과자나 음료를 먹을 때면 신경이 날카로워진다. 주유도 고급휘발유를 찾아서 넣어준다. 이쯤 되면 뭐하는 짓인가 싶기도 하고 차를 탄다기보다는 모시고 있다는 표현이 어울릴 때도 있다. 그러지 말아야지 하면서도 쉽게 고쳐지지 않는 부분이다.

또 간단한 오일교환이나 경정비 혹은 세차를 하더라도 무조건 국산차보다 비싸다. 엔진오일의 경우 연식이 얼마 지나지 않은 차였기에 BMW에서 보증해주는 소모품 교환 프로그램 기간이 아직 남아 있어 큰돈이 들어가지 않았지만 조만간 시작될 듯싶다. 참고로 예전에 국산 중형차의 경우 엔진오일을 교환하면 8만 원 전후의 비용이 나왔던 걸로 기억하는데, 지금 차량의 경우 에어클리너 필터까지 하면 30만 원 전후의 비용이 소요된다. 세차의 경우 좀 더 큰 국산 중형승용차도

2만 원 정도인데 내 차는 그 차보다 크지도 않은데 BMW라는 브랜드 때문인지 수입차이기 때문인지 무조건 3만 5,000원을 부른다. 처음엔 왜 차량 크기가 더 작은데 비싸냐고 따지기도 했지만 업체나 직원들은 '사장님, 좋은 차 타시잖아요. 수입차는 훨씬 신경 써서 해줘야 할 부분이 많아서 손이 많이 갑니다'라는 반응을 보였다. 딱히 더 말하기도 그렇고 자꾸 따지면 내가 이상한 사람 되는 것 같아서 접었다.

과유불급(過猶不及). 이는 단점이기 이전에 삶을 살아가는 데 가장 중요하게 생각해야 할 부분인 것 같다. 평범한 직장인이기에 능력을 넘어서는 차량은 과감히 포기했다. 그런데 막상 중고이지만 수입차를 운행하게 되면서 이 정도면 충분히 유지가 가능하겠다는 자신감이 생긴다. 실제로 차량구입비 외에도 부대비용(세금, 보험 등)이 만만치 않은데, 중고차다 보니 부대비용이 상대적으로 저렴했다. 생각해보면 신차로 수입차를 구매하게 되면 아마 지금보다 2배가량의 비용이 발생할 것으로 예상된다.

과하면 부족한 것만 못하다. 적정선에서 타협하고 냉철히 판단해서 구입하는 경우 중고차라는 부족함은 있으나 현실적으로 과한 부분은 없을 것이다. 그러나 한 번 수입차를 타봤다고 충분히 유지 가능하다는 착각이나 차량에 대한 욕심 때문에 현실적인 경제수준을 넘어서면 안 되는 것 같다. 다행히 나는 가족이 있어 과욕을 부린 경우는 없지만, 주변에서 그런 사람들을 심심치 않게 본다.

수입차 구매를 고려하는 직장인들에게

신차 혹은 중고차 구매 모두 사전에 충분한 자금계획을 할 것을 권한다. '차가 좋아서, 주변에 많이들 타니까' 이런 식으로 접근하는 것은 후에 상당히 위험할 수 있다. 한 번 구입하면 수천만 원을 써야 하고 장기간 보유해야 하는 물건이기 때문에 그 어느 때보다 신중해야 한다. 사전에 충분한 고민과 치밀한 계획이 필요하겠다.

가능하다면 본인이 정말 좋아하는 차를 선택해야 한다. 가족이 있으면 본인은 세단을 선호하지만 SUV를 선택하는 경우가 적지 않은데, 잘못된 선택을 하면 타는 내내 스트레스 받고 카 라이프를 즐기는 데 걸림돌이 된다. 너무 현실성 없는 모델을 선택해도 좋지 않지만, 모든 것을 포기하면서 오로지 이동수단으로 차량을 선택하는 것도 좋은 선택은 아닌 것 같다.

국산차보다 상대적으로 비싼 수입차가 디자인이나 기능 그리고 안전성 측면에서 우월한 건 사실이지만 소위 '만능'은 아니다. 수입차도 고장 나고 접촉사고 시 손상을 입고 수리해줘야 하는 '기계'다. 구입 전 너무 지나친 기대는 실망으로 이어질 수 있으니 사전에 충분히 알아보고 구입해야 한다.

마지막으로 중고를 구매할 사람은 해당 모델의 정비 관련 정보를 인터넷 등에서 최대한 검색한 후 결정하면 좋다. 이는 차량을 몇 년간 유지할 것인지, 유지할 때 비용은 1년에 어느 정도 예산을 잡아야 하는지를 결정할 수 있는 참고 자료가 된다. 아마 이런 준비를 사전에 충분히 한 사람이라면 평범한 직장인이라도 어렵지 않게 수입차를 소유하고 즐거운 카 라이프를 누릴 수 있지 않을까 한다.

3대의 차, 하지만 나는 여전히 배고프다

최성원(34세, 직장인), E90 BMW 328is
http://blog.naver.com/tjddnjs1981

나는 물건에 애착이 많은 남자다. 어떤 사람에게 물건은 그냥 별거 아닌 무엇에 지나지 않지만 어떤 사람에게는 중요한 추억과 삶이 될 수 있기 때문이다.

살면서 세 대의 차량과 인연을 가졌다. 그리 많은 차량도 아니고 국산차도 있고 수입차도 있다. 그러나 단 한 대라도 애착이 없는 차량은 없었고, 많은 것을 느끼게 해주었고, 좋은 사람들과의 인연을 만들어준 녀석도 있다. 지금부터 평범한 한 남자의 차 이야기를 해보려고 한다.

내 인생의 첫 차

남자라면 세 가지에 열광한다. 시계, 오디오, 자동차. 이중 한 개에라도 빠졌다면, 그건 당신이 앞으로 남들보다 더 많은 돈을 벌어야 한다는 뜻이다. 문제는 대부분 한 가지에 빠졌다면 다른 것들도 같이 빠진다는 점이 함정이다.

나이키 운동화 하나면 좋아 미치던 내가 군대 제대 후 어느 한 사람 때문에 자동차에 빠지게 되었다.

24살에 운 좋게 클릭이라는 첫 차를 소유하게 되었다. 지금 생각해 보면 자동차보다는 카오디오에 먼저 관심이 있었다. 당시 나에게 자동차란 나만의 장소에서 좋은 음질의 음악을 들을 수 있는 공간에 지나지 않았다.

제대 후 복학하기 전 미대를 다니던 나는 미술학원에서 아르바이트를 하였다. 어느 날 학원 강사와 함께 전단지를 나누어주려고 차에 몸을 실었다. 차량은 그냥 평범한 EF 쏘나타였는데 학교 앞에서 트렁크에 있는 짐을 내리려는 순간 트렁크에 앰프 두 개가 잘 정돈되어 있는 것이 아닌가! 알고 보니 선생님은 카오디오 마니아였다.

일을 마치고 차를 타고 오면서 오디오 소리가 궁금하다고 했더니 한적한 곳에 차를 세우고 음악을 틀어주셨다. 나는 아직도 그 순간을 잊을 수 없다. 소리가 온몸을 감싸고, 나의 피부를 자극했다. 고음이 나오면 머리가 삐죽삐죽 서고 저음부에서는 엄청난 음압이 나를 강타했다. 그날 집에 와 한참 동안 그 순간을 떠올렸다. 당시 그 시스템 가격이 1,800만 원이었다. 대부분의 사람은 미쳤다라고 하겠지만, 그분에게 카오디오란 그만한 가치가 있었다.

그 후 돈을 모아 그 분과 함께 뉴본이라는 카오디오 숍으로 향했다. 기억하는 이가 있는지 모르겠지만 뉴본은 당시 꽤 유명한 카오디오 숍이다. 지금은 시장이 많이 위축되었지만 당시에는 많은 분들이 그곳을 찾았다. 당시 거금 400만 원이라는 돈을 주고 내 차에 오디오 튜닝을 했다. 선생님의 추천이었고 중고였다. 새 제품은 800만 원에 해당하는 시스템이었는데 당시 클릭이 900만 원이 좀 넘었던 것으로 기억한다. 그날 부모님께 엄청 혼난 기억이 난다. 지금 생각해도 클릭에는 과분한 시스템이었다. 하지만 소리는 아주 만족스럽게 작업이 되어, 첫날밤 지하 주차장 나만의 공간에서 선명하고 깨끗한 음질로 귀를 즐겁게 했던 기억이 난다. 지금도 그 소리가 기억나는데 웬만한 순정 차량에서는 절대 나올 수 없는 소리였다. 결국에는 뒷좌석까지 없애버리고 우퍼와 앰프를 놓는 지경까지 이르렀다. 역시 사람의 욕심은 끝

이 없다. 어느 순간 드레스업까지 손을 대기 시작했다.

공모전에서 상금을 타거나 돈이 생기면 휠, 타이어, HID, 엔젤아이, 블랙베젤, 머플러, 서스펜션, 에어댐 등을 구입하거나 작업했다. 그렇게 시간이 지날수록 카오디오에서 퍼포먼스나 드레스업 튜닝으로 관심이 옮겨갔다. 당시에는 지금처럼 체계적인 업체도 없어 중복투자 하기 십상이었다. 새벽에 오디오를 들으며 안개 낀 도로를 달리던 일, 언덕에 에어댐이 걸려 중간에 끼었던 일, 첫 차에서 밤을 지새운 일, 처음이자 마지막으로 졸음운전을 하다 터널에서 사고가 났던 일, 그리고 그때의 여자 친구가 지금의 아내가 된 일 등. 항상 사람은 처음이라는 단어에 의미를 부여하기도 하지만 나에게 클릭이라는 차량은 젊은 시절 즐거웠던 추억과 그렇지 않은 추억 그리고 많은 돈을 가져간 차량이다.

나의 두 번째 차

첫 번째 차가 나에게 존재 자체로 즐거움이었다면 두 번째 차량은 운전의 즐거움을 알려주었다. 차는 소모품이라는 사실을 절대 잊어선 안 된다. 자기 자신처럼 차를 아끼고 애지중지했던 내가 그 사실을 깨우친 것은 클릭을 중고상에게 넘길 때였다. 차 값보다 더 많은 튜닝비용을 지출했는데 튜닝비를 건지긴커녕 오히려 순정 상태의 차량보다 낮은 가격에 보냈으니 말이다. 지금 그 돈들을 나에게 투자할 걸 하는 후회가 든다. 그나마 국산 소형 차량으로 경험한 것을 다행으로 생각한다. 왜 튜닝의 끝은 순정이라는 말이 나왔는지 가슴 깊이 깨우친 일이었다. 모든 차에는 명확한 콘셉트가 존재한다. 그것을 억지로 변화시키려는 소비자들의 의지가 지금은 선뜻 이해가 가지 않는다.

취업 후 꿈에 그리던 5세대 골프 GTI를 가지게 되었다. 당시 처음 운전대에 오른 후 테헤란로를 달리던 그 순간을 잊지 못한다. 액셀에서 오는 미묘한 반응까지 몸으로 느끼게 해주는 엔진과 변속을 느끼지도 못하게 하는 DSG 미션의 빠른 변속, 적당히 실내로 유입되는 즐거운 배기음까지. 왜 다들 극찬을 하는지 이해가 되었다. 단, 밟을 때마다 줄어드는 기름 게이지를 제외하면 말이다. 물론 포르쉐를 타는 사람이 GTI를 탄다고 즐거움을 더 느끼지는 못하겠지만, 가성비로 따졌을 때 최고의 드라이빙 즐거움을 주는 것은 확실하다. 이 차량을 타면서 서킷도 가보고, 와인딩도 해보고, 최고 속도도 찍어보고, 그동안 경험하지 못한 짜릿함을 느꼈다.

골프 GTI를 가지게 되면서 잊지 않은 것은 차가 나를 소유해서는 안 된다는 생각이다. 나이가 들고 주변의 여건이 허락되지 않은 부분도 크지만, 차는 차답게 타야 한다는 생각이다. 절대로 최우선이 될 수는 없다. 차는 소모품일 뿐이고 나에게 즐거움을 주는 수단일 뿐이라는 생각을 이해하는 사람도 있겠고 아니라고 말하는 사람도 있겠지만 나에게 차라는 존재는 그렇게 변하고 있다.

골프 GTI를 타면서 다양한 사람들을 만났다. 그동안 경험하지 못한 사람들을 만날 수 있었다. 다양한 생각과 직업을 가진 이들이 많다는 사실을 모르고 우리는 자신의 테두리 안에서 만나고 살아가는데,

나는 차를 통해 더 넓은 세상과 소통한 기분이다.

나 역시 학교 친구들과 회사 주변 사람들이 전부인 정도의 인맥을 갖고 있었지만, 취미로 하는 블로그(http://blog.naver.com/tjddnjs1981)의 인연으로 다양한 사람들을 만나고 이야기하고 느낄 수 있었다. 이 경험이 나의 가치관에 적지 않은 역할을 했다고 생각한다. 같은 취미를 공유하고 자신과 비슷한 성향의 사람들이라 그런지 그 영향이 더 컸다는 생각이 든다.

나의 세 번째 차

다음 차를 위해서는 기존 차량을 처리해야 하는데 문제는 GTI가 타인의 사고로 많은 수리가 들어간 상황이었다. 하늘도 무심하게 이미 팔려고 맘을 정했는데 B필러와 해치백에는 치명적인 C필러가 수리가 된 상황이었다. 이 차량을 누가 사간다는 말인가? 그런 상황에 엠플러스에서 도움을 받게 되었다. 내가 직접 중고차 딜러에게 파는 것과 대행업체가 파는 것은 다르다. 특히 사고차량을 중고차 딜러에게 판다면 당신은 엄청난 감가를 주어야 할 것이다. 나의 경험상 일반인이 상대하기에 중고차 시장은 참 힘든 시장이다. 다행히 엠플러스 덕분에 잘 처리되었다.

당시 GTI에 싫증을 느끼고 있었는데, 단순히 차량이 노후해서 생긴 싫증은 아니었다. 어리고 섹시한 여자보다 결혼하고 싶은 여자를 만나는 일이라 생각하면 아주 쉽게 이해가 될 듯하다. 좀 어른스러운 차

를 타고 싶었달까? 터보의 인위적인 도움 없이 자신의 힘을 정직히 낼 수 있는 엔진을 가지고 싶었다.

이젠 터보 엔진의 시대가 왔고, 자연흡기 엔진은 찾아볼 수 없는 시점에서 지금이 자연흡기를 타볼 수 있는 마지막이라는 생각에 선택한 차량이 E90 BMW 328is다. 참 평범하지 않은 차량이다. 주변에서 본 적도 거의 없을 뿐더러 이 차량을 타는 사람들은 서로 신기해할 정도다. 가끔씩 블로그를 통해 쪽지나 연락이 오는 것을 보면 이 차량을 타는 사람들은 자신들의 차에 애착이 큰 듯하다. 엔진룸을 청소할 때면 직렬6기통의 실키식스 엔진과 엔진음에 미소가 절로 나온다. 욕심은 8기통이지만 현실은 6기통으로도 충분히 즐길 수 있다고 생각한다. GTI보다 스포티한 매력이 떨어지고, 빠른 변속도 없지만, 자연흡기 엔진에서 오는 자연스럽고 즉각적인 필링은 그 모든 것을 버릴 만큼 충분하다. 역시 좀 어른스러운 차량 같아서 천천히 알아가는 중이다.

시간이 지남에 따라 나에게 차의 존재와 의미는 달라지고 있지만 여전히 차를 통해 즐거움을 찾아가고 있고 앞으로도 그럴 것 같다. 나는 시간과 돈을 떠나 차량에 대해 많은 경험을 하고 싶은 사람이다. 그것이 신형이든 구형이든 별로 중요하지 않다. 시간에 따라 약간의 차이는 있겠지만, 대표적인 녀석들은 다 그만한 이유가 있을 것이라는 생각 때문이다. 다음은 뭐가 될지 모르겠지만 그것들을 직접 경험하고 느꼈다는 자부심과 희열이 곧 즐거움이다. 현실과 적절히 타협하면서 내가 즐길 수 있는 모터 라이프가 된다면 얼마나 행복한 인생이란 말인가.

4부
수입차
유지관리

보증기간에
A/S 제대로 받는 법

센터에서 무상 점검을 해주는데 관리가 왜 필요해?

이 얘기를 하기 전에 우선 상식적인 얘기를 좀 해보겠다.

내가 사업을 시작했다. 막대한 투자금을 가지고 빌딩을 임대하고 인테리어 및 시설 공사를 하고 직원을 고용하고, 상품을 들여놓았다. 그런데 판매에 따른 매출이익이 상품 한 개당 약 10% 이내다. 단가가 높은 상품이긴 하지만 그만큼 초기 투자금액도 어마어마하다. 그렇다고 당장 판매량이 많은 것도 아니고 대체재와 보완재도 많고 임대료와 직원 인건비, 장비 임대료 등 경상비도 만만찮게 높은 편이다. 계산을 해보면 손익분기점까지 도달하는 데 최소 2년 이상이 걸린다. 그런데 시장은 무한 경쟁에 가깝다. 얼마나 양심적으로 얼마나 고객 입장에서 사업을 진행할 수 있을까? 그것도 오너인 내가 아니라 거기서 일

벤츠의 한 서비스센터 정경

하는 실적 스트레스 받는 직장인들이.

그간 내가 고객의 차량들을 직접 관리하며 느낀 것을 솔직히 말하면 이렇다. 리콜이나 캠페인 등으로 입고하면 즉시 알 수 있는 제조사의 의무적인 수리가 아닌 이상 서비스센터에서는 당신의 차에 대해 알아서 문제를 찾아 고쳐주는 일은 생각만큼, 기대만큼 발생하지 않는다(그랬다면 내 사업도 조기에 문 닫았을 것이다). 서비스센터는 마일리지에 따른 점검 매뉴얼조차 일부만 있고 일부는 없다. 센터 무상 점검 후 이상 없다는 소리에 출고해서 나왔다가 리프트에 띄워놓고 보니 문제를 발견하고 화내며 드나들기를 수십 번도 넘게 했다. 때로 본사 콜센터에 전화해서 책임자와 통화하며 해당 점검 매뉴얼이 없다는 것도 몇 번 확인한 바 있다.

정식 서비스센터에서 자주 겪은 대표적인 문제 사례들

- 센터의 무상 정기점검 후 이상 없다는 결과를 받고 나왔는데 리프트에 띄워서 확인해보니 누유가 있어 재입고 후 컴플레인 제기.
- 센터에 누유가 있으니 확인해달라고 사진까지 보여줬지만 이상 없다고 출고 안내를 해주기에 어떻게 된 것인지 물었더니 누유를 확인하지 못했다고 해서 다시 리프트에 띄워 확인시켜주고 무상 A/S 처리 요청.
- 사고 후 보험 수리를 위해 센터에 입고하였고, 수리 완료가 되어 출고하여 나와서 리프트에 띄워 확인해보니 하부 서스펜션 암을 고정하는 볼트가 풀려 있는 것을 확인하여 재입고.

■ 사고 후 보험 수리를 센터에서 완료하고 출고하였는데 하부 일부 부품이
손상된 채 그대로 있어 전화로 통보 후 재입고하고 교환.
■ 특정 부품에 문제가 있어 센터에서 무상 교환으로 처리하기로 하고 예약
을 잡고 재입고. 이후 교환 완료되었다는 말에 출고하면서 재확인하니 부
품 두 개 중 하나는 해당 딜러사의 시승차 부품이었고, 하나는 교환조차
하지 않고 교환했다고 거짓말을 한 것임이 드러남.
■ 출고 후 얼마 되지 않은 차의 엔진에 문제가 있어 교환해주기로 협의하고
교환 후 출고했는데 알고 보니 중고 엔진으로 확인됨.

위와 같은 일들이 한 대의 차를 운행하는 소비자에게 일어날 확률
은 적겠지만 나처럼 수백 대의 사례를 겪은 입장에서 보자면 얼마든지
누구에게나 일어날 수 있는 일이다. 그런 점에서 분명 주의가 요구된
다. 차를 잘 아는 것보다 얼마나 자주 내 차를 들여다보느냐가 중요
하다. 센터를 믿고 안 믿는 신뢰의 차원이 아니라 거기서 일하는 것은
어디까지나 사람이고 사람은 실수를 한다는 아주 상식적인 문제 때문
이다.

대부분의 수입차들이 마일리지나 기간에 따라 점검과 엔진오일 교
환을 하라는 메시지를 띄운다. 하지만 막상 차를 가지고 들어갈 경우,
특별한 경우가 아니라면 해당 센터에서 해주는 것은 그저 엔진오일
교환, 워셔액 보충, 그리고 접수 시 고객이 특별히 언급한 특이사항에
대한 점검이 전부라고 봐도 좋다. 이런 경향은 센터가 바쁠 때일수록,
예약이 밀려 있을수록 더 그렇다. 수입사나 딜러사, 센터 관계자들은

아니라고 반박할 수 있겠다. 당연히 모두 다 그렇다는 뜻은 아니다.

언더커버가 오일로 가득 찰 정도의 극심한 누유가 있다거나 서스펜션이 아예 터진 경우, 운 좋게 정비사가 바쁘지 않아 차를 충분히 볼 시간이 있거나 책임감이 투철한 사람이라면 센터에서 확인해서 차주인 당신에게 알려줄 것이다. 그러나 그렇지 않은 경우에 알아서 보증 수리로 진행해주는 경우는 없다고 봐도 무방하다. 심지어 어디에 누유가 있으니 확인해서 조치해달라고 접수를 했는데도 이상 없다고 출고 안내를 받은 적도 여러 차례다. 무상 점검의 수준이란 이 정도에 불과하다.

케이스 바이 케이스로 좋은 경험을 더 많이 하지만 수백 대를 가지고 한 차량당 1년에 서너 번씩 센터에 입고하고 관리한 경험을 돌이켜보면 때로 국산차 브랜드만 못한 점도 많다는 것이 개인적인 생각이다. 수입차 브랜드의 명성과 가격 때문에 더 높은 기대를 하게 된다는 점을 감안하면 실망은 배가 된다. 독일 프리미엄 브랜드는 어디까지나 브랜드의 네임밸류다. 센터에서 일하는 것은 어디까지나 우리나라 사람이고 우리나라 정비사들이며, 우리나라에서 일어나는 사업이다. 서비스의 질은 브랜드의 경제적 가치, 이미지와 무관하다. 명확히 알고 있어야 할 점이다.

솔직히 지금의 수입차 서비스센터의 업무 인력과 작업 베이(리프트)의 숫자, 그리고 예약되는 현황을 보면 저런 일이 일어나는 것을 막을 수 없는 상태임을 누구든 짐작할 수 있다. 어느 브랜드를 막론하고 최소

냉각수 누수의 흔한 예.
이래도 이상 없음이라고 출고했다.

3~4일 이상 작업 예약은 밀려 있고 베이는 가득 차 있으며 정비사들은
기계처럼 일한다. 단순 오일 교환이나 패드 교환 등의 작업이 아닌 점
검이 필요한 작업 예약이라면 두어 브랜드를 제외하고는 일주일 이내
에 예약되는 경우가 거의 없을 정도고, 브랜드에 따라 2~4주 후 예약
이 보편화되어 있다. 몇몇 브랜드는 한두 번 전화해서는 받지도 않는

다. 전화 받는 리셉셔니스트나 어드바이저들이 현장 다니며 바빠서 전화 받는 자리에 앉아 있지도 못하는 것이다.

당신이 직접 차를 운행하면서 느낀 점들, 이상하거나 문제가 있다고 느낀 점을 정확하게 센터 어드바이저에게 전달하고 요청해야 확인을 해주는 시스템이 바로 현재 환경이다. 심지어 필자나 우리 회사조차 고객들의 차를 외부에서 점검하여 일일이 사진을 찍어 증빙을 갖춘 뒤 들어가서 보증수리를 요청한다. 당신이 직접 차량 하부의 누유를 확인하고 하체 부품들의 이상, 변속이 비정상임을 정확하게 알지 못하는 이상 서비스센터에서는 그냥 엔진오일 교환하고 내보내는 것이다.

또한 여러 가지 이유로 서비스센터에서 점검을 할 때 시험주행을 하지 못한다. 이는 현실적으로 어쩔 수 없는 이유도 있고 이해도 된다. 사실 센터의 이유가 없더라도 어쩌면 차주가 싫어할 수도 있다. 그러나 시험주행 없이 주행 시의 이질감, 이음, 변속의 이상 등을 체크할 수 있을까? 오너가 차에 대해 특별히 언급하지 않는다면 일단 이상무로 가정하고 점검한다. 월급을 받는 정비사가 자기 차 살피듯 당신의 차를 꼼꼼히 살펴볼까? 정상적인 점검이라면 리프트에 차를 띄운 후 기존 잔유를 제거하는 동안 다른 기타 언더커버를 모두 제거하고 전등을 들고 하체 각 부위를 모두 점검해야 하지만 그 사이 정비사는 또 다른 차를 봐야 한다. 그만큼 업무량이 많다.

대체로 서비스센터에서 진행하는 정기점검은 스캐너에 의한 점검에 해당한다. 쉽게 말해 전용 프로그램이 깔린 PC나 노트북 등의 장비로

센터의 작업을 모두 볼 수 있다면?
사진은 한 아우디 서비스센터

차량 데이터베이스에 접속해 그간의 데이터를 확인한다. 이때 확인하는 데이터는 주로 센서가 감지해서 띄웠던 에러코드들이다. 에러코드가 없다면 이상이 없다고 판단한다. 그런데 기계적인 이상에 에러코드가 뜨거나 에러가 저장될까? 전혀 그렇지 않다. 센서가 있어서 이상 신호를 보낼 수 있는 것에 한해서만 확인이 된다는 뜻이다.

엔진오일 팬의 누유, 헤드 개스킷 이상에 의한 누유, 쇽업소버의 누유 등 모든 누유 증상, 그리고 특정 상황에서 발생하는 RPM 부조, 엔진 소음, 미션 변속 이상이나 충격, 가속 이상, 스티어링 휠을 돌릴 때 느껴지는 진동이나 이음, 하부 부싱의 갈라짐이나 암의 미세한 휨 현상 등 같은 기계적인 증상은 전혀 알아내려고도 하지 않고 알아낼 수 있는 점검은 하지도 못한다. 할 수 있는 여건도 아니고 지침도 없다.

게다가 스캐너에 의한 점검이 대단한 것이냐 하면 그렇지도 않다. 대다수의 큰 이상은 일단 센서가 측정하는 순간 바로 계기반에 이상 신호를 띄운다. 이런 경우 황색이나 적색으로 엔진 체크등, ABS 경고등이 켜지는 경우가 가장 많은데 어떤 식의 어떤 메시지든 대체로 센서가 이상을 감지하면 일단 황색으로 경고등을 띄워 운전자에게 알린다. 즉 당신이 운전하며 그런 경고등을 본 적이 없다면 차에 기계적인 문제가 발생했더라도 차는 아무 문제가 없다고 인식하고 있고, 또 그걸 측정하는 스캐너에 의한 점검은 큰 의미가 없는 것이다.

아무리 센서가 늘어나고 많은 것들을 측정할 수 있다고 해도 이것은 변함이 없을 것이다. 그리고 센서라는 부품은 제품 특성상 언제나

내 차를 정기적으로 리프트에 올려보는 것이 필요하다.

오류가 있을 수 있고 불량을 피할 수 없다. 차는 본디 전자제품이기 전에 기계이기 때문이다. 기계 관리의 기본은 닦고 조이고 기름 치는 것이며, 육안으로 그리고 운행을 통해 몸으로 느끼면서 체크하는 것이다. 이걸 하지 않고 센서에 의존해 전자적인 체크만 해서 발견할 수 있는 것은 한정될 수밖에 없다.

수입차 서비스센터의 환경이나 정기점검의 형태가 이렇기 때문에 사실상 타는 동안 센터에서 알아서 해주리라는 생각은 버리는 것이 좋다. 물론 신차를 사서 대충 2~3년 타다 차를 바꿀 거라면 저 정도에서도 큰 무리 없이 탈 수 있다. 그러나 수입차 브랜드 또는 차종 관련 카페나 동호회에 가보면 얼마나 차에 문제가 있는 사람들이 많은지 알 수 있다. 만일 3년 이상 관리를 잘 해서 안전하고 편안하게 신차 상태를 최대한 유지하며 타고자 한다면 센터에만 맡겨서 될 일은 아니다.

요컨대 점검을 제대로 하면서 관리해야 무상보증기간도 제대로 누릴 수 있다는 것이다. 브랜드 명성만큼 알아서 해주겠거니 하는 생각은 금물이다.

어떻게 관리하면 보증기간에 보증을 제대로 받을까?

요즘 온라인 포털 사이트의 자동차나 브랜드별 동호회나 카페에 가입해서 보면 많은 정보를 접할 수 있다. 물론 틀린 정보도 존재하고 흘려듣는 게 나은 정보들도 많지만 대체로는 해당 차종의 오너들이 많이 모여 있는 공간이다 보니 차의 이상이나 고장, 그리고 정비와 관련된 질문과 답변, 이슈 제기가 많은 편이다.

사실 차종에 따라 특수한 증상이 있는 경우가 물론 있다. 하지만 여기에서 다 언급하기는 힘든 부분이 있기에 경험상 오너들이 느끼는 잦은 증상들, 그리고 그것에 대해 보증수리를 쉽게 받는 방법에 대해 안내하고자 한다.

찌그덕 찌그덕 실내 잡소리_(이음)

예전에 직장생활을 하던 시절, 내 차의 잡소리에 대해 한창 불평불만을 늘어놓던 내게 한 선배가 한 말이 기억난다. "야, 차가 부품이 몇 개인데, 그걸 조립했는데 소리가 안 나는 게 말이 되냐?" 소리에 예민한 나로서는 참으로 태평한 얘기라고 생각했다.

지금 생각해보면 세상에 이런 오너만 있으면 서비스센터의 어드바이저나 정비사들, 그리고 원가담당자는 쾌재를 부를 것이다. 사실상 돈도 안 되고 골치 아픈 것으로 1순위에 해당하는 문제이기 때문이다. 굳이 이유를 적자면 대체로 초보 정비사들은 이 작업에 투입되지 못하기에 고급 기술자가 붙어야 하며, 작업이 얼마나 걸릴지 어림잡기 힘들고, 매번 시운전을 해야 하는 위험 부담이 있다. 또한 시운전 시 운전할 인력과 잡소리를 체크할 정비사가 같이 조를 짜서 투입되어야 하는데 계절에 따라, 운전 습관이나 노면 상태에 따라, 속도에 따라 나다가

번호	작업명(작업코드)/부품명(부품코드)	구분
1	운전석 도어 / 조수석 도어 트림 이음 발생 - 점검(870991)	L
2	=> 웨터스트립 고무 몰딩 노이즈 작업 실시(870991)	L
3	중앙 송풍구 상단에서 노면 안좋은 곳에서 이음 발생 - 점검(870991)	L
4	=> 현재 소음 재현 안됨 (870991)	L
5	=> 센터 송풍구 탈거후 노이즈 작업 실시(870991)	L
6	센터 스피커 커버 - 노이즈 작업 실시(870991)	L
7	조수석 휠라이너 교환 실시 - BP 사고수리(870991)	
8	BP 사고 부품없어서 작업 못한거 서초에서 작업실시(870991)	
9	우천시 세차후 운전석 앞 윈도우 반정도 올릴때 끼익끼익 이음 발생	

실내 잡소리(이음) 작업은 생각보다 까다로운 작업이다.

말다가 하는 이 소리를 잡기란 참 힘든 일이다. 그리고 출시한 지 얼마 되지 않은 신차의 경우 센터에서 작업한 경험이 없기 때문에 조금 더 시간이 소요된다.

작업이 완벽하게 끝나지 않아 재방문할 가능성(만족도 조사에서 동일 증상으로 재입고가 얼마나 나쁜 평가를 받는지는 관계자들이 더 잘 알 것이다)도 매우 높은 실내 잡소리는 대체로 센터페시아 등 내장재나 시트, 안전벨트 클립이나 최근 들어 급속히 증가한 썬루프 쪽에서 많이 발생한다. 노면이 좋지 않거나 특정 주행 환경에서 반복되는 경우가 많고 여름보다는 겨울에, 그리고 시동 직후 냉간 시에 주로 발생하곤 한다.

이런 잡소리는 위치에 따라 곤혹스러운 경우도 많은데 어쨌든 발생하면 최소한 한두 번 이상 방문해서 천천히 여유를 가지고 잡을 생각을 해야 한다. 잡소리는 재현이 관건이며, 정비사가 소리를 듣지 못하면 잡소리를 없앨 수 있는 가능성이 매우 희박하다. 통상 입고하면 정비사와 함께 시운전을 통해 재현해줘야 하는데 이를 소홀히 하고 그냥 소리가 어디서 나니 없애달라고 하는 정도로는 고칠 가능성이 없다.

가장 중요한 것은 재현이기 때문에 나 스스로도 그 소리가 언제 어떨 때 어떤 종류의 소리가 나는 것인지 알고 있어야 한다. 우코너로 오르막을 오를 때 나는지, 둔덕을 넘을 때 나는지, 혹은 냉간 시에 나는지 등과 함께 따닥따닥 부딪히는 소리인지, 찌그덕 하는 마찰음인지 등등을 확인하는 것이다. 그러기 위해서는 아무래도 시간이 조금 필요하고 그 소리에 익숙해진 후 그 소리를 재현할 수 있을 때 서비스센터에 입고시켜 주행에서 확인시키는 것이 필요하다. 일단 재현했고 정비사가 확인을 했다면 그 후에는 통상 2~4시간 또는 그 이상 맡겨놓고 작업을 봐야 한다.

확인이 어려울 경우 팁을 하나 제시하자면, 의심되는 곳을 주먹으로 적당한 세기로 탁탁 쳐본다. 대부분의 내장재 소리는 이렇게 두드려보면 재현이 가능하기 때문에 주행 중에 알아보기 힘들다면 의심되는 곳

주변을 두드려보면 된다. 실제로 정비사들 역시 눌러보고 두드려보는 방법으로 많이 체크하곤 하니 참고하자. 잡소리는 신차 출고 후부터 열심히 잡아두지 않으면 2~3년 후에는 너무 많은 곳에서 감당하기 힘들 만큼 날 수 있고 그때는 훨씬 힘들게 잡아야 하니 유의하자. 특히 잡소리는 신차와 중고차일 때, 즉 연령에 따라 크게 차이가 나는 만큼 신차 컨디션, 신차의 느낌을 유지하고 싶다면 잘 관리하는 것이 좋다.

하체 잡소리

하체에서 나는 소음은 실내 잡소리에 비하면 발생하는 유형이 대체로 정해져 있는 편이다. 차종에 따라 특정한 소리가 예외 없이 나는 경우도 있는데 이 경우는 서스펜션이나 하체 설계의 특성에 따른 것으로 구조적인 문제이기 때문에 약간 경감시킬 수는 있지만 완전히 없애는 것은 불가능하다. 하체 잡소리라고는 할 수 없지만 독일 차들에서 주로 볼 수 있는 브레이크 소음 역시 마찬가지다.

대체로는 겨울철 둔덕을 넘을 때 많이 나며(특히 폭스바겐), 부싱이나 하체의 부품을 교환함으로써 증상을 개선할 수 있다. 보증기간이 만료된 노후 차량들의 경우는 하체의 암이나 부싱 등 차체의 관절 부위에 해당하는 부품을 교환해야 하는 경우가 많다. 만일 갑작스러운 소음이 발생했다면 노면이 패인 곳이나 둔덕 등에서 하체에 강한 충격이 가해진 적이 없는지 의심해볼 필요가 있고, 때로 하체의 주요 볼트가 풀렸거나 빠짐으로 인해서 큰 사고의 위험이 있는 경우도 있으니 갑작

이런 부싱의 찢어진 고무 등이 소음을 유발하기도 한다.

스런 쇳소리와 같은 하체의 소음은 발생 즉시 센터에 입고하여 세밀하게 살펴볼 필요가 있다.

오일 소모

대체로 독일 차들, 그리고 터보차저가 장착된 차들에서 주로 볼 수 있는 오일소모는 크게 누유와 내부 이상 소모로 나눌 수 있다. 아우디나 폭스바겐의 가솔린 터보차들의 경우 대체로 5,000~8,000킬로미터에서 1리터씩 소모하는 것이 정상일 정도로 유럽의 차들에서 특히 많이 볼 수 있는데, 고성능차들 그리고 고 RPM을 쓰는 습관을 가진 운전자라면 겪어봤을 것이다. 만일 누유가 없는데 1,000~3,000킬로미터 이하의 주행거리마다 오일 부족 경고등이 점등되고 보충을 정기적으로 해왔다면 오일 소모가 비정상적이라고 볼 수 있으며 센터에서 정밀 점검과 진단을 할 필요가 있다. 오일 가격도 만만치 않지만 이런 오일 소모는 피스톤 내에 연료와 함께 섞여 들어가 연소되는 것으로 가능한 빨리 진단을 받고 관련 부품 교환 등 보증수리를 해야 한다. 필자가 경험해본 가장 심한 경우는 1,000킬로미터에 1리터씩 8개월 이상 소모한 차량이 있었다.

오일이 내부 소모되는 것이 아니라면 누유를 의심하는데, 누유는 육안으로 쉽게 볼 수 있기 때문에 점검만 정확하게 한다면 놓치지 않을 수 있다. 때로 누유가 오래된 차의 경우 먼지와 때 등이 눌어붙어서 정확한 부위를 진단하기 어려운 경우도 있는데, 이때는 1차적으로 클리닝을 한 뒤 일정거리의 주행을 마치고 2차 입고하여 누유 부위를 확인하곤 한다. 즉 통상 1~2회 센터 입고가 필요하다. 그러나 이런 누유는 크게 심각한 증상이 아닌 경우가 많기 때문에 지나치게 걱정할 필요는 없다. 간혹 이런 증상 때문에 엔진이나 미션을 내리는 경우가 있긴 하지만 이때 역시 너무 민감하게 반응하지 않아도 된다. 물론 기분이 상하거나 찜찜할 수는 있지만 기계적으로 볼 때 정확한 작업만 한다면

누유가 바로 보이는 경우도 있지만 라이트를 들이대고
자세히 봐야 겨우 보이는 곳도 있다.

하등의 문제가 없고, 부위에 따라 내리지 않고는 작업이 불가능한 부
위도 있다.

이런 누유는 전문가일수록 대수롭지 않게 여기는 일 중 하나다. 그
러나 누유가 있는 상태를 오래 방치할 경우 오일이 소모됨에 따라 오
일이 기본적으로 해야 하는 윤활과 냉각에 문제가 생겨 각종 마모나
소음, 진동이 발생할 가능성이 커진다. 또한 추후에 보증기간이 만료

되면 모두 내 돈으로 고쳐야 하는 일이라는 점을 잊지 말고 제때 점검해서 수리하는 것이 필요하겠다.

엔진

차가 달리는 데 가장 중요한 동력계 중 하나인 엔진과 관련해서는 공통적으로 쓸 수 있는 부분이 많지 않다. 엔진 형식, 종류에 따라 워낙 편차가 크고 발생하는 문제들이 제각각이기 때문이다. 그래서 여기서는 크게 유형에 따른 부분만 안내하겠다.

디젤 엔진

요즘 수입차의 대세인 디젤 엔진은 4기통과 6기통이 주를 이룬다. 기본적으로 6기통은 훨씬 정숙하고 진동이 적어 고급차량, 특히 차량 가격 기준 7,000만 원을 넘어가는 차들에 들어간다. 4기통, 6기통 공히 겨울철 진동과 관련한 차주들의 불만이 있는데 거의 모든 차들이 겨울철에 기온이 내려가면 진동이 올라오고 소음이 커진다. 이런 경우는 통상 정상적인 것으로, 싫다면 시중에 나와 있는 엔진 코팅제(엔진오일과 함께 주입하는)를 사용하면 마찰이 줄어들어 조금 개선된다. 최근에는 많이 없어졌지만 엔진 인젝터와 관련한 이슈가 있는 차량들이 있었는데 캠페인 등을 통해 대부분 개선된 제품들로 교환되었으며, 중고차 구입 시에는 센터에 차대번호나 차량번호를 통해 확인할 수 있다.

만일 인젝터가 손상되거나 고장이 나면 차는 대단히 큰 진동과 소음이 나고 계기반에 붉은색으로 경고등과 메시지가 점등된다. 그 정도가 매우 커서 당장 엔진이 터질 것 같이 느껴지기 때문에 인젝터 중 1개라도(통상 인젝터의 수는 기통 수와 같다) 작동이 멈추면 즉시 누구라도 느낄 수 있다. 이 경우는 반드시 즉시 운행을 중지하여야 하니 바로 마지막 차로나 갓길 등 안전한 곳에 주차하고 시동을 끈 후 서비스센터 직통번호로 전화해서 센터 입고를 시키는 것이 좋다.

디젤 엔진의 오일 소모는 통상 가솔린에 비해 적은 편이다.

가솔린 엔진

전형적인 가솔린 엔진은 N/A 엔진으로+ 과급기(터보나 슈퍼차저)가 없는 형태를 말한다. 직분사 엔진은 연료를 분사하는 방법의 차이일 뿐 통상 자엽흡기 엔진으로 보면 된다. 가장 무난한 형태로 진동과 소음이 적고 기술적으로도 무난한 편이어서 만일 고출력 N/A 엔진이 아니라면 누유 외에는 크게 문제가 없는 편이다. 관리도 가장 편하다.

근래 유럽 차들은 과급기를 이용한 효율 극대화를 추구하고 있어 자연흡기 엔진은 예전에 비해 찾아보기 힘들어졌고 주로 일본 차들이 내구성 면에서의 강점을 이유로 계속 N/A 엔진을 사용하고 있다.

과급기 엔진(터보, 슈퍼차저)의 경우는 과급기에 대한 이슈들이 있는 편이고 오일 소모가 많다. 과격하게 운전하는 경우는 5,000킬로미

+ Natural Aspirated (Engine).
자연흡기 엔진으로 통상 터보 등의 과급기가 없는 엔진을 말한다. 최근에는 환경규제, 효율적인 연비 추구 전략 때문에 고배기량의 N/A 엔진이 중소배기량 터보 엔진 등으로 다운사이징 되고 있어 갈수록 N/A 엔진을 가진 차량이 줄어들고 있다.

BMW M5의 엔진

터 주행 시마다 1리터씩 보충해주며 타야 하는데 대체로 BMW, 아우디 등의 가솔린 차량이 이에 해당한다. 다만, 이는 필연적인 것으로 이를 모르고 샀다면 불편을 겪을 수 있는데 고성능 터보차들의 경우는 피해갈 수 없는 자연스러운 현상이니 이해하고 타는 것이 중요하다. 특히 과급기 차량이나 고성능 차량의 경우 누유는 언제나 유의하며 관찰할 필요가 있다.

변속기

수동변속기를 보기 힘든 요즘엔 자동변속기는 물론 듀얼클러치 미션이나 각 브랜드마다 고유한 기술들이 들어간 트랜스미션을 볼 수 있다. 아무리 8단, 9단 등 다단 미션들이 개발된다 해도 단수가 새로울 뿐 통상의 자동변속기, 즉 토크 컨버터를 이용한 변속기는 이제 시장에서 오래 성숙된 기술에 가깝다. 그러나 수입차는 브랜드와 차종에 따라 폭스바겐의 DSG나 포르쉐의 PDK와 같은 듀얼클러치 미션이나 반수동이라고 볼 수 있는 시퀀셜 기어(대표적으로 BMW SMG), 벤츠의 MCT(멀티클러치 트랜스미션), 푸조의 MCP, 일본 차량을 중심으로는 무단변속RL(CVT) 등 대단히 다양한 종류의 변속기를 만나볼 수 있다. 이 변속기들은 지금까지 국산차에서 보아온 자동변속기와는 모두 다른 특징들을 가지고 있기 때문에 자동변속기가 아닌 자동차를 구입할 예정이거나 소유한 사람이라면 이 변속기들의 특성을 이해하는 것이 차량관리의 주요 포인트라 할 수 있다.

스티어 바이 와이어 방식의 BMW 기어 레버

통상 많은 A/S 문의는 변속 충격으로, 각 단으로 변속할 때 혹은 N에서 D나 R로 변속 시 쿵 하는 변속 충격이 시트를 통해 전달되는 경우가 가장 많다. 변속 충격에 대해서는 어떤 수치상의 기준이 없기 때문에 다른 차량과의 비교가 가장 중요하며, 이는 거의 항상 동일 조건에서 일어나기 때문에 센터에 입고해서 처리하기가 수월하다. 다만 수리 시 변속기 소프트웨어를 초기화, 또는 업데이트 하고 일정 기간 운행을 하여 다시 확인하는 과정이 필요할 수 있다.

이를 통해서도 개선되지 않을 경우 변속기 교환이나 변속기를 내린 후 수리 작업이 필요한 경우도 있다. 이 경우는 통상 1~2일로 끝나지 않고 길게는 한 달까지 소요될 수 있으니 차주로서는 조금 큰 불편을 겪을 수 있다. 당장 안전에 지장이 없고 운행이 가능하며 일주일 이상 소요되는 경우라면 스케줄을 조정해서 다른 차로 대차를 받아 입고해서 수리하는 방향으로 진행하는 것이 바람직하다.

자동변속기에 비해 듀얼클러치 미션, MCP, 시퀀셜 기어 등의 변속기에 더 문제가 많은데 이는 상식적으로 보면 이해가 가는 일이다. 왜냐하면 개발 후 수십 년 동안 각종 문제들을 해결해가며 발전해온 자동변속기에 비해 듀얼클러치나 시퀀셜 기어 같은 변속기가 양산 공도용 차량에 적용된 기간은 상대적으로 매우 짧기 때문이다. 연비 효율이 좋고 고성능 차에 적합하고 변속 속도가 빠른 장점 대신 유지보수가 까다롭고 승차감에 악영향을 끼치는 단점이 존재한다. 다만 해당 변속기의 특성을 어느 정도 이해하면 받아들일 만한 부분이며, 특히 수입 브랜드 듀얼클러치의 경우는 일상용 차량에도 많이 쓰일 만큼 안정화 단계에 이르고 있다.

변속기 역시 누유가 있는 경우가 적지 않으니 살펴봐야 하며, 제조사 매뉴얼에 무교환이라고 나와 있다고 하더라도 가급적 6~10만 킬로미터에 한 번은 교환해주는 것이 좋은 컨디션을 유지하는 길이다(무교환이라는 차량도 매뉴얼을 잘 살펴보면 가혹한 환경에서 주행 시에는 얼마의 주행거리를 기준으로 교환하라고 명시된 경우가 많다). 특히 과격한 주행을 하거나 변속이 잦은 경우 관리가 필수적이다.

끝으로 아직 길들이기가 다 끝나지 않은 신차들의 경우 무리하게 수동 변속을 계속 반복하거나 부하를 과도하게 주면 자체적으로 변속기를 보호하기 위해 마치 PC의 안전모드처럼 속도 제한에 변속 제한이 걸리는 상황이 올 수 있다. 독일 차들의 경우 이러한 일로 인해 신차 출고 후 1년 이내에 센터에 입고시키는 일들이 적잖게 있는 편인데, 가능하면 매뉴얼에 적힌 길들이기 과정을 그대로 이행한 후에 그러한 주행을 하는 것이 좋다. 그리고 이런 안전모드에 들어가면 통상 $40{\sim}60km/h$ 이하의 속도로만 주행할 수 있고 변속기어 역시 특정 단수를 넘어가지 못하며 계기반 등에 엔진 체크등 또는 메시지가 점등되니, 이런 상황에 처하면 가능한 빨리 안전한 곳에 차를 주차한 후 시동을 완전히 끄고 몇 분 후 다시 시동을 켜보도록 한다. 때로 이렇게 재시동을 걸고 나면 별 다른 이상 없이 정상 작동이 되는 경우가 많으나 서비스센터에 입고해서 다른 이상은 없는지 체크해보는 것이 바람직하다.

겨울철이 되면 나타나는 시즌 현상

차종에 무관하게 겨울이 되고 기온이 내려가면 나타나는 현상들이 있다. 가장 흔하게 볼 수 있는 것은 엔진의 진동이나 소음이 커진다거나, 주행 중 잡소리가 많아진다거나, 둔덕을 넘을 때 찌그덕 하는 하체의 소리가 들린다거나 하는 경우 등이다.

통상 겨울에 수시간 이상 정차를 한 후 시동을 건 직후에 진동이 강하다. 즉 냉간 시동 시에는 오랜 시간 정차했던 차의 엔진오일 온도가 극히 낮고, 엔진이나 미션 마운트 등 진동을 잡아주는 부분들이 경화되어 제 역할을 못한다. 이로 인해 엔진의 진동과 소음이 조금 더 커진 느낌을 받게 된다. 그리고 1~2분 예열을 하게 되면 RPM이 조금씩 낮아지면서 열간 시와 같은 수준으로 떨어지게 되는데 이 현상은 지극히 정상적인 것이므로 걱정할 필요가 없다.

이런 증상은 가솔린보다 디젤 차량에서 더 자주 접할 수 있는데 가솔린 차량 역시 비슷한 증상을 보이니 당황하지 말고 그러려니 하라. 영하의 기온에서 장시간 야외 주차를 한 후의 냉간 시동 시에는 가급적 30초에서 1분 정도 예열을 하고 출발하면 엔진을 보호할 수 있다 (최신 차들은 예열을 하지 않는다고 해도 급가속만 하지 않으면 큰 문제가 당장 발생하지는 않는다. 그러나 분명한 것은 이런 좋은 습관이 매일 수년간 반복되었을 때 차의 컨디션을 좋은 상태로 더 오래 유지시켜준다는 것에는 이견이 없다).

전술했던 실내의 잡소리도 겨울이 되면 유독 더 많이 발생한다. 내장재들이 기온이 떨어짐에 따라 수축되고 경화되면서 전에 없던 소음이 발생하는 것이다. 우리나라의 경우 여름과 겨울의 온도차가 커서 내장재나 각종 고무나 웨더 스트립 등의 수축과 팽창을 수반하게 되는데 이런 계절에 따른 온도변화는 차에 좋지 않다. 캘리포니아와 같은 기후에서 운행되는 차들과 비교하면 더욱 그렇다(그래서 우리나라의 기온과 습도 변화와 수도권의 교통 상황 등 여러 가지 환경들은 사실상 차에는 가혹환경에 가깝다고 생각한다). 특히 야외주차를 한 경우라면 차는 말 그대로 가혹환경에 처한 셈이라고 보면 된다. 이런 수축과 팽창, 경화에 따라 내장재끼리, 또는 시트 사이에서 나는 마찰음이 커지면서 실내에서 갖은 잡소리가 들리는 것이다. 하체에서 나는 소음 등은 심하지 않다면 근본적인 해결이 아닌 윤활로 그치게 되며, 관련된 부분의 고무 부위가 찢어지거나 갈라진 경우는 상태에 따라 보증 교환이 가능하다.

우리가 생각하는 것보다 이런 기온과 습도의 급격한 변화가 차에 미치는 영향은 생각보다 큰 편이다. 매년, 매일 반복적으로 일어나는 변화, 이에 대한 차주의 좋고 나쁜 습관에 따라 차의 수명이나 상태가 좌우된다. 그러니 가급적 기본적인 차 사용에 있어서 좋은 습관을 가지면 자동차를 오래 타는 데 도움이 된다.

대차

내 차가 보증수리를 장기간 들어가거나 심각한 문제로 보증 수리를 받을 때 센터에 그 동안 탈 차를 요청해서 받는 것을 대차라고 한다. 센터가 제공하는 일종의 렌터카나 마찬가지인데 실제로 렌터카나 자체 시승차 등을 고객에게 제공하여 준다. 자차 부담금을 제외하고는 실제로 누구나 운전할 수 있는 보험에 가입한 상태로 내주는데 우리가 생각하는 것보다 대차를 내주는 경우는 매우 제한적이다. 브랜드에 따라서는 센터 한 곳에서 2~3대밖에 없기도 하니 충분히 그 상황을 짐작할 수 있다. 대체로 고객 과실이 아닌 차 자체의 이상으로 인해 일주일 이상 장기간 입고하는 경우, 또는 엔진이 멈추거나 안전에 큰 지장을 줄 수 있는 경우에 한해 제공되는 것이기 때문에 증상에 따라 센터와 입고일자를 협의하여 입고하면서 대차를 받으면 된다. 통상은 자차 브랜드의 동급의 차량으로 내어준다.

상식적으로는 차 자체의 결함이라면 기간에 상관없이 내주는 것이 맞지 않느냐고 할 수 있겠지만 대체로는 무상보증이라는 제도 안에 대차는 명문화되어 무조건 제공된다고 되어 있지 않기 때문에 순수 서비스라고 보는 것이 더 정확할 것이다. 다만 어떤 브랜드나 특정 차종에 한해서 무조건 대차가 가능한 경우도 있으니 이런 대차 관계는 차량 구입 시 먼저 확인해두면 괜히 후에 손해 보는 느낌을 갖지 않을 수 있겠다.

그러나 수입차가 국내에서는 프리미엄 이미지로 승부하고 있고 마케팅에도 이러한 대차와 관련된 문구를 어렵지 않게 발견할 수 있는 만큼 차에 자기 과실이 아닌 차량 자체의 결함으로 인한 문제가 있고 장기간 입고, 수리를 해야 한다면 잊지 말고 강하게 대차를 요청하도록 하자.

컴플레인은 이렇게

개인적으로는 차에 대한 이해가 높은 사람일수록 차를 유지하며 일어날 수 있는 일들에 대한 이해도 역시 높다고 생각한다. 자동차라는 것은 근본적으로 기계, 그리고 전자제품이기도 한데 어디까지나 사람이 만드는 것이고 불행하게도 세상에 완벽은 없다.

신차 출시 직후의 차량 결함이나 이상 증상 때문이든, 혹은 보증수리 과정에서의 불편함에 대한 불만족 때문이든 차를 오래 타다보면 한 번은 만족스럽지 못한 처리나 납득할 수 없는 대응을 겪게 된다. 당연히 화가 날 때가 있다. 나로서는 사업을 하고 고객들의 차를 관리하면서 지겹도록 겪는 일이기도 한데 제3자 입장에서 이런 일을 보다보니 차주에게도 서비스센터나 사측에도 조금은 아쉬움과 안타까움을 느낄 때가 있다.

고객 입장에서 불만족스러운 부분에 대한 문제제기를 하는 일종의 노하우를 이야기하기 전에 우선 조금 길게 이해하면 좋을 법한 이야기를 하고자 한다.

차주의 입장에서는 어디까지나 본인의 정신건강을 위해 우리나라처럼 수입차 시장이 작은 곳의 소비자로서 상황을 이해할 필요가 있다는 점을 말하고 싶다(부당한 대우를 받는 것을 당연시하고 이해해주자는 것은 결코 아니다). 현대나 기아자동차, 혹은 기타 국산차들과는 다른 시스템을 가지고 있고 물류나 유통 과정 자체가 매우 복잡하다는 것이다. 모든 차종의 전 부품을 다 가지고 있지 않기 때문에 때로 자주 교환하지 않는 부품들이 고장 나거나 이상이 있어 교환하게 될 경우 아시아 지역의 물류센터나 본사의 재고를 받아야 처리할 수 있는 경우가 있다. 심지어 전 세계에 생산된 부품 재고가 아예 없는 경우도 있다. 이럴 경우 국산차 부품과 달리 수개월까지도 걸릴 수 있다(이해할 수 없는 노릇이지만 수개월 기다렸지만 못 구하고 다른 부품으로 대체한 경우도 경험한 바 있다). 특히 한정판 차량의 경우, 판매량이 적은 브랜드, 잘 팔리지 않는 차종들이 이런 현상이 두드러진다.

이를 알고 산 소비자와 모르고 그냥 산 소비자가 동일한 문제를 겪었을 때 받는 스트레스나 이해도의 차이는 매우 크며, 이는 차에 대한 만족도로 직결되기 때문에 알고 구입하고 이해하는 것이 금전적인 손해를 더는 길이다. 물론 법적으로 혹은 자체 한국법인의 규정으로 국내 판매하는 모든 차들에 대한 부품을 갖춰두는 것을 명문화할 수도 있겠다. 그러나 그것은 나 한 명의 소비자가 할 수 있는 일은 아니다. 우선은 소비자 개인이 스스로 이해하고 합리적인 소비를 하고 그로 인한 향후 일련의 문제나 해결 과정도 조금은 편안한 마음으로 이해하길 바라는 것이다.

시스템적으로 수입차가 국산차와 가장 크게 다른 점은 수입사/제조사와 판매를 담당하는 딜러가 계약에 의거하여 이원화되어 있다는 점이다. 따라서 수입사의 책임과 딜러사의 책임과 권한이 구분되어 있다. 물론 그 관계는 갑과 을이다. 이를 이해하면 굳이 불필요한 막말로 삽질(엄한 사람에게 불필요한 화를 내는)을 하지 않아도 된다.

대부분 차를 구입한 오너의 문제는 먼저 딜러사를 통하게 된다. 심한 트러블이 있어 차가 달리다가 멈추거나 간헐적으로 특정한 증상을 보이는데 한두 번 센터에 방문하였지만 결과를 얻지 못했을 때는 우선 센터 어드바이저, 그리고 내 차를 판매한 담당 영업사원을 통해 컴플레인을 제기한다.

컴플레인은 차를 고치기 전에는 출고하지 않겠고, 이 기간에 대차를 해달라는 것에서 시작하는 것이 좋겠다. 그리고 가능하면 모든 과정은 메모해서 육하원칙에 의거해 기록을 남겨두고 가능한 경우는 이메일 등 증빙이 될 수 있는 텍스트로 진행하는 것이 필요하다. 만일 두 번 이상 방문해서 동일한 증상을 전했고 수리를 한다고 했는데 계속 반복되는 경우 이에 대한 완벽한 수리와 확인, 그리고 그 기간 동안 대차를 요청하는 것은 충분히 합리적이고 소비자로서 당연한 권리라고 볼 수 있다.

다만 이 과정에서 불필요하게 담당 어드바이저, 센터장, 또는 담당 영업사원에게 욕을 하거나 인격적으로 모욕감을 느낄 언사는 삼가도록 하자. 화가 나는 것은 나는 것이고 그 차를 만든 것은 그들이 아니다. 그들에게 화를 낼 수는 있겠지만 인격적인 모욕감을 줄 일은 아니다. 그런 일이 발생할 수 있는 가능성이 있기에 무상 보증기간이 있고 서비스센터가 존재한다는 것을 잊지 말자.

또한 어드바이저나 센터의 책임자로부터는 받아낼 것이 더 많다. 이 과정에서 센터 어드바이저, 그리고 내 차를 판매한 담당 영업사원의 대응이 마음에 들지 않거나 지지부진하거나 불합리하다고 느껴지는 경우 반드시 해당 직원의 소속과 이름을 확인한 후 차에 붙어 있는 스티커나 매뉴얼에 적힌 한국법인(통상 XX코리아) 콜센터에 전화해서 정식으로 컴플레인을 제기한다. 그리고 CS 담당자와의 연결을 요구한다(사족이지만 차를 출고하면서 영업사원과 마찰이 심했다거나 하는 경우 이런 상황에서 그로부터 받을 수 있는 도움은 현실적으로 기대하기 힘들다).

만약 차에 문제가 있는 것이 확실하고 센터에서 제대로 고치지 못하고 있다는 것을 확인했다면 이런 일련의 과정대로 진행하면 대차 역시 조금 기다릴지언정 어렵지 않게 받게 되고 차는 센터에 입고해서 장기간에 걸친 수리를 받게 된다.

한편 많은 오너들이 동일한 증상만 있거나 조금이라도 운행의 안전에 지장이 있는 것이라고 판단하면 무턱대고 신차 교환을 요구하곤 하는데, 신차 교환은 매우 드물게 일어나는 일로 대단히 엄격한 규정에 의해서만 가능하다. 주요 부품이라 할지라도 부품 교환으로 해결되는 문제에 대해 신차 교환이 이루어지는 경우는 거의 본 적이 없다. 물론 협상의 방법으로서 신차 교환을 주장하는 것은 있을 수 있지만 그렇지 않고 무작정 요구하는 수준이면 제조사나 딜러사는 소비자보호원에 법적 근거에 따라 이의를 제기하라고 할 수 있고 이렇게 법적 절차를 요구할 경우 많은 소비자들이 제대로 만족할 만한 수준에서 처리되지 못한다. 법률이나 관련 조항, 그리고 판례들이 일반 소비자들에게 그리 유리한 상황은 아니기 때문이다.

엄밀하게 말하면 자동차라는 상품은 소비자들이 기대하는 수준으로 보상받을 수 있는 문제는 매우 한정적이며, 소비자보호원을 거쳐서 분쟁이 조정되지 않는 경우 민사소송으로 진행되야 하는 경우가 많은데 소송이란 일단 기본적으로 그 과정이나 절차에 드는 돈과 시간, 노력, 스트레스 때문에 모두가 패자가 되는 길이다. 아무튼 뭐든지 첫 단추가 중요한데 지나치게 화만 내면서 신차 교환을 요구하면 바로 소비자보호원으로 넘겨버리는 CS 담당자도 있으니 주의하자.

분명한 것은 정상적인 절차를 거쳐 합리적인 문제제기를 하고, 그러한 문제나 이상 증상이 확인되었는데도 고치지 못한다면 제조사나 딜러사 역시 책임을 '무작정 회피'하는 경우는 많지 않다. 다만 그들의 역할이나 책임과 권한이 한정되어 있기에 대부분 본사에 리포트하고, 리포트한 것에 대한 본사의 해결방안이 공지되기 전까지는 그들이 어떻게 할 수 없는 경우가 많다는 것을 이해할 필요가 있다. 본사가 한국에 있는 국산차가 아닌 수입차이고 제조사와 현지법인, 그리고 딜러사의 관계가 국산차와 달리 복잡하기 때문이다. 무작정 욕설을 퍼붓고 동호회나 카페에서 단체 행동을 하는 것이 능사가 아니다. 그런 과정은 스스로도 피폐하게 만들고 아래에 적을 커뮤니케이션 문제로 인해 상황이 더 꼬이는 지름길에 불과하다.

고객 컴플레인을 대행해서 처리하던 대리인으로서 제조사나 서비스 담당자, 또는 책임자에게 하고 싶은 말을 정리하면 이렇다.

차주인 고객을 대신해서 겪은 많은 컴플레인 처리 경험에서 느낀 공통점은 우선 대부분의 문제들이 커뮤니케이션 과정을 통해 부풀려지고 거대해진다는 것이다. 센터 어드바이저들이 대수롭지 않게 말한 "다 처리되었습니다"라는 말이 고객에게 전달되고 이해된 후에 동일 증상이 발생하는 경우와 "우선 1차적으로 의심되는 부분을 해결했습니다. 그러나 이 문제의 원인이 다른 문제일 경우도 있기 때문에 운행을 다시 해보시고 또 증상이 재발하면 연락을 주시거나 입고를 부탁드립니다. 가능한 대기 없이 즉시 처리할 수 있도록 하겠습니다"라고 고객에게 전한 후 다시 증상이 재발하는 경우 고객이 느끼는 불만, 그리고 그에 따른 이후 행동은 매우 차이가 난다.

또한 사소하든 중대하든 차의 결함이나 문제로 인한 재입고 시 고객이 가질 수 있는 불편함에 대해 공감하고 양해를 구하거나 이에 대해 언급하지 않고 사무적인 태도나 당연한 일인 양하면 고객이 화를 내는 것은 피할 수 없다.

그리고 실수를 해놓고 실수에 대해 지적하기 전에 먼저 사과하지 않는 태도 역시 적지 않은 문제를 수반한다. 이런 경우는 현장에서 정말 자주 보는 일들이다. 고객 접점 부서에서 일하는 서비스 담당자는 회사를 대신하는 것이고, 고객 불만에 대해서 사측의 입장을 대변해서 진행해야 한다. 본인이 실수한 게 아니더라도 상식적인 선에서 벗어나는 일련의 과정이나 문제로 인해 고객이 불만을 제기하거나 불만이 예상된다면 최대한 이에 대한 양해와 사과가 선행되는 것이 바람직하다.

별것 아닌 문제나 증상일 뿐인데 그걸 가벼이 여긴 담당자가 고객과 커뮤니케이션 과정에서 오해와 감정 문제를 만들어 이게 얽혀서 부풀려지기 시작하면 추후 더 큰 싸움이 되고 진흙탕 속에서 진행이 된다. 당연히 어느 쪽도 물러서지 않는다. 문제는 해결되지 않는다.

정확한 설명과 정성을 다하는 자세로 고객에게 커뮤니케이션을 시도하면 안전에 직결된 문제를 제외하고는 큰 컴플레인으로 전달되지 않는다. 내가 겪어본 많은 사례들이 실제로 감정 문제를 배제하는 것부터 시작했다. 나는 고객의 대리인으로서 업무를 하는 것이기 때문에 차주와는 달리 감정적인 문제를 배제하는 데 수월하다. 상한 감정과 그간의 분노를 빼놓고 문제 그 자체를 보면 대체로는 있을 법한 일인데 이에 대해 설명하는 과정이나 고객에게 동의, 이해를 얻는 과정에 문제가 있거나, 혹은 설명이 부족했을 때가 반드시 있고, 차주는 그저 비싼 차이고 유명한 브랜드의 차이니 막연한 기대감에 겪은 불편함이 전부인 경우도 많다.

감정 문제를 배제하고 상대방인 한국법인 또는 딜러사 CS 담당자의 고충이나 업무량, 그리고 때에 따라 지나친 고객의 요구와 욕설 등에 대한 스트레스를 이해하는 자세로 업무적인 것에 포커스를 맞춰 문제 해결 과정에 집중하면 대체로 항상 진전이 있다. 물론 시간은 필요하며 이런 컴플레인의 근본적인 문제 해결에만 10개월 가까이 걸린 경우도 있다.

차량 이상에 대한 보상은 경우에 따라 다르지만 신차 교환 대상이 아니라면 현물과 현금 보상이 주를 이루는데 최근에는 현금의 회계 처리문제가 있어서 대체로 가능하면 현물 보상이 주를 이룬다. 다만 어디까지나 집중할 것이 문제의 해결이고 해결하는 과정에서 어느 정도 보상안에 대한 상호 교감 정도를 문서로 조금씩 남겨두는 것이면 족하다. 신차 교환 등의 무리한 요구나 협의 과정 보이콧 등은 문제를 해결해주지 않으니 차주의 입장에서도 유의할 필요가 있다. 차는 부품을 조립해서 만드는 것이고, 해당 부품의 문제를 해결하면 거의 모든 문제는 다 해결이 된다. 다만 그 불량인 부품이 어떤 것이냐를 찾아내는 데 걸리는 시간과 노력이 각기 다를 뿐이다.

보증기간 이내라 하더라도 가능하면 최소 1년에 한 번 정도는 외부의 믿을 만한 수입차 정비업체에서 점검 비용을 내고라도 기계적인 부분까지 샅샅이 점검하여 보증기간 내에 보증수리를 제대로 받도록 하는 것이 가장 현명한 방법이다.

보증기간 만료 후 관리하기

보증기간이 끝났는데 센터를 뭐하러 가?

수입차 시장은 기본적으로 딜러 체제다. 그리고 대다수의 브랜드는 복수 딜러 체제를 갖고 있다. 무슨 말인고 하면 이제 수입차 시장은 판매는 물론 수리 역시 경쟁의 시대가 되었다는 것이다.

구입 시 각 딜러 간에 경쟁하며 판매가 이루어지는 것처럼 수입차 서비스센터의 경쟁도 존재하며, 사고 수리나 큰 비용이 드는 소모품 교환, 그리고 잦은 메인터넌스 품목에 대해서는 가격 경쟁도 있고, 소속 딜러가 다른 서비스센터 간에는 작업 공임도 차이가 난다.

통상 보증기간이 끝나면 센터를 가지 않는 사람들이 있는데 이는 잘못된 믿음에 근거하는 경우가 많다. 대체로 서비스센터가 외부 일반 정비업체보다 비싸다고 생각한다. 그러나 오랜 기간 각종 브랜드의 다양한 차종의 소모품, 정비 작업을 비교 견적을 내며 고객들에게 제시하며 수리와 작업을 진행해온 나는 그렇지 않다는 걸 알고 있고, 수입차를 타거나 타려는 우리 모두 정확히 알 필요가 있다.

센터가 저렴한 작업이 있고 비싼 작업이 있다. 센터가 더 잘하는 작업이 있고 아닌 작업이 있다. 대체로 규격화된 작업이나 빈번하게 진행하는 작업은 센터가 더 잘한다. 그리고 경쟁이 붙은 보증기간 내에도 일어나는 소모품 교환이나 전장 작업들은 센터가 더 경험도 많고 저렴한 경우도 많고 보증도 가능하여 이점이 있다. 추후 작업에 대해 문제가 생길 때 책임도 명확하다. 특히 현금, 카드 동일 가격에 세금계산서 발행이 기본적으로 가능하다는 점에서 카드 결제를 원하는 경우 외부 업체와의 차이가 줄어든다. 왜냐하면 여전히 일부 수입차 정비업체들은 카드가와 현금가를 별도로 책정하기 때문이다.

외부 업체를 이용할 경우는 가능하면 부품이 어디 제품인지, 순정인지 애프터마켓 제품인지, 그리고 오일 종류는 무엇인지 등을 확인하는 것이 좋고 이를 확인한 후 센터와 비교하는 것이 합리적이다. 특히 외부 정비업체 이용 시 주의할 점은 해당 차종의 해당 작업을 많이 해봤는가의 여부인데 이를 알 수 없다면 가급적 피하는 것이 좋다. 현장에서는 한 번도 해보지 않은 작업에 대해 대수롭지 않게 '일단 차 가져오시면 해드릴께요'라고 해놓고 입고 후 얼마간의 시간을 날린 후에 멋쩍게 사과하며 아무것도 하지 못한 상태로 출고시키는 경우도 종종 본 적 있다. 가능하다면 평소에 해당 브랜드의 작업을 많이 하는 업체

보증기간이 끝났다고 센터 갈 일이
없는 것은 아니다.

파근 도색 주의 사진 파근 도색 후 광택을 내는 모습

들을 알아볼 수 있는 동호회나 카페 등에 가입해두면 편리하다.

내 차에 어떤 작업을 해야 하는데 그게 사고 수리가 아니라면 해당 작업을 문의해서 작업 비용을 비교하되, 어떤 경우는 동일한 작업에 대해 부품을 서로 다르게 발주하여 작업하기 때문에 가격이 다른 경우도 있으니 꼭 확인한다. 종류에 따라 특정 소모품 교환의 경우는 해당 소모품 교환 시 교환 세트로 발주하는 경우와 각개로 발주하는 경우의 부품 수나 종류, 이에 따른 가격 차이가 있다는 것이다. 때문에 비교 시에는 가급적 견적서를 보고 정확한 품목과 금액에 대해 다시 확인할 필요가 있다.

물론 임직원이 1~2명이 전부인 규모가 작은 수입차 정비업체의 경우 진행하기 전에 50~100만 원 이내의 소소한 금액의 작업에 대해 견적서를 미리 보내는 경우는 흔치 않으니 이런 경우는 전화로 확인한다. 정기적으로 교환하는 소모품의 경우 이걸로 사기를 치는 경우는 없다. 그저 방식의 차이, 부품의 차이와 공임 차이니 오픈해서 물어보는 편이 더 낫다.

때로 직구로 해외에서 직접 부품을 구입해서 공임만 주고 작업 진행을 하는 차주들도 있는데 이 경우 장점은 단순히 외부업체에서 작업하는 것보다도 비용 절감이 가능하다는 것이다. 단점은 갑작스런 고장에는 부품 발주와 배송 기간 등 때문에 이런 방식을 택하기가 어렵고 부품 가격이 싸더라도 부품 자체의 부피가 큰 경우는 배송료가 문제가 되기도 한다. 그리고 때로 품번을 제대로 입력했는데 해외 업체에서 실수로 다른 부품을 보내는 경우 등은 시간 낭비도 심하고 하니 가급적 충분히 알아보고 믿을 수 있는 루트를 통해서 하도록 한다.

끝으로 분명한 것은 접촉 사고 이상의 사고에서 손상된 차량 외형의 판금 도색 같은 외형 복원 작업은 거의 모두 외부 업체가 저렴하고 센터는 교환으로 진행하는 경우에도 판금으로 진행하는 경우가 있다보니 역시 이런 경우는 외부 판금도색 전문업체나 공장을 이용하는 것이 좋겠다.

소모품 관리하기

쿠폰이 있는데 돈이 왜 들어?

예외가 있긴 하지만 대체로 수입차 브랜드들은 자체 쿠폰이나 프로그램으로 소모품 무상 교환을 제공한다. 벤츠와 BMW는 ISP, BSI 등으로 이름 짓고 이를 마케팅에 활용하기도 하는데 이런 소모품 교환은 브랜드마다 제공하는 품목이 다르고 그 주기나 제공 방식도 상이하다.

그러나 대체로는 엔진오일은 15,000킬로미터마다, 앞 브레이크 패드는 소모 시마다 교환을 해준다. 이런 소모품 교환은 '이것만 이때 교환하면 평생 걱정 없이 탈 수 있다'는 차원의 지원이라기보다는 '당신이 차를 타는 동안 해야 하는 소모품 교환 중 우리가 이런 품목을 이만큼 지원해드립니다'에 가깝다. 즉 필요충분한 주기에 필요충분한 품목을 무상 제공하는 것이 아니라 최소한의 것들만 최소한의 주기에 맞춰 지원해주는 개념으로 보는 것이 정신 건강에 좋다.

차종에 따라, 주행 환경에 따라 다를 수밖에 없는 엔진오일 교환 주기 논쟁을 이 책에서까지 하는 건 불필요하다고 생각한다. 다만, 분명한 것은 차를 오래 탈 사람, 차를 아끼고 싶은 사람이라면 가급적 5,000킬로미터까진 아니더라도 1년에 2회, 1만 킬로미터 이내에 한 번은 교환해주는 것이 좋다. 만일 신차를 사서 2~3년 타고 바꿀 계획이며 별로 예민하지도 않고 가혹주행도 안 하고 차에 애정이랄 것도 없다면 그냥 공식센터의 주기대로 바꿔도 보증기간 내에 큰 문제가 생기지는 않으니 괜찮다. 다만 오일 소모가 있는 터보차들이나 일부 고성능 차들은 조금 더 신경을 써서 주기를 짧게 가져가는 것이 좋고 교통 정체 구간을 단거리로 다니는 사람들일수록 조금 더 신경 써서 주기를 짧게 자주 교환해주는 것이 좋다. 물론 서킷을 다니거나 와인딩을 취미로 한다면 최소 5,000킬로미터에 한 번 정도는 교환해주기를 권하고 싶다. 물론 정말 하드코어한 주행을 하는 경우라면 주행 직후 갈아주는 게 낫다.

모든 것은 비용과 무관하지 않은데 요즘엔 오일 전문숍도 많이 생겼기 때문에 이런 업체를 이용해서 오일과 오일 필터 교환만 한다면 비용도 평범한 세단의 경우 10~15만 원 전후에서 가능하니, 아끼고 오래 탈 사람이라면 센터의 주기만으로 교환해서 나중에 차량 상태를 두고 후회하는 일은 없도록 하자.

타이어 마모 한계선 사진. 패인 홈에 나있는 가로선까지 타이어의 면이 닳으면 교체해야 한다.

엔진오일과 달리 미션오일은 차종에 따라 3년 6만 킬로미터 내지 4년 8만 킬로미터 정도 주기에 선도래 기준으로 한 번 정도 교환해주는 것이 좋으며, 이때 후륜 디퍼렌셜 오일도 같이 교환해주도록 한다. 브레이크액과 냉각수 역시 3년을 주기로 교환하되 항시 점검하며 수분량, 비중을 측정해서 그에 따라 교환한다. 배터리 역시 기본은 3년을 주기로 하되 1년에 한 번 정도는 측정해서 확인하도록 하고 방전이 된 적이 있는 배터리는 조금 더 신경을 써서 체크하는 습관을 들이는 것이 좋다.

타이어, 패드와 같은 소모품들은 모두 육안으로 그 교환 시기를 확인할 수 있으니 주기나 그런 것들은 생각하지 말고 직접 확인하며 교체시기를 확인한다(타이어와 패드 모두 마모한계선이 표시되어 있다).

이외에 연료필터는 제조사의 주기에 따라 교환하되 디젤은 조금 앞당기면 좋은 편이다.

사고 처리

사고 대처는 우선 처리 순서부터 명확히

사고 처리에 대해서는 뉴스나 언론 기사, 그리고 각종 사이트 등에서 검색하면 어떻게 하는 것이 좋은지 잘 설명되어 있다. 그럼에도 불구하고 원칙이라고 할 만한 순서를 적어보면 이렇다.

① 사고 발생

② 하차

③ 인사사고 여부 확인

④ 사진 촬영(원거리, 근거리, 훼손된 부분 등)

⑤ 보험사 전화(인사사고 시 우선 112, 119 전화 후 보험사 전화)

⑥ 보험사 접수번호 상호 교환

⑦ 쌍방과실로 추정될 경우 보험사 보상담당자 도착 때까지 차량

이동 금지

⑧ 어쩔 수 없이 이동해야 할 경우 현장 목격자 확보, 차량 위치 페
인트로 표기 후 이동

여기까지는 원칙이라고 봐도 무방하다(과거 안개로 인한 서해안고속도로 서해대교 29중 추돌과 같은 대형 사고처럼 자동차전용도로의 전방 시야가 확보되지 않은 경우의 사고는 우선 안전을 위해 하차보다는 안전한 곳으로 대피하는 것이 더 중요하다).

사고 정도에 따라 보험사 접수를 안 하는 경우가 있는데 이유 불문하고 무조건 보험사 접수는 하고 본다. 일방과실 100%로 상대방이 인정할 경우나 내가 인정하는 경우에는 가해자만 보험 접수하여 피해자에게 건네면 된다.

현장에서 보험 접수를 안 하는 경우가 있는데 보험 접수는 무조건 하도록 한다. 보험 접수는 접수일 뿐이고 보험 처리를 하기 전이든 후든 관계없이 내가 현금처리하고 싶다면 접수를 취소하거나, 혹은 처리 완료된 경우라도 콜센터에 전화해서 기한과 입금 방법을 문의한 후 기한 내에 현금입금하면 보험 처리 기록은 삭제되므로 걱정할 필요가 없다. 보험 접수를 하지 않으면 모든 일들이 밀리고 꼬이기만 하니 일단 사고가 나면 보험 접수는 사고 처리 유무, 현금처리 보험 처리 유무에 무관하게 무조건 하는 것이 좋다.

사진을 찍을 때는 먼 거리에서 사고 현장의 상황이 전체적으로 보이게 현장을 빙 돌아가며 최소 네 방향이나 여덟 방향에서 촬영하며, 근

거리에서 접촉한 부분이나 사고 부위를 다시 여러 차례 다양한 각도로 촬영한다. 촬영을 제대로 해두지 않으면 나중에 사고 부위와 관계없는 부분까지 사고 때 파손된 것으로 해서 수리하는 경우도 생길 수 있다. 사진을 충분히 찍었고 사고가 단순하면 이동해서 보상 담당자를 기다려도 무방하지만 그렇지 않다면 가능한 차량을 이동하지 않는 것이 좋다.

그리고 자신이 보험사에 접수해서 그 연락을 받고 온 견인차가 아닌 다른 견인차, 렉카 기사들이 차를 견인하거나 공업사에 입고하지 않도록 각별히 주의한다. 이 경우 차가 공중분해되는 경우까지 존재하고 아무도 책임지지 않아 소송으로 가는 경우가 종종 있다. 이 외에도 사고 직후 당황한 마음에 렉카 기사가 추천한 곳으로 입고했다가 정신을 차린 2, 3일 후 조금 알아보고 더 나은 곳으로 옮기려고 하면 기존에 입고한 곳에서 보관료를 내라고 하는 경우도 있다. 따라서 반드시 내가 접수한 보험사에서 온 렉카차를 통해 내가 지정한 곳, 해당 브랜드의 서비스센터, 혹은 보험사의 확인을 받은 지정 정비소로 이동하게 해야 한다. 물론 이동이 가능한 경미한 접촉사고 등이라면 직접 운행하여 현장에서 이동한 후 입고할 센터나 업체를 찾아보는 것이 좋다.

센터로 갈까, 정비업체로 갈까

사고가 나면 그 정도에 따라 어디에서 수리할지를 결정해야 하는데 보험사에 접수하고 2~3시간 이상 지나면 보험사에서 전화가 와서 어디로 입고할 것인지 계속 보채듯 묻곤 한다. 때로는 지정 정비업체로 유도하기도 하는데 그냥 내가 결정할 때까지 기다리라고 하면 그만이다. 이를 정하는 데 고려할 몇 가지 경우의 수가 있다.

1. 보증기간 만료 여부

우선 보증기간이 끝나지 않은 차량의 경우 보증기간 이내에 사고 수리를 외부에서 하는 경우 그 범주에 따라 관련된 모든 부위에 대해 보증이 거부될 수 있다. 만일 앞범퍼 쪽에 사고가 나서 외부 정비업체에서 라디에이터 서포트와 앞 판넬을 교환 또는 판금하였는데 라디에이터에서 누수가 있거나 헤드라이트 보증 수리가 필요한 상황이 오면 센터에서는 관련 부위가 사고가 있었고 센터에서 수리하지 않았다는 이유로 무상 보증수리를 해주지 않는다. 따라서 가급적 보증기간 내의 차량은 센터로 가는 게 좋다. 단, 외부만 찌그러진 경미한 사고의 경우는 아래와 같이 판단한다.

2. 외관 파손인지 내부까지 파손인지 여부

일반인이라도 자세히 좌우, 판과 판 사이의 유격 등을 잘 관찰하면 차의 손상 정도를 대강은 파악할 수 있다. 가능하면 대낮에 빛이 좋은 곳에서 여러 각도로 살펴보는 것이 좋다. 경미한 사고가 내 과실인 경우는 외부 정비업체에서 그냥 현금으로 처리하는 것이 유리한 경우가 많다. 어차피 자차 수리는 20%까지 자기부담금이 있기도 하고, 센터와 외부 정비업체 간의 가격차가 대체로 30% 이상으로 큰 차이가 나는데다 외부에서는 판금으로 살리는 부분도 서비스센터는 그냥 교환해버리는 경우도 많기 때문이다.

상대방 과실 100%라면 편하게 센터에 입고하고 렌터카를 지급받는 것도 편리하며, 이 과정에서 내가 차를 굳이 매일 쓸 필요가 없고 미수선 처리해서 현금을 받고 그 안에서 더 저렴하게 외부 정비업체에서 수리할 자신이 있다면 그렇게 하는 것이 오너에겐 이득일 것이다.

그러나 범퍼나 펜더, 문짝의 외관 파손이 아닌 휠, 후드, 트렁크, 혹은 유리창이나 헤드라이트나 라디에이터까지 먹은 사고라면 과실 여부에 관계없이 그냥 센터에 입고하는 것이 좋다.

여기서 갑론을박이 있을 수 있는데 센터에 입고하는 것이 좋은 이유는 명확하다. 어차피 물적사고 금액(자차+대물)이 물적사고할증기준 200만 원(50만 원, 100만 원, 200만 원 등으로 설정 가능하나 수입차는 범퍼 교환만으로도 100만 원이 넘기에 200만 원으로 설정하는 것이 바람직) 넘기면 내 보험료는 내년부터 무조건 할증이다. 그런데 300만 원을 사고처리하든, 600만 원을 사고처리하든 이로 인해 할증에 반영되는 사고 점수는 건당 1점으로 같다. 어차피 할증이 동일하게 되는 거라면 굳이 금액을 줄이려고 혹은 재생 재품을 쓰거나 교환을 하지 않아가며 애쓸 필요가 없다. 도덕적 해이를 언급할 수 있겠지만 이런 과정에서 보험사의 손해율이나 도덕적인 개념에서 접근할 사람은 현실에선 아무도 없다. 단순하게는 어차피 내 보험료가 오를 것이고 수리한 차는 결국 내 차이고 내가 타야 한다. 굳이 위험을 무릅쓰고 외부 정비업체, 내가 익숙하지 않은 업체에서 신뢰도가 떨어지는 작업을 할 이유가 없다.

참고로 수입차는 대체로 앞범퍼만 손상되어도 100만 원이 넘어가며, 앞범퍼와 펜더만 훼손되어도 교환으로 처리하면 200만 원이 넘고, 펜더가 아닌 헤드라이트가 범퍼와 같이 훼손되어도 무조건 200만 원이 넘는다. 특히 범퍼의 경우 서비스센터는 복원하지 않고 무조건 교환으로 처리하기 때문에 단순 도색 벗겨짐이 아니라면 계산을 해볼 필요가 있다.

그러나 이미 내가 과거에 수백만 원 사고를 처리한 적이 있고 이번에 사고 처리를 하면 특별 할증이 붙는 경우, 상대방 피해차가 국산차이고 피해액이 100만 원 이내로 경미하며 내 차의 앞범퍼나 펜더가 조금 찌그러진 경우라면 모두 현금 처리하는 것이 좋고 가능하면 내 차를 외부 정비업체를 이용해서 금액을 낮춰 복원하는 것이 좋을 수 있다.

여기서 많은 차주들이 혼자 끙끙거리며 부정확한 정보를 찾아가며 고생하는데 그럴 필요가 없다. 바로 보험사 콜센터나 설계사에 전화해서 내가 사고를 현금 처리하지 않고 보험 처리할 경우 내년, 내후년에 오를 보험료를 물어보면 확인해서 알려준다. 그 금액과의 차이를 알아

보험 할증요율표 구분

구분	사고 내용		건당 점수
대인사고	사망사고		4
	부상사고	1급	
		2~7급	3
		8~12급	2
		13~14급	1
자기신체사고(또는 자동차상해)			1
물적사고	50만 원 초과 사고		1
	50만 원 이하 사고		0.5
	가해자 불명 1점 사고		1

보험대상기간: 전전계약 보험기간 만료일 3개월 전부터 전계약 보험기간 만료일 3개월 전까지

보고 결정해도 된다. 무사고 10년 이상으로 보험요율이 낮은 사람은 어지간한 사고를 보험으로 처리해도 여전히 보험료가 낮게 유지될 수 있는 반면, 보험 경력 첫해에 큰 사고를 치르고 시작하면 이후에도 초보운전 기간임을 감안하면 앞으로 보험료가 꽤 많이 오를 수 있다.

기본적으로 현행(올 10월 이후부터는 사고 건수제로 변경되어 2016년부터 반영 예정) 개인의 보험료 할인, 할증은 사고 내용의 경중에 따른 점수제다. 평가 대상 기간 중 사고 유무와 사고 건별 기록점수에 따라 평가하게 되며, 사고 기록 점수는 매 건별 사고의 내용별 점수를 모두 합산하는 것이다. 이에 따르면 사망, 부상 등의 인사사고가 점수가 높으며, 50만 원 이하의 사고는 0.5점으로 가장 낮다. 물적사고는 50만 원 초과일 경우는 동일한데 200만 원이 넘는 물적사고의 경우는 최대 30%까지 특별

할증이 붙을 수 있다. 다만 보험 가입 시 물적사고할증기준을 200만 원으로 설정해두었다면 200만 원 이하의 1건 사고로는 보험료가 오르지 않는다.

그러나 대상기간에 중복 사고 처리를 할 경우는 특별할증에 해당하며, 이는 통상 평가대상 최근 3년간 2회 이상 사고, 혹은 상해등급 10등급 이상의 대인 사고나 200만 원 이상의 물적사고를 일으켰을 경우, 또는 이 이상의 사고건수나 사망, 7등급 이상의 대인사고의 경우에도 특별할증 대상이며 최고 할증율은 최소 10%에서 50%까지다.

그런데 이렇게 설명을 듣고 보면 사고를 냈을 때 이 사고를 보험으로 하는 것이 좋은지 현금으로 처리하는 게 나은지 알 수 없기 때문에 가급적 사고가 났을 경우 보험사에 전화해서 향후 보험료 인상폭과 현금처리 중 나은 방안을 선택하는 것이 좋다. 그러나 보험 사고는 3년이라는 평가대상기간을 두고 하는데다 1년 이상 경과된 사고는 현금처리 한다고 해서 보험사고기록을 삭제할 수 없기 때문에 소액의 보험 처리기록을 남겨둘 경우 추후 큰 사고 발생 시 누적되어 특별할증으로 인해 큰 손해를 입을 수 있으니 가급적 경력요율이 좋으면서 사고이력이 아예 없는 운전자가 아니라면 100~200만 원의 소액 사고는 현금 처리하는 것이 향후 유리하다. 국산차라면 모를까 수입차의 사고에 200만 원 이하의 사고라면 소액사고라고 할 수 있다.

틴팅, 블랙박스, 유리막 코팅.
왜 하고 뭘 해야 하지?

각 작업의 장단점

틴팅

10년 전만해도 차를 사면 그저 틴팅(썬팅)하는 것이 전부였다. 훤히 들여다보이는 윈도우를 조금 짙은 색의 필름으로 농도를 짙게 만드는 것이라고 생각했던 틴팅은 그러나 지금은 각 제조사, 브랜드별로 농도(가시광선 투과율)와 열 차단율에 따라 다양한 등급의 많은 제품 라인업을 갖추고 있다.

많은 브랜드들이 있고 각 브랜드별로 유행도 타면서 이런저런 제품들이 입에 오르내리는데 틴팅에 대한 오해도 가지가지다.

사실 가장 과대포장된 것은 열 차단율이다. 실제로 우리가 생각하는 열 차단과 업체들이 광고하는 데 쓰는 열 차단율(%)은 다른 개념이다. 실제의 열에너지를 차단해주는 것이 아니라는 뜻이다. 그리고 한 여름에 차가 해를 그대로 받으며 벌판에 있다고 치자. 아스팔트의 지열과 차 전체가 받아들인 열 때문에 실내 온도는 금세 치숫게 된다. 어디 열이 유리창을 통해서만 전달이 되나. 작은 유리창 몇 곳에 필름 좀 발라두었다고 실내 온도가 좌지우지되지는 않는다는 뜻이다. 열 차단이라는 단어와 숫자에 혹할 이유가 없다는 뜻이다. 미세한 차이가 날 수는 있겠지만 유의미한 수준의 체감 차이는 없다.

그러나 차내에서 해를 받으며 달리는 경우 얼굴이나 몸에 직접적인 열기가 전달되느냐 아니냐의 차이는 분명하다. 이는 전면 틴팅이 된 차와 아닌 차로 여름에 해를 마주하고 달려보면 바로 알 수 있다. 즉 실내 온도가 틴팅에 달렸다든지, 아니면 틴팅을 좋은 제품을 하면 에어컨을 적게 혹은 안 틀어도 시원하다든지 하는 말은 엄청난 과장이지만 직접적으로 해를 마주할 때 윈도우를 통해 들어오는 열기를 직접 받지 않을 수 있다는 것은 사실이다. 그리고 자외선만큼은 상당한 차단 효과가 있기 때문에 피부를 생각한다면 틴팅은 옅게 하든 짙게 하든 일단 하는 것이 좋다. 사실 틴팅과 관련해서는 법적 규제 문제가 있긴 하지만 현실은 단속이 거의 이뤄지지 않고 있고 관련 법규가 개정될 것으로 보이기에 이에 대한 고려는 최소한으로 하고 기술하고자 한다.

아이를 키우는 부모라면 뒷자리에 앉은 아이들이 졸거나 잘 때 해를 가려준 경험이 있을 것이다. 나 또한 마찬가지인데 틴팅 필름을 잘 선택하면 이런 경우 꽤 도움이 된다. 즉 자녀가 자주 앉고 안전 운행과 관계가 없는 2열의 좌우 윈도우 틴팅은 가장 짙은 가시광선 투과율 5%짜리 제품을 선택하는 것이다. 좋은 틴팅 제품은 약간의 가시광선 투과율(5~20, 또는 20과 40) 정도는 밖에서 볼 때 보기 흉할 만큼, 혹은 차이를 심하게 느낄 만큼 정도차가 심하지 않다. 그래서 예를 들면 1열 운전석과 조수석의 좌우는 20% 정도의 농도, 혹은 40% 정도의 농도를 선택하고 2열은 그보다 한 단계 짙은 필름을 선택하면 좋다.

개인적으로 전면 틴팅의 경우는 좋은 필름이 필름 값을 한다고 본다. 매일 봐야 하고, 농도에 민감할 수밖에 없으며, 차를 자주 타면 탈수록 그 값을 느낄 수 있기에 가장 좋은 제품, 전면 틴팅 전용 제품을 선택하고, 측후면은 적당한 중급의 제품으로 전면보다 조금 짙게 하되 자녀 유무, 2열 활용 유무에 따라 2열은 조금 더 짙게 하면 편리하다. 필자의 경우 차에 따라 전면은 전면 틴팅 전용 최고급 필름(40~70%)으로 선택하고 측후면의 1열과 뒷유리는 중간급의 20%짜리, 2열은 아이들을 위해 5%짜리 가장 짙은 동일한 라인업의 필름으로 하고 있다.

여기서 통상 평이 나쁜 틴팅의 브랜드나 품명을 직접 언급할 수는 없기 때문에 틴팅 필름을 선택하는 작은 팁을 알려두자면 우선 건물, 건축용 틴팅 제품은 대체로 필름 두께가 두껍기 때문에 선택하지 않는 것이 좋다. 왜냐하면 기본적으로 측면 윈도우는 모두 올리고 내리게 되는데 이 윈도우와 윈도우 몰딩, 그리고 웨더 스트립 등이 필름의 두께를 계산하고 설계되지 않아 필름과 마찰하면서 오랜 기간 사용할 경우 소리나 기스가 날 가능성이 높기 때문이다. 대체로 그 원가가 자동차용 필름에 비해 많이 저렴하여 업체의 마진은 좋으나 그다지 사용 면에서 장점이 없다.

또 틴팅 필름은 후면의 열선 때문에 자주 바꾸기 곤란한 제품이다 (열선이 있는 후면 유리의 필름을 제거하다가 열선이 뜯기면 틴팅 비용이 문제가 아니다). 따라서 추후 작은 사고로 유리를 교환하거나, 틴팅 필름이 훼손되거나 찢어진 경우 해당 부분만 교체해야 하는데 싸구려 필름은 농도가 태양광선에 의해 쉽게 변하기 때문에 1~2년만 지나도 새 제품과 농도차이가 나서 보기 흉해진다. 특히 안전벨트를 풀 때 벨트가 빠르게 감겨 올라가면서 클립이 유리를 치면서 틴팅 필름이 찢어지는 경우가 발생하는 일이 종종 있는데 이럴 때 그 부분만 새로 틴팅을 할 때 필름이 없거나 농도가 달라 곤란한 경우도 있다.

따라서 변색이 쉽게 되는 싸구려 라인업 제품은 가급적 선택하지 말자. 그리고 라인업이 자주 바뀌거나 신생 브랜드의 제품은 이런 면에서 추후 제품이 없어질 수도 있고 농도가 다른 제품으로 바뀔 수도 있으니 오래되고 안정적인 브랜드의 제품을 선택하는 것이 좋다.

블랙박스

블랙박스는 최근 신차 출고 시 필수 장비라고 할 만큼 장착률이 높고 장착 차량에 대해서는 보험료 할인도 되는 등 공적인 측면도 큰 제품이다. 초보 운전자이거나 운전에 자신이 없거나 사고 우발 지역을 다니는 경우, 인도와 차도의 구분이 없는 곳을 자주 다니는 경우라면 필수로 권하는 장비다. 그러나 모든 제품이 그렇듯 만능은 아니다.

우선 블랙박스 자체가 아직 그리 신뢰도가 높은 장비는 아니다. 많은 TV 프로그램에서도 다뤘듯, 충격에 약하고 저장한 영상이 지워지는 경우도 많아 블랙박스를 선택하는 데는 주의가 필요하다. 또한 SD 카드 등의 저장매체를 주기적으로 포맷해주어야 그 영상 저장 성능과 안정성이 유지되는 만큼 관리의 필요성도 높은 편이다.

제품을 설치하고자 한다면 최신의 수입차들, 특히 엔진 스타트 앤 스톱 기능을 갖춘 차들의 경우라면 가급적 상시전원을 하지 말고 주행 중이나 시동이 걸렸을 때만 작동하게 하는 것이 좋다. 특히 최근 급발진이 전압이 일정치 않은 것과 관련이 있다고 하는 등의 내용이 보도될 만큼 전기 작업은 각별히 주의할 필요가 있다.

따라서 가능하면 1~2채널의 제품을 상시전원을 빼고 설치하고, 무조건 최신 제품보다는 어느 정도 후기들을 알아보고 구매할 수 있는, 그리고 여러 시험이나 실험을 통해 안정성이 확보된 제품을 선택하는 것이 좋다. 1채널 제품 기준으로 설치비 포함 30만 원 이내라면 가격대 성능비를 고려해서 선택할 만하다. 개인적으로 2채널 제품보다는 안정성 면에서 1채널 제품 2개를 앞뒤로 설치하는 것이 각 카메라와 영상의 저장 안정성에 좋다. 다만, 후면 추돌 사고의 경우 거의 모두 추돌한 뒤차의 과실로 판정되는 만큼 1채널만 작업해도 무방하다.

그러나 제품 자체의 표준화가 되지 않은 만큼 사고 시 블랙박스가 모든 것을 해결해줄 것이라는 생각은 버리는 것이 좋다. 수많은 고객들의 사고를 보고 해결 과정에 참여하면서 블랙박스로 인해 억울한 일을 당하지 않게 되거나, 과실 비율이 바로 잡히거나, 범인이나 가해자를 찾는 등 구입 당시 기대하던 효과를 본 경우는 많지 않았다. 사고의 경우의 수는 너무나 다양해서 앞쪽, 뒤쪽의 카메라만으로 해결되는 사고는 별로 없었다는 뜻이다. 따라서 블랙박스를 설치할 때는 사고 시 도움을 줄 수 있는, 어디까지나 보조 장치의 하나로 보고 그에 합당한 가격을 지불하여 설치하고 관리하는 것이 바람직하다고 생각한다.

별도로 유료도로를 자주 다니는 사람들은 하이패스가 필수라고 생각될 만큼 우리나라의 하이패스 보급률은 매우 높아졌다. 가끔 다니는 사람들이야 큰 관심이 없을 수 있겠지만 매일 다니는 유료도로에서의 통행료 결제로 인해 낭비되는 시간은 아깝기 그지없다. 게다가 제품들도 블랙박스에 비하면 안정성이 높아 사고 시 보험 효과를 기대하는 블랙박스에 비하면 하이패스는 매일, 통행료를 결제할 때마다 그 편리함의 효과를 볼 수 있다는 점에서 설치할 만한 제품이다.

유리막 코팅

유리막 코팅은 외장 관리 중 코팅의 일종으로 기본적으로는 외부 페인트의 흠집이나 이물질을 제거한 후 코팅제를 사용해서 차량 페인트의 클리어층 위에 추가로 코팅을 하는 것이다. 업체들은 물만 뿌려도 세차가 된다거나, 물건에 부딪혀도 손상되지 않는 강도 등을 이야기하며 유리막 코팅을 추천하지만 솔직히 신차 출고 시에 영업사원들이 해주는 유리막 코팅에 그런 기대를 하는 것은 무리가 있다.

대체로 영업사원들이 해주는 것은 저가의 단순 코팅제 또는 고체 왁스에 불과한 경우도 있고 정량을 쓰지 않고 미량만을 혼합해서 쓰는 등의 이유로 제대로 그 효과를 볼 수가 없다. 아래에도 따로 쓰겠지만 이렇게 신차를 출고할 때 영업사원들이 무상으로 해주는 제품이나 서비스에 대해서는 기대하지 않는 것이 좋다.

만일 차주가 직접 세차 약품이나 도구를 사서 셀프세차장에서 세차를 하는 사람이고, 외부 도장면의 깨끗함이나 세차의 편리성을 추구한다면 제대로 된 유리막 코팅을 하면 도움이 되고 만족할 것이다. 그렇지만 자동세차를 하거나, 1년에 네댓 번 정도 손세차를 맡기는 수준이라면 유리막 코팅은 안 하느니만 못하다. 어디까지나 외장 관리를 할 사람들에 한해 세차 편의성과 도장면의 발수력과 광택을 돋보이게 해주는 제품이지 대충 막 타는 사람들에게 광고에 쓰이는 그런 효과를 제공하는 제품은 아니다.

따라서 디테일링이나 셀프세차가 취미인 사람을 제외하면 권하고 싶은 작업은 아니다. 또한 유리막 코팅의 경우 가격이 천차만별인데 제대로 된 제품을 쓰면서 작업을 정확하게 진행하는 곳은 가격이 통상 70만 원 이상으로 광택 작업 비용의 1.5배에서 2배에 달한다. 개인적으로는 1년이나 2년에 한 번 광택 작업을 제대로 하는 것이 관리 측면에서 훨씬 낫다고 생각한다.

끝으로 유리막 코팅을 한 차가 사고가 나거나 표면에 이상이 생기면 해당 부위의 유리막 코팅을 모두 제거하고 도색이나 판금을 한 후 다시 유리막 코팅을 해야 하기 때문에 보험으로 처리하든 현금으로 처리하든 사고 처리 금액이 올라가고 그에 따라 시간도 더 오래 소요되니 편의성이라는 측면에서 이 유리막 코팅이 나에게 적합한지 다시 생각해볼 필요가 있다.

PPF

PPF는 유리막 코팅과 달리 투명 필름을 씌우는 것으로 도장면을 물리적으로 보호하는 효과를 얻고자 할 때 작업한다. 광택을 더욱 살려주는 유리막 코팅과 달리 필름을 씌우는 것이기에 아무리 투명도가 좋다한들 통상 PPF 작업 시 광택은 조금 죽는 것이 사실이다.

장점이라면 아주 가벼운 스크레치나 일상생활에 의한 표면 손상, 고속 주행 시 앞차들에 의해 튀는 작은 모래나 돌멩이에 의한 스톤칩을 예방해주어 손상을 직접적으로 보호해준다. 따라서 고속주행이 많은 고가차들, 와인딩이나 서킷 주행을 하는 차들이라면 효과를 볼 수 있다.

그러나 기본적으로 PPF 작업 자체의 금액이 앞범퍼, 후드, 앞 펜더 양측에 헤드라이트만 해도 100만 원에 이르러 만만히 볼 수 있는 가격이 아니고 통상 필름이 시간이 지남에 따라 누렇게 변하는 황변 현상이 있어 오랜 기간 쓸 수는 없다. 그리고 사고로 도색을 새로 하는 경우 도색을 새로 한 곳에는 PPF를 씌울 경우 나중에 벗길 때 문제가 생

길 수 있기 때문에 함부로 하는 것은 후회만 불러온다.

개인적으로는 PPF는 하지 않고 1~2년 타다가 스톤칩 등으로 보기 흉해질 경우 좋은 도색업체에서 해당 부위를 새로 도색하고 광택을 하는 것이 해당 부위에 미리 PPF 작업을 하는 것보다 더 낫다고 생각한다.

따라서 넓은 범위는 가급적 고속 주행과 와인딩, 서킷을 다니는 1억 이상의 고가의 스포츠카에 하길 권한다. 다만, 흠이 생긴다고 도색을 할 수 없는 헤드라이트, 그리고 트렁크 쪽 뒤범퍼 상단, 그리고 흔히 생활보호 패키지라고 하는 도어 엣지나 손잡이 주변 등은 최초 신차 출고 후 작업한 후 1년 후쯤 떼는 정도로 하는 수준이라면 비용 부담이 적어 해볼 만하겠다.

내게 맞는 작업

내 경우는 블랙박스를 설치할 만큼 위험한 구간이나 오지, 보행자와 뒤섞여 다니는 골목을 별로 다니지 않고, 사고 처리 요령을 확실히 알고 있으며, 블랙박스가 만능이 아니라는 사실도 잘 알고 있다. 차에 뭔가 주렁주렁 달고 다니는 걸 싫어하는 편이라 룸미러 근처에 전자기기를 달고 다닐 생각이 없기에 나와 내 가족들 차 모두 블랙박스를 하지 않고 있다. 만일 사고가 났는데 블랙박스에 영상이 없거나 판독이 안 된다면 더 속상하고 스트레스를 받을 것도 같다. 이런 이유로 굳이 최소 20만 원 넘는 비용을 들여 블랙박스를 하지는 않고 있다.

또한 과거에는 셀프세차를 하고 디테일 용품도 많이 갖고 다녔지만 지금은 손세차를 업체에 맡기는 만큼 유리막 코팅도 하지 않으며 대신 그 비용으로 1년에 한 번 정도 광택을 한다. 취미로 와인딩과 서킷을 다니긴 하지만 도색보다 비싸고 사고 시 각종 비용, 시간이 두 배로 드는 PPF도 하지 않는다. 다만, 차에서 오랜 시간을 보내는 만큼 틴팅, 특히 전면 틴팅은 모든 차량에 고급 제품을 쓰고 있고 하이패스는 GPS 기능이 내장된 과속카메라 경고 기능이 있는 제품을 쓰고 있다. 세컨드 카인 검정색 카이맨 S의 경우 리어 스포일러는 은색 필름으로 포인트를 주는 정도의 외관 작업을 해두었다.

자동차를 선택할 때도 나의 라이프스타일과 행동양식, 가치관에 맞는 차를 선택하는 것을 추천한 것처럼 작업들 역시 마찬가지다. 뭔가 비용을 내면 그에 대한 효용이 반드시 있어야 한다는 생각을 가졌거나, 돈을 들여 한 작업 때문에 A/S가 발생하는 것을 참을 수 없거나, 광고나 홍보 내용과 다른 현실에 화가 날 것 같다면 해당 작업들에 돈을 쓰기 전에 조금 더 알아봤으면 한다.

최근에는 4채널 블랙박스, 매립형 하이패스, 전체 PPF와 루프 스킨 등 갈수록 많은 특징을 가진 작업들이 시장에 나오고 마니아들의 시선을 끈다. 그러나 모든 작업들이 장점만 존재하지 않는 만큼 광고에 현혹되지 말고 그 제품이 어떤 용도로 나온 것인지, 어떤 장단점이 있으며 나의 환경이나 내가 바라는 것은 어떤 것인지 확인하고 하는 것이 좋다. 가격이 5~10만 원 수준이 아니라 수십만 원에서 100만 원을 훌쩍 넘기기도 하고 A/S 발생률도 높기 때문에 이런 작업들을 할 때는 그냥 기분에, 유행을 좇는 느낌으로 하지 말고 용도와 비용 대비 가치를 생각해보는 것이 좋다.

최근에는 HUD, 공기압 감지 시스템(Tire Pressure Measurement System) 등등 많은 애프터마켓 제품들이 있다. 이런 제품들은 분명 자동차 본래의 기능의 부족한 점을 채워주고 나의 욕구를 충족시켜줄 수 있지만 정확히 알지 못하고 선택하면 나중에 차를 팔 때 가격이 반영되지도 않고 애물단지로 전락할 수도 있으니 과대광고에 현혹되거나 유행에 휩쓸리지 말고 현명한 선택을 하기를 바란다.

나의 수입차 입문기

심재오(35세, 직장인), 메르세데스-벤츠 E클래스

요즘 강남에 나가보면 수입차가 50%는 되는 것 같다. 그만큼 국내의 수입차 시장이 커졌고, 앞으로도 꾸준히 증가할 것으로 예상된다. 국산차 품질이 상당히 향상되었지만 동시에 가격도 상당히 올라, 조금만 더 예산을 높이면 수입차가 눈에 들어오는 실정이다. 이왕이면 다홍치마라고 나도 수입차를 타볼까 고민을 하게 되는 것은 지극히 자연스러운 현상이다. 나는 남들보다 조금 일찍 수입차를 타기 시작했다. 국내 수입차 시장의 폭발적인 성장이 시작되던 2007년, 나는 그 중심에 있었다. 지금은 그때보다 훨씬 다양한 브랜드의 수입차들이 들어오고 있어 오히려 수입차 입문을 하려는 사람에게 혼란을 가져다줄지도 모른다는 생각이 든다. 정보의 홍수에 휩쓸려 잘못된 선택을 할 수 있기 때문이다. 생애 첫 수입차를 성공적으로 구입하기 위해서는 어떻게 해야 할까? 시작부터 김새게 만들기 싫지만 정답은 없다. 하지만 경험자를 통해 얻을 수 있는 힌트는 있다. 아래 내가 겪었던 몇 가지 사례를 통해 성공적인 첫 수입차 구입에 도움이 되길 바란다.

생애 첫 수입차 구입

2006년 여름, 당시 국내에서는 젊은이들 사이에서 수입차 열풍의 조짐이 보이던 때였다. 나 역시 국내 모기업의 SUV 차량을 가지고 있음에도 불구하고, 수입차에 대한 막연한 환상 같은 것이 있었다. 평소 즐겨보던 한 인터넷 사이트에서 유독 나의 눈길을 끌던 차가 있었는데, 바로 독일 자동차의 핵심 브랜드인 폭스바겐의 '골프'였다. 모델명을 처음 들었을 때 골프 치러 갈 때 타는 차인가 하는 창피한 생각도 했었다. 나중에 알고 보니 골프는 멕시코만에서 부는 강력한 바람에서 유래된 말이었다.

학생시절에 차에 대해 대화를 나눌 때마다 수입차에 경험이 있는 사람들에게 어떤 차가 가장 좋냐고 물어보면 어김없이 추천해주던 차가 바로 폭스바겐 골프였다. 그들의 표현에 의하면 '해치백의 교과서'라고 했다. 해치백이라는 단어조차 생소했던 나는 무작정 인터넷을 뒤지기 시작했고, 찾다보니 5세대 골프가 이제 막 한국에 상륙했고 그중 GTI라는 모델이 특히 젊은이들 사이에서 '가난한 자의 포르쉐'라 불릴 정도로 인기가 좋았다. 골프 GTI가 얼마나 대단하길래 그렇게 다들 칭송하고 추천을 하는지, 궁금증이 점차 커졌다.

고민의 고민을 거듭한 끝에 역삼동에 위치한 폭스바겐 매장에 시승 신청을 했다. 그리고 이틀 후 난생 처음으로 방문한 수입차 매장이 어찌나 어색하던지, 당시 대학원생이었던 나는 쭈뼛거리며 폭스바겐 매장으로 들어섰고, 인상 좋은 딜러가 활짝 웃으며 본인이 담당자이니 편하게 궁금한 점을 말해달라고 했다. 전시장에서 가장 돋보이는 곳에 서 있는 검은 색의 골프 GTI 모델이 보였다. 그동안 인터넷에서 사진으로만 보거나 길거리에 주차된 것만 보다가 이렇게 전시장에서 보니 또 달라 보였다. 차에 앉아보아도 되겠냐는 요청에 흔쾌히 문을 열어주면서 차에 대한 다양한 설명을 듣다 보니 욕심이 생겼다. 조금 후 시승차가 준비되었다고 안내를 받았다. 시승 코스를 물어보니 분당으로 한번 다녀오자는 딜러의 말에 어리둥절한 나는 원래 그렇게 길게 다녀올 수 있는 것이냐고 반문하였고, 딜러는 또 활짝 웃으면서 이 모델은 그렇게 다녀오지 않으면 매력을 느낄 수 없을 것이니 다녀오자고 했다.

역삼동에서 분당으로 뻗어 내려가는 분당내곡 고속화 도로는 속도를 조금 더 낼 수 있는 도로의 여건을 갖추고 있었다는 것을 누구보다도 딜러는 잘 알고 있었다. 특히 터널 구간도 있었고, 그곳이야말로 골프 GTI가 가진 예쁜 실내조명 장치와 엔진, 배기음을 느끼기에 최고의 시승코스라는 것도 포함해서 말이다.

그렇게 차를 몰아 분당으로 내려가는 길 내내 들었던 말은, '밟으세요, 더 밟으세요'였다. 지금껏 국산차에서 느껴보지 못했던 강력한 가속력과 심장을 두근거리게 하는 엔진, 배기음이 날 자극시켰고, 그날 저녁에 시승 소감을 일기로 쓸 정도로 골프 GTI의 매력에 푹 빠져버렸다. 당장이라도 계약서에 사인을 하고 싶었지만, 현재 대학원생이라는 말에 딜러가 도리어 말리면서 돈을 좀 더 모은 후에 여유 있을 때 구입하라고 조언을 하며 오늘은 즐겁게 집으로 돌아가시라고 말했다. 현실적인 조언과 함께 친절히 응대해주던 그 딜러와는 8년이 지난 지금도 무척 가깝게 지내고 있다.

2007년 6월 초여름, 1년이라는 시간이 지났는데도 그 강렬함이 선명하게 남아 있었다. 사실 1년 동안 이 악물고 저축을 해왔다. 사고야 말겠다는 의지가 대단했었다. 어쩌면 차에 대한 열정과 순수함이 넘치

던 처음이자 마지막 시기가 아니었나 싶을 정도였다. 당시 골프 GTI
의 가격은 4,050만 원이었고, 내 수중에는 약 70%에 해당하는 돈이 있
었다. 부모님께 현재 상황을 말씀드리고, 쉽지 않았지만 허락을 받아
내어 아버지와 함께 다시 역삼동의 폭스바겐 매장을 방문하였다. 매장
을 들어서는 발걸음이 그렇게 가볍고 경쾌할 수가 없었다. 1년 전보다
당당하게 매장에 들어섰고, 당시 나를 응대했던 딜러가 놀란 얼굴로
아버지와 나를 반갑게 맞이해주었다. 그렇게 내 생애 첫 수입차를 가
지게 되었다.

애마에 정을 쏟다

생애 첫 수입차를 폭스바겐 골프 GTI로 선택하고 나의 카 라이프는
상상 이상으로 즐거워졌다. 우선 동호회에 가입하여 온라인상에서 다
양한 정보를 얻는 것은 물론이고, 오프라인 모임에도 꾸준히 참석하면
서 골프 오너들 간의 즐거운 공유가 가능했다. 같은 골프 차량을 타면
서도 오너들의 취향에 따라 차량마다 개성이 달랐다. 또한 운전 실력
을 본격적으로 높일 수 있는 기회도 가질 수 있었는데, 여러 자동차 메
이커에서 주기적으로 하는 행사에 참여하는 것과 드라이빙 스쿨과 같
은 행사가 바로 그것이었다. 그렇게 다양한 카 라이프를 즐기다 보니
더더욱 드라이빙의 즐거움에 빠져들었고 동시에 차의 성능을 업그레이
드하고 싶은 욕심도 생겨났다. 튜닝에 관심이 생긴 것이다. 튜닝이라는
것은 굉장히 광범위하게 차의 성능을 업그레이드시키는 행위를 뜻한

다. 가장 먼저 스포츠 드라이빙을 위해 주행 퍼포먼스를 높이려고 서스펜션 튜닝을 하였고, 출력을 올리기 위해 흡기와 배기 튜닝도 차례로 했다. 그렇게 여러 차례 튜닝 업체를 다니면서 조금씩 업그레이드되는 골프 GTI 차량을 보고 있으니 소유만족도가 굉장히 상승하였고, 소위 '애마'라고 불릴 수준으로 아끼고 또 아끼게 되었다.

이뿐만이 아니었다. 일주일에 반드시 한 번은 꼭 손수 세차를 해주었고, 초기에는 왁스 등의 케미컬 용품들을 사용하여 언제나 깔끔한 상태를 유지하여 좋은 공간에 주차를 해두는 것도 하나의 즐거움이었다. 휘발유도 일반유가 아닌 고급유로 주유를 해주었고, 엔진오일 등의 소모품도 항상 좋은 품질의 물건으로 아끼지 않았고, 여자 친구보다도 더 소중히 하며 카 라이프에 흠뻑 빠졌다. 실제로 당시에 사귀던 여자 친구가 차를 질투하는 일이 종종 있을 정도였으니 지금에 와서 되돌아보건대 웃음이 날 지경이다.

값비싼 수입차 수업료

모든 것이 그렇듯이 시작이 있으면 끝이 있는 법이다. 생각만 해도 기분 좋던 생애 첫 수입차 골프 GTI에 그렇게나 많은 애정을 쏟았지만, 1년 반이 지난 2009년 3월에 결혼 준비로 인해 떠나보내기로 마음을 먹었다. 좋아했던 차를 파는 것은 사랑했던 여인과 헤어지는 것 마냥 가슴이 아프고 먹먹해지는 기분이 든다. 어떤 사람에게는 우습겠지만 아마도 차를 좋아하는 남자들에게서 보이는 공통적인 현상이 아닌가 싶다.

지금은 나의 아내가 된 그녀는 차에 대해서 나만큼 관심이 많았고, 또 좋아했다. 사귀는 동안 떠나보낸 골프 GTI의 빈자리를 메우려 했지만, 기회가 오질 않았다. 그러던 어느 화창한 주말 데이트를 하고 있던 우리 앞으로 유려한 디자인을 가진 자동차가 휙 지나갔고, 동시에 우린 그 차가 독일 브랜드인 아우디에서 새로 출시한 A5라는 모델이라는 것을 알았다. 그 짧은 순간의 인상이 너무 강렬했던 탓인지, 그 후 우리는 오로지 아우디 브랜드에 마음을 모조리 빼앗겨 결국 결혼하기 두 달 전인 2010년 1월, 고심한 끝에 아우디 A4 모델을 구입했다. 아우디 A5는 2도어 형태의 쿠페였기 때문에 아쉽게도 포기해야만 했다.

여기서 하나의 실수를 저지르고 말았다. 바로, 그 강렬한 한 장면 때문에 오로지 디자인과 기능만 보고 구입을 했다는 것이다. 차를 살 때 외관을 1순위에 두고 마음에 드는 것으로 사는 것은 사실 국산차에 있어서는 크게 문제가 되질 않지만, 수입차의 경우에는 각 브랜드별로 개성이 다르기 때문에 큰 낭패를 볼 수 있다. 나름대로 유명한 기자들의 시승기를 보고, 또 아우디 A5를 짧게 시승해보았던 것으로 아우디 A4를 대략적으로 판단하여 구입한 것이지만, 결코 골프 GTI만큼 진지하게 시승해보고 고민한 것이 아니었다. 아우디 A4를 타고 다니는 동안 골프 GTI보다 조금 더 고급스러운 분위기가 처음엔 좋았지만, 주행 성능이나 스티어링 휠 조작에 따른 차의 움직임 등이 내가 그동안

즐겁게 인식하던 운전 방식과 맞질 않았고, 골프보다 분명히 편안한 차였지만 오히려 불편하게 느껴지는 순간도 있었다. 차라는 것이 얼마나 개인적인 성향에 따라 달리 판단되는 것인지 절실하게 깨닫게 되었다. 결국 아우디 A4를 구입한 지 약 5개월 만에 차량 감가와 신차 구매 시 발생했던 취등록세를 포함하여 약 900만 원의 기회비용을 지불하면서 차량을 판매하게 되었다. 팔게 된 이유가 단지 차가 나와 맞지 않았기 때문만은 아니지만, 큰 이유 중 하나였던 것은 분명했다.

결코 적지 않았던 수업료를 지불한 나는 수입차의 불편한 진실들을 알게 되었고, 그 이후 수입차를 구매하는 방식에 대한 생각을 조금씩 바꾸게 되었다. 그중 하나가 중고차 구매를 하는 것이었다. 신차처럼 모든 것이 보장되는 것은 아니지만, 차량을 잘만 구입할 수 있다면 아우디 A4에서 지불했던 기회비용은 모두 내 지갑에서 나가지 않아도 될 돈이었다. 그렇게 고민을 한 끝에 2010년 가을, BMW 328i 세단 차량을 중고차로 구입하였고, 이후 수년간 상당한 만족감을 느끼면서 또 즐거운 카 라이프를 할 수 있었다. 현재 나는 메르세데스-벤츠 E클래스 디젤 차량을 타고 있고, 앞으로 또 다른 차량을 타게 될 것이다.

맺음말

감히 단언컨대, 내가 겪은 수입차에 대한 경험은 당신이 수입차를 구매하는 데 있어 매우 결정적인 도움이 될 가능성이 높다. 지금까지 수많은 사람들이 수입차를 구매할 때 내게 조언을 구했고, 이에 무엇이 중요하고 무엇이 중요하지 않은지 조언을 해주었음에도 불구하고, 여전히 수입차를 산다는 들뜬 마음 때문에 그 조언의 중요한 핵심을 놓치고 말았다. 글 초반에 언급했듯이, 사실 답은 없다. 결국 소비자가 만족을 했느냐의 문제일 뿐이다. 다만 위의 내용들에서 나왔던 몇 가지 포인트들만은 꼭 기억해서, 성공적인 수입차 구매가 되길 바란다.

무엇보다 중요한 것은 차를 구매하는 목적이다. 재미있고 실용적인 차를 사고 싶었던 나에게 골프 GTI는 그야말로 최적의 조건을 가진 수입차였다. 이는 매우 개인적인 이유이며, 결코 일반화될 수 없는 요소다. 예를 들어, 인기 차종 중 하나인 BMW 520d는 가족용 디젤 세단이다. 매달 장거리 출장을 다니는 한 가장에게는 디자인과 실내 공간도 좋으면서 연비까지 경제적이면 최고의 선택이 될 수 있지만, 주로 아이들 등하교 목적으로 사용하는 주부에게는 좋은 연비보다 좋은 승차감과 좀 더 넓은 실내 공간이 필요할 수 있다. 다들 좋다고 칭찬하는 모델이더라도 나의 상황 혹은 목적과 맞지 않다면 다시 한 번 고민해야 할 부분이다.

두 번째로는, 구매 결정을 하기 전 반드시 시승을 해야 한다. 내가 아우디 A4를 구입하고 만족하지 못한 주된 원인은 차의 디자인과 성능 수치만 확인해보고 제대로 시승을 해보지 않아서다. 골프를 샀을 때처럼, 사전예약을 통해 시승에 대한 준비를 하고, 또 딜러의 상세한 설명과 함께 차를 알아보고 차의 특성이 잘 느껴지도록 시승을 제대로 해보는 것이 중요하다. 물론 이 대목에서 다른 것 못지않게 중요한

것은 좋은 딜러를 만나는 것이다. 믿을 만한 사람에게 소개를 받아도 좋고, 직접 인터뷰하듯 선택해도 좋다. 무조건 할인을 많이 해주는 조건을 따라 딜러를 선택하면 이 부분을 놓치게 된다. 사람과 사람이 만나서 적지 않은 액수의 물건을 거래하는 과정에서 사람의 중요성을 놓치게 된다면, 추후 차량에 문제가 생겼을 경우 소비자로서 혜택을 받기 힘들어진다. 사람 사이의 거래인 만큼 인지상정인 것이다.

세 번째, 최대 예산을 반드시 정하고 구매를 해야만 한다. 내가 골프 GTI와 아우디 A4를 구매할 때 실수하지 않았던 부분은 바로 예산이다. 현금 구매를 목표로 삼고 있었던 당시 내 예산 기준은 차 가격의 70% 이상 자금이 준비되는 것이었다. 두 대 모두 그렇게 구입을 하였고, 차량을 유지하거나 팔 때 걱정할 부분이 별로 없었다. 하지만 요즘은 금융 프로그램이 상당히 잘 되어 있어서 목돈을 준비할 필요 없이 적은 자금만으로 수입차를 구매할 수 있는 방법이 많다. 문제는 금융 상품을 제대로 이해하지 못했을 때 벌어진다. 원금이 아닌 이자만 실컷 지불하다가 도리어 돈을 뺄어내면서 차를 팔아야 할 상황이 심심치 않게 벌어진다.

마지막으로 차는 감가상각에서 벗어날 수 없는 소비품이라는 것을 명심해야 한다. 일반적으로 신차를 구입한 지 3년이 지나면 구입 당시 차량가격의 절반 정도로 감가가 이루어진다. 만약 5,000만 원의 수입차를 구입했다면 3년 뒤 그 차의 중고차 시장 가격은 약 2,500만 원선이다. 단지 차를 소유하고 타기만 했는데 2,500만 원이라는 돈이 없어지는 것이다. 수입차를 구매할 때 이 부분을 반드시 생각해야 하는 이유가 값비싼 수업료 때문이다. 내가 골프 GTI를 구매하고 충분히 카라이프를 즐겼기에 팔 때에도 후회는 전혀 없었다. 하지만 두 번째 구입한 아우디 A4의 경우에 선택을 잘못하였고 반년도 채 안 돼 팔았을 때 약 900만 원의 값비싼 수업료를 지불해야만 했다.

만약 신차를 구매할 생각이라면 자신이 진심으로 원하는 동시에 계산된 예산 범위 내에서 구매를 하여 꾸준히 잘 타는 것이 좋다. 감가상각에 대한 두려움이 있다면 중고차로 눈을 돌려보는 것도 좋은 방법이다. 어떤 방법으로로든 구매에 성공을 했다면, 이제 그 차를 당신의 애

마로 거듭나도록 정을 쏟을 것을 권장한다. 깔끔하게 세차도 해주고, 좋은 기름도 넣어주고, 또 동호회 활동이나 주기적인 드라이빙 등을 통해 풍성한 카 라이프를 즐기길 바란다. 그렇지 않다면 아무리 비싼 차를 사더라도 좋다고 느끼기 힘들 것이다. 다시 한 번 말하지만 수입차를 구매하는 방법에 정답은 없다. 하지만 정성을 들인 만큼의 보답은 받게 될 것이다.

수개월이 되었지만 고치지 못하고 있는 차량의 하자 수리 문제를 해결해 달라고 한 통의 전화를 주셨던 고객과의 인연이 이렇게 책을 함께 쓰는 데까지 이어지게 되었다.

어쩌면 업계에 종사하시는 분들 중 일부는 이 책이 불편할 수도 있겠다. 그러나 사실 어느 업계도 이런 점에서 자유롭지 않을 것이다. 내가 경험했던 모든 업계가 다 빛과 그림자가 있었다. 모든 말이, 글이 그렇듯 한 개인의 입장에서만 받아들이면 지나친 부분이 없지 않을 것이다. 보고 싶은 것만 보고 받아들이기 싫은 부분에 시선을 돌리지 않았으면 좋겠다. 좋은 경험만 했던 개인 고객도 있을 것이고, 특정 차에 대해 나쁜 기억만 있는 사람도 있을 것이다. 어디나 그렇듯 좋은 사람과 나쁜 사람, 좋은 경험을 한 사람과 나쁜 경험을 한 사람이 모두 있기 마련이다.

이 책이 그런 사람과 경험의 간극을 좁힐 수 있는 계기가 되었으면 한다. 수입차 오너들과 잠재 고객들은 수입차에 대한 지나친 기대와 환상은 버릴 필요가 있다. 그러면 외려 더 만족할 수 있다.

업계에서 겪은 많은 사건, 사고들을 까발리듯 적은 부분도 있지만 나 역시 수입차 업계에 종사하는 사람이고, 수입차를 타는 고객이자 오너다. 누구보다 대한민국에서 수입차 시장의 발전을 기대하고, 더 많은 사람들이 다양성과 개성에 눈을 뜨고 스스로의 라이프스타일에 맞는 차를 사길 바란다. 수입차가 국산차보다 분명히 나은 점을 꼽자면 바로 그런 다양성에 걸맞은 개성 있는 차종들이 있다는 점이다.

그런데 그러기 위해서는 현실을 좀 직시할 필요가 있다는 걸 사업을 하면서, 다양하고 많은 차들을 차종에 따라 여러 대씩 관리하면서 깨달았고 그 이야기를 풀어봤다.

책에 직접 언급된 사례들과 간접적으로 비친 이야기들 때문에 수입차가 너무 어렵게만 느껴지는 건 아닐까 걱정도 된다. 그러나 차는 다 똑같다. 내가 현대자동차를 타던 시절에도 신차 문제는 있었고, 관리하며 홈페이지를 통해 이메일로 컴플레인을 제기하고 몇몇 주요 부품을 교환한 적도 있다. 차는 그저 차일 뿐이다. 수입차가 어렵다면 국산차도 어렵기는 매한가지라는 뜻이다.

누군가 한 분야에서 20년은 일해야 전문가 소리를 들을 수 있고 할 수 있다고 했는데 너무 짧은 경력으로 함부로 많은 말을 쏟아낸 것은 아닌가 반성도 해본다. 하지만 나와 같은 경험을 한 사람이 없고 이러한 사업을 한 사람도 없기에 좋은 계기로 조심스럽게, 그리고 과감하게 하고자 하는 말들을 풀어냈다. 어디까지 말하고 얼마나 침묵해야 하나를 두고 고민했다. 혼자라면 몇 년이 늦어졌을지 모를 첫 책을 집필하게 용기를 준 공동저자인 이주형 대표와 책을 써본 경력도 없는 작은 사업체 대표에게 시원스레 출간을 결정해준 위너스북 관계자분들께 감사의 인사를 먼저 하고 싶다.

그리고 수입차 오너 스토리를 부탁했을 때 기꺼이 수락해준 지인들에게도 감사의 뜻을 전하며, 누구보다도 여기까지 달려올 수 있게 해준 나의 직원들, 심재오 팀장 이하 우리 믿음직한 엠플러스 구성원들에게도 고맙다는 말을 하고 싶다. 자동차 업계에 몸을 담았던 적도 없고, 서로 다른 분야에서 일하다가 뜬금없이 나와 엠플러스의 비전만을 보고 함께 하겠다는 일생의 결단을 내린 사람들이다. 힘든 시기를 함께 하고 있는 직원들이 없었다면 여기까지 오지도 못했을 것이다. 카페 엠플러스 직원들 역시 마찬가지. 뜬금없이 카페를 오픈하고도 책을 쓸 수 있었던 건 성실한 카페 직원들 덕분이었다. 또한, 나와 함께 엠플러스의 시작이었던, 여전히 믿음직한 파트너이자 원군인 이경민 실장에게도 고맙다.

끝으로 매일 오후 6~7시면 퇴근해서 집에서 저녁을 함께 먹으며 하루를 마치던 남편이 책 쓴답시고 매일 밤 11시가 넘어 파김치가 되어 집에 들어오는데도 아무런 타박이 없는 능력 있는 사업가인 아내에게도 진심으로 고맙고 감사한 마음을 사랑한다는 말과 함께 전한다. 앞으로 가족들과 함께 더 즐겁고 나은 삶을 살기 위함이라는 말을 믿어준 덕에 집안 걱정 없이 계속 쓸 수 있었다.

비록 조금 부끄럽고 걱정스러운 책이지만 이 책이 우리나라의 수입차 시장과 소비자들을 조금 더 건강하게 만드는 데 어떤 식으로든 일조했으면 하는 바람을 적으며 손을 놓는다.

2014년 5월
문동훈

부록
인생에서 꼭 한 번은
타야 할 수입차

1. 폭스바겐 골프

폭스바겐 골프. 대한민국에서 가장 잘 팔리는 수입차 중 하나이기도 하고 세계에서 가장 인기 있는 소형 해치백의 대명사다. 약 40년의 전통을 갖고 있는 차로 현재 7세대까지 나왔다. 독일 차를 처음 타거나 수입차를 산다면 분명히 주변에서 한 번은 얘기하는 그런 차다. 그만큼 유명하고, 그만큼 잘 만들어진 차이고, 그만큼 타볼 가치가 있는 차다.

하지만 차를 잘 모르는 사람들에겐 조금은 의아스러운 구석도 있을 것이다. 화려하지도 않고 크지도 않다. 세단을 좋아하는 우리나라 사람들에게 해치백은 선호하는 대상도 아니다.

그러나 만일 첫 차로 이 골프를 탄 사람이라면 우리나라의 1,600cc 준중형 세단이나 해치백들은 불안정하다고 느낄 만큼 탄탄한 기본기를 자랑한다. 우리나라 차들이 부드럽지만 물렁물렁하고 차체의 움직임도 심하고 브레이크나 액셀의 반응이 늦거나 둔감한 반면 골프는 단단한 섀시 강성을 바탕으로 액셀과 브레이크의 답력이나 반응이 모두 명확하고 즉각적이다. 덕분에 운전하면서 차가 내 몸처럼 움직인다는 것을 체험할 수 있다. 시내에서 골프보다 경쾌하고 정확

골프의 고성능 버전인 골프 GTI, 일명 가난한 자의 포르쉐라고도 불리는 작고 빠른 차의 대명사다.

하게 탈 수 있는 차는 거의 없다.

국내에서 가장 잘 팔리는 티구안 역시 이런 골프의 섀시를 기본으로 개발된 차로 폭스바겐의 잘 달리고 잘 서는 차를 만드는 기술을 느낄 수 있다.

동급의 같은 장르의 차를 생산하는 모든 브랜드들이 벤치마킹하는 이유가 궁금하다면 꼭 한 번 타보도록 하자.

개인적으로 생각할 때 20~30대에 타기 좋은 차지만 은퇴 후의 경제적인 부분에 대한 걱정이 많은 점을 감안하면 노년기에도 적합한 차가 아닐까 싶다.

2. BMW 3시리즈

골프가 해치백의 대명사라면 BMW 3시리즈는 소형 스포츠 세단의 교과서이자 롤 모델이다. S클래스의 벤츠라면 3시리즈의 BMW인 것이다.

큰 차를 선호하는 우리나라에서는 패밀리카로서 작다는 평을 받지만 개인적으로는 성인 자녀가 둘 이상 있지 않은 이상 충분한 사이즈의 세단이라 생각한다. 정리만 잘하고 다닌다면 동 세그먼트의 C클래스나 IS250 등도 정리만 잘 하고 다닌다면 미취학 아동 둘이 있는 네 가족 정도는 딱 알맞게 쓸 수 있다. 땅덩어리도 크지 않고 주차난도 심한 편인 우리나라에서, 더군다나 갈수록 핵가족화되는 현실을 감안하면 큰 차 선호는 이제 그만할 때도 되었다.

현재 우리나라에서 생산되는 준중형 세단들에서는 이런 스포티한 모델을 찾아볼 수 없는 게 현실이다. 국산차들이 승차감과 실내 공간에 가장 큰 신경을 썼다면 이 3시리즈는 잘 달리고 잘 설 뿐 아니라 고성능 엔진, 대 배기량 엔진을 넣어도 버티는 섀시와 이상적인 무게 배분을 가졌다. 또한 고속 안정감은 큰 차들, 휠베이스가 긴 차들에 비해 떨어져도 발군의 코너링 능력을 갖고 있다.

다만, 이제는 구형이 된 E90 모델까지는 이러한 스포츠 세단으로서의 성향이

이제는 조금 무뎌진 칼날이지만 여전히 스포츠 세단
의 왕좌를 차지하고 있는 건 BMW 3시리즈다.

뚜렷했던 데 반해 현행 모델인 F30은 모든 면에서 부드러워졌고 칼날 같은 느낌
이 조금 무뎌진 것도 사실이다. 그러나 이런 현상은 비단 BMW 3시리즈만이 아
닌 모든 브랜드들이 대중화를 지향하면서 조금씩 아이덴티티가 약화되는 추세
에서 이해가 되는 부분도 있다.

나이에 무관하게 단 한 대로 모든 것을 다 갖고 싶다면, 일상에서 타는 평범
한 세단으로 운전의 즐거움까지 느끼고 싶다면 이 차를 권하고 싶다. 아, 가급
적 상위 모델의 가솔린 엔진을 가진 녀석으로.

3. 메르세데스-벤츠
E클래스/S클래스

벤츠의 역사가 곧 자동차의 역사라고 할 만큼 자동차 세계에서 벤츠의 위상은 대단하다. 환율 때문에 거의 죽다시피 한 국내 병행수입차 업계에서도 유일하게 기대는 모델이 S클래스일 정도이고, 출시 전 대기 수요만으로도 계약이 밀리는 차가 바로 S클래스일 만큼 고급 세단 시장에서 S클래스는 그 레벨이 다르다.

독일의 다른 프리미엄 브랜드가 아무리 잡으려고 애써도 잡히지 않는 존재이기도 하다. 신 모델 출시로 겨우 잡았다 싶으면 새로운 모델이 저만치 가버린다. 물론 위로 벤틀리 뮬산이나 아르나지, 롤스로이스 팬텀 같은 비현실적인 초고가의 초호화 럭셔리 브랜드 세단들도 존재하지만 누가 뭐래도 고급 대형 세단의 대명사는 S클래스다.

마이바흐의 단종으로 인해 그 자리까지 대신할 신형 S클래스는 국내에서도 폭발적인 인기로 수개월을 기다려야 인도 받을 수 있는 형편이다. 과거의 S클래스가 정갈하고 딱 떨어지는 최고급 맞춤 수트를 입은 느낌의 세단이었다면 지금의 S클래스는 고급스러운 화려함까지 더했다.

S클래스가 쇼퍼 드리븐 카(chauffeur driven car, 운전기사를 두고 오너는 뒷자리에 앉아 타는

누구나 한 번쯤 갖고 싶어하는 삼각별

차)의 대명사라면 E클래스는 오너 드리븐 카(owner driven car, 차주가 직접 운전하는 차)의 대표차라고 봐도 좋다. 운전자를 편안하게 해주고 고속에서의 탁월한 안정감을 바탕으로 하는 E클래스는 국내에서도 5시리즈와 함께 가장 잘 팔리는 세단이다.

BMW가 운전을 하나의 목적이라고 보고 다이내믹을 표방하는 데 반해 벤츠는 그저 운전은 수단일 뿐이라고 생각한다. 어디까지나 운전자는 편안해야 하고 안전해야 한다는 벤츠의 철학이 운전자의 포지션은 물론 각종 편의장치의

이건 어디까지나 운전기사를 위한 자리

조작성에 묻어난다. 사실 생각해보면 이 정도 급의 미드 사이즈 세단이 다이내 믹해봤자 스포츠 세단에 비할 바가 아닌 만큼 E클래스의 지향점이 더 공감이 간 다(실제로 BMW의 현행 5시리즈(F10)는 과거 E60의 단단함과 스포티함을 상당히 포기했으니).

그랜저가 대한민국 40대의 성공을 대표한다고 표현했던 현대차의 광고는 90 년대의 얘기다.

E클래스와 S클래스는 과거에도 지금도 여전히 당신이 성공가도에 있음을 의 미한다.

4. 랭글러, 그리고 디스커버리

랜드로버냐 지프냐. 나도 이 질문에는 대답하지 못하겠다. 그러나 랭글러냐 디스커버리냐의 선택의 문제라면 풀 수 있다. 두 브랜드가 오프로드의 최강자이고 SUV를 대표하는 브랜드로서의 대표성에는 어느 쪽 손도 들어주기 힘들지만, 랭글러와 디스커버리는 그 지향점이 완전히 다르다.

랭글러는 순수한 오프로더를 지향한다. 온로드에서 랭글러는 그저 시끄럽고 둔한 짚차, 짐차에 불과하다. 디젤이고 가솔린이고 연비도 좋지 않고 단순하고 투박하며 별다른 편의장치도 찾아보기 힘들다. 10년 전 국산 세단에도 있던 옵션도 없기 일쑤다. 그러나 랭글러의 미학은 오프로드, 비포장도로에 있다. 랭글러는 그 굵은 선의 인상 그대로 오프로드를 지배한다. 셀 수 없을 정도의 튜닝 제품들은 왜 랭글러인지 설명해준다. 매년 여러 종류의 한정판이 나올 만큼 다양한 에디션이 존재한다.

본격적으로 오프로드를 타고 싶다면 그 선택은 사막의 롤스로이스가 아닌 랭글러가 될 수밖에 없다. 지나치게 거대한 몸집과 전자장치들로는 오프로드에서 생명력을 이어갈 수 없다. 기본에 충실해야 하며, 가급적 기계적이고 단순해

이런 그림은 다른 차는 안 나온다.

야 한다. 작고 가벼워야 하며 지나치게 비싸서도 안 된다. 탑을 오픈하는 것도, 문짝을 모두 떼어버리는 것도, 물청소도 가능해야 한다. 이게 바로 랭글러다.

그러나 누구나 오프로드를 꿈꾸지는 않는다. 살짝 맛만 보길 원하는 경우도 많다. 적재량이 충분한 트렁크에 텐트를 비롯한 캠핑 장비를 가득 싣고 비포장 길을 가다가 간혹 언덕을 넘고 개울만 넘으면 된다. 충분한 편의장치가 있어야 하며 남들이 좋은 차라고 인정도 해줘야 한다. 이런 차가 디스커버리다. 현행 모델인 디스커버리4는 판매량이 많지 않은 랜드로버 중 가장 잘 팔리는, 없어서 못 파는 차다. 거대한 몸집을 가졌고 영국산이 주는 프리미엄의 이미지를 가졌으면

레인지로버나 랭글러나 모두 부담스럽기는 매한가지
라고 느낀다면 디스커버리4는 훌륭한 대안이다.

서도 레인지로버와 같은 럭셔리함보다는 평범한 대중성을 가지고 있다. 사진가
들이 가장 선호하는 SUV 중 하나이기도 하다(그랜드 체로키도 좋은 차이지만 성향상 그랜
드 체로키는 조금 더 온로드 쪽이다).

한 장르를 대표하면서도 전혀 다른 타깃과 성격을 가진 이 녀석들
은 평생을 두고 한 번은 타봐야 하는 SUV다(랭글러를 타고 있는 나로서는 다
음 선택은 아주 편한 셈).

5. BMW M3,
그리고 포르쉐 911

남자라면 한번 꿈꿔봄직한 차가 M3이고 911이다. 랭글러가 오프로드의 대명사로 수많은 튜너들이 셀 수 없는 튜닝 제품을 내놓는 차라면, M3 역시 세계 최고의 튜너들이 각축전을 벌이는 튜닝 제품의 베이스 차다. 서킷에서 가장 쉽게 볼 수 있는 차이자 높은 가격에도 불구하고 가장 판매량이 높은 스포츠 쿠페다. 모든 BMW 오너들이 한번쯤 몰아보길 원하는 로망의 대상이 M이고 그중에서도 M3다(이제는 M4가 되겠지만).

M3는 과거로부터 작은 체구, 크지 않은 배기량에 레이스 경험으로부터 얻은 갖은 기술을 현실화하여 공도에 적합하게 적용해왔다. 그 자체로는 서킷에 적합하다고 할 수 없지만 어디까지나 스포츠카가 아닌 공도용 스포츠 쿠페로서 그 확장성은 무한하다고까지 할 수 있다. 공도용 스포츠 쿠페를 서킷용 퓨어 스포츠카로 변신시킬 수 있다는 얘기다. 일본 메이커들이 아무리 M3를 잡겠다고 차를 내놓아도 잡을 수 없는 것이 BMW M3의 저력이다. 어느 날 만들어진 것이 아니라 오랜 세월 세계의 남자들에게 어필해오며 레이스의 노하우와 기술을 바탕으로 튜너들의 사랑을 받은 것이다. 스포츠 쿠페로서 M3는 가장 높은

남자를 설레게 하는 M

곳에 있다.

미칠 듯이 치솟는 RPM게이지에 맞춰 뻗어나가는 차, 번개 같은 변속과 발군의 코너링을 느끼고자 한다면 M3가 정답이다. 단, 어설프게 고성능 차를 타면 자기 운전 실력이 좋아진 것으로 착각하는 사람들에게는 양날의 검이 될 수 있으니 각별히 주의하자. M3는 예민하다.

스포츠 쿠페가 아닌 스포츠카로서는 포르쉐 911을 꼽는다. 물론 붉은 야생마 페라리가 있지만 너무 비현실적이다.

비록 지금은 퓨어 스포츠카보다는 GT카로서의 성향을 띄는 추세이긴 하지

911을 타는 당신은 성공한 사람일 뿐 아니라 꿈을 잃
지 않은 사람이기도 하다.

만 911은 모두가 인정하는 로망이고 양산 스포츠카의 끝이다. 여러 등급의 라인업을 자랑하는 911은 50년이 넘는 역사 속에서 RR구조(Rear engine, Rear wheel drive)라는 한계를 가진 구동계 구조에도 불구하고 세계 스포츠카의 표적이 되었다. 포르쉐 911의 특성은 단지 RR구조만이 아니다. 왼쪽에 있는 시동 장치, 수평 대향 엔진, 앞에 위치한 트렁크와 동그란 헤드램프 등 911의 아이덴티티는 말 그대로 유니크하면서도 전통을 품고 있다.

전 세계에서 사랑받고 각 세그먼트의 최고로 손꼽히는 차들은 이런 고유의 특성들을 오랜 기간 유지하고 바꾸지 않고 계승하고 발전시켜 나간다. 공랭에서 수냉 엔진으로 바꾸면서 큰 논란을 불러일으키기도 했지만 911은 전통을 이어가는 데 성공했고 더 많은 사랑을 받고 있다.

사회에서 어느 정도 기반을 닦은 사람들 중 멋과 여유를 아는 사람, 남자로서의 본능과 로망을 가진 사람이라면 911을 꿈꾸고 손에 넣는다. 911은 그런 차다.

6. 컨버터블

딱히 어떤 차여야 한다는 생각이 들지 않는다. 우리나라 현실에 비추어볼 때 어떤 컨버터블도 타보라고 말하고 싶다. 컨버터블은 어떤 차여야 하는 것은 아닌 것 같다. 탑을 열고 바람을 느끼며 태양을 받으며 달리는 느낌을 받을 수 있다면 어떤 차도 좋다. 작고 귀여운 컨버터블도 좋고 크고 럭셔리한 GT 성향의 컨버터블도 좋다.

모터사이클만큼은 아니지만 컨버터블 역시 많은 선입견에 시달린다. 서울에서 탑을 열고 다니면 시선에 눈이 따갑다는 둥, 부끄럽고 민망하다는 둥 하는데, 탑을 열고 몇 번 다녀보면 그런 시선은 그저 즐기게 된다. 영 여의치 않은 곳에서는 탑을 열지 않으면 된다. 여닫을 수 있는 장점을 열었을 때의 단점과 불편함만을 생각해서 마다하는 것은 참 이해가 가지 않는다. 사람을 볼 때도 장점을 보는 것이 좋듯이, 차를 볼 때도 단점보다는 장점을 보는 것이 바람직하다.

겨울과 사계절 운운하지만 우리나라는 컨버터블을 타기에 캘리포니아만큼은 아니어도 나쁘지 않은 환경을 갖고 있다. 많은 사람들이 지하주차장이 있는 아파트에 거주하고, 어찌되었든 1년에 최소 6~8개월 이상이 탑을 열 수 있는 기

어떤 차라도 좋다!

후다. 1시간만 달려도 복잡한 도심을 완전히 벗어나 여유로운 국도를 달릴 수 있다.

내 경우는 영하 5도 이하로만 떨어지지 않으면 탑을 연다. 히터를 풀로 틀고 걸어다닐 때와 똑같은 옷차림만 한다면 결코 춥지 않다. 외려 여름이 햇빛과 더위 때문에 힘들지 겨울은 무난하다.

과거와 달리 여유와 레저를 중요시하는 시대가 되었다. 주 5일은 꽤 정착되었고 사람들은 가족과 함께 시간을 보내고 취미 생활을 찾아 움직인다. 컨버터블은 이런 시대에 날개가 되어줄 수 있다.

골프나 미니 같은 시대의 아이콘인 차들은 모두 컨버터블도 생산된다. 미국의 컨버터블은 모두 여유롭다. 911이나 SL/SLS, 6시리즈, F타입 같은 고성능 스포츠카나 럭셔리 GT카들도 컨버터블이 나온다.

1가구 2차량 또는 2대 이상의 차를 소유한 사람이나 가정이라면 한 대 정도는 컨버터블을 사보자. 장담컨대 지금까지 느끼지 못했던 많은 것들을 느낄 수 있다.